서울대 인문학
글쓰기
강 의

서울대 인문학
글쓰기 강의

이상원 지음

황소자리

머리말

인문학 글쓰기, 우리의 한바탕 글 놀이

　나는 글쓰기 선생이다. 서울대에서 인문학 글쓰기라는 교양과목을 12학기째, 그러니까 6년째 운영하고 있다. 학기마다 3~4강좌를 맡아 지금까지 모두 41개 강좌를 꾸렸다. 이번 2011년 2학기에도 세 강좌가 진행 중이다. 강좌마다 25명 학생들이 모여 한 학기 동안 글쓰기 공동체를 이루게 된다.

　이 책은 우리의 글쓰기 강좌가 어떻게 운영되는지 소개하고 또 그렇게 운영해본 경험을 정리하기 위한 것이다. 노파심에서 미리 말해두자면 이 책은 '글 잘쓰는 법'을 다루지 않는다. 그런 내용의 훌륭한 책들은 이미 많이 나와 있으니 그걸 참고했으면 한다.

　나는 우리의 글쓰기 수업을 한바탕 글 놀이라고 표현하고 싶다. 왜냐고? 열성을 다해 내 글을 쓰고 공개하는 것, 친구들의 글을 진지하게 읽고 평해주는 것, 글을 읽으며 울고 웃고 감동하는 것, 글에서 드러 나는 글쓴이의 생각과 경험에 대해 떠들썩하게 이야기 나누는 것 등이 놀이판의 모습과 다름없기 때문이다. 다함께 어우러져 참여하고, 이를 통해 소통하고 배우며 깨닫는 놀이판이다. 내가 누구이고 어떻게 살고 있는지 고민하게 만들지만 위로와 격려를 받으며 그래도 세상 살 만하다고 여기게 되는 놀이판이다.

글 놀이판이 어떻게 진행되는지, 어떤 즐거움과 깨달음을 안겨주는지 그저 즐겁게 들려줌으로써 독자 여러분도 놀이판에 참여할 수 있었으면 하는 것이 내 속마음이다. 하지만 종이를 대주는 나무와 잉크를 만들어주는 석유에 조금 덜 미안하려면 약간의 정당화가 더 필요할 것 같다.

나는 이 책을 통해 대학 글쓰기 수업의 가능한 여러 형태 중 하나를 보여주고 싶다. 글쓰기 수업은 순식간에, 그야말로 봇물 터지듯 갑자기 대학 교육에 자리를 잡았고 그래서 교육 방법에 대한 논의가 여전히 필요한 상태이다. 다양한 글쓰기 수업 시도가 공개되고 공유된다면 더 나은 방향으로의 발전도 더 빨리 이루어지지 않겠는가. 이 책이 그 흐름에 사소하게라도 기여할 수 있지 않을까 기대한다.

또한 이 책은 6년 동안 글쓰기 선생 노릇을 하면서 겪었던 이런저런 이야기와 생각을 나눌 기회도 될 것이다. 글쓰기나 강좌 운영에 대한 이야기도 있지만 대학생들의 모습과 우리 삶에 대한 생각도 있다. 인문학 글쓰기란 사람에 대해, 삶에 대해 생각하는 기회를 제공하기 때문이다. 언제나 그렇지만 기성세대는 "요즘 젊은 애들은, 원."이라고 말하며 혀를 쯧쯧 차곤 한다. 하지만 내가 글을 통해, 글에 대한 논의를 통해 찾아낸 대학생들의 모습은 그렇게 습관적으로 고개를 돌려버릴 만한 대상은 아니었다. 나름의 고민과 고난을 안고서도 씩씩하게 살아가는 감동적인 모습이었던 것이다.

  만날 때마다 글쓰기 수업 방법을 공유하고 함께 고민하며 새로운 방향을 모색하는 여러 대학의 글쓰기 선생님들에게 이 책이 조금이나마 도움이 되었으면 한다. 글을 통해 우리가 서로를 조금 더 잘 이해하고 배려하는 세상을 만든다는, 참으로 거창한 목표를 향한 한 걸음이 될 수 있다면 더 좋겠다. 글쓰기가 꼭 필요하고 중요하다고는 하는데 그래도 쓰는 건 딱 질색이라는 누군가가 혹시라도 이 책을 계기로 삼아 자기가 좋아하고 관심 있는 소재로 글을 써내려갈 수 있다면, 그리고 블로그나 동아리나 자발적인 글쓰기 모임 등을 통해 나름의 글놀이판을 꾸려가게 된다면 그야말로 더할 수 없이 기쁘겠다.

차례

머리말 인문학 글쓰기, 우리의 한바탕 글 놀이　　　　　　　　005

1장 글 놀이판의 큰 그림
　01 다 함께 쓰고 다 함께 읽기　　　　　　　　015
　02 '경험'을 위한 한 판　　　　　　　　　　　018
　03 글 놀이판의 구성　　　　　　　　　　　　024
　04 생방송 즉석 공연　　　　　　　　　　　　030

2장 글 놀이판에 중요한 것
　01 사람　　　　　　　　　　　　　　　　　　037
　02 관심　　　　　　　　　　　　　　　　　　040
　03 솔직함　　　　　　　　　　　　　　　　　050
　04 성실함　　　　　　　　　　　　　　　　　054
　05 오프라인과 온라인 강의실　　　　　　　　057

3장 우리의 글 놀이판에 없는 것
　01 강의가 없는 강의 | 원맨쇼는 재미없다　　　　　　　　　　067
　02 유일한 정답 | 글쓰기에는 정답이 없다　　　　　　　　　　071
　03 선생다운 선생 | 나는 멍석을 깔 뿐이다　　　　　　　　　075
　04 시험과 상대평가 | 평가 방식은 절대적인 영향력을 지닌다　080
　05 어떤 글을 어떻게 써야 한다는 요구 | 논문 형식을 포기하다　085

4장 상세 그림 ❶ 나를 소개하는 글

01 한 페이지로 나를 표현하기   091
02 창의적으로 소개한다는 것   095
03 나를 소개하는 글쓰기의 고통
    내가 나를 모르는데 네가 나를 알겠느냐   099
04 답글, 또 다른 글쓰기   103
05 이모티콘   107
06 맞춤법과 띄어쓰기   110
07 학생들의 참여 이끌어내기   113
08 소개글에 대한 생각 | 사람이 꽃보다 아름다워   117

5장 상세 그림 ❷ 감상 에세이

01 보고 듣고 경험한 것을 쓰기   123
02 글 계획 발표하기   126
03 도서 감상을 선택하지 않는 학생들   130
04 대학생들의 여행   134
05 영화를 보고 쓰는 글   138
06 야구라는 인생극장   142
07 패러디   145

6장 상세 그림 ❸ 주제 에세이

- 01 주장과 견해를 쓰기 153
- 02 남의 글을 참고해달라는 부탁 157
- 03 함께 배우는 시간 160
- 04 다이어트도 인문학 165
- 05 가족이라는 것 168
- 06 대학생과 돈 172
- 07 글 고쳐 쓰기 176

번외판 함께 놀기 180

7장 글 놀이판이 내게 가르쳐준 것

- 01 모든 글은 귀하다 185
- 02 쓰기와 읽기라는 아름다운 행동 187
- 03 삶은 역시 감동적이다 190
- 04 내 폭 좁은 인생 193
- 05 선생 역시 학생이다 195

8장 학생들의 글

나를 소개하는 글

- 01 25세의 나 | 경쟁과 고뇌 속에서 찾은 '자신' 200
- 02 먹을 것에 관한 단상 208

03 철없는 스틸러스, 글을 시작하다 212
04 나의 뇌구조 탐구 217

감상 에세이

01 내가 아는 어떤 공간 222
02 엄마의 상자 229
03 무대 뒤에서 무대에 올라 무대를 바라보다
   인생이 한 편의 연극이라면 236

주제 에세이

01 몇 가지 잡지학적 질문들 ┃ 어느 자치언론 편집위원의 이야기 246
02 나이와 권력 ┃ 편리함 속에 감추어진 위험한 진실 257
03 CODE NAME 010.065.004.
   이상원 선생님의 인문학 글쓰기, 그 비밀을 밝힌다 269
04 가족 이야기 ┃ 태양, 금성, 그리고 화성과 명왕성 284

맺음말 글 놀이판, 예외는 없다 318

1장

글 놀이판의
큰 그림

01

다 함께 쓰고
다 함께 읽기

글쓰기 선생이라고는 하지만 글쓰기를 어떻게 해야 하는지, 어떻게 가르쳐야 하는지는 정작 배운 적이 없다. 처음 강의를 맡았던 학기에는 "저도 잘 모릅니다."라는 말을 입에 달고 살았던 것 같다. 그랬더니 강의평가의 '담당교수는 강의에 필요한 지식과 경험을 갖추고 있었다.'라는 항목에서 형편없이 낮은 점수가 나왔다. 그 다음부터는 그런 말을 하지 않게 되었지만 대학의 글쓰기 교육에 대한 고민은 여전히 현재진행형이다.

    인문학 글쓰기 수업을 한마디로 표현한다면 '다 함께 쓰고 다 함께 읽기'가 될 것이다. 같은 강좌를 수강 신청해 모인 25명, 한 학기 동안 글쓰기 공동체를 이루는 그 학생들이 모두 글을 쓰고 또 그 글을 다 함께 읽는 것이 우리 글쓰기 수업의 뼈대이기 때문이다.

    다 함께 쓰기는 모든 학생들이 예외 없이 자기 글을 세 편씩 써야 한다는 뜻이다. 그 세 편은 한 쪽 이상의 '나를 소개하는 글', 세 쪽 이상의 '감상 에세이', 다섯 쪽 이상의 '주제 에세이'이다. 글 마감 시한은 함께 논의해 정한다. 대개 첫 번째 글은 개강 후 첫 주말까지, 두 번째 글은 개강 첫 달 말까지, 마지막 글은 개강 둘째 달 말까지 쓰게 된다.

글쓰기 수업이니 모든 학생들이 글을 써야 한다는 건 지극히 당연하다. 다만 우리의 글 놀이판에서는 글의 내용과 형식이 자유롭다는 점, 쓴 글을 온라인 강의실에 올려 모두에게 공개한다는 점이 특징이다. 나를 소개하는 글은 은사님에게 보내는 편지가 될 수도, 나의 진짜 모습을 두고 다툼이 벌어지는 법정 기록이 될 수도, 나라는 존재의 사용설명서가 될 수도 있다. 감상 에세이와 주제 에세이에서도 마찬가지로 다양한 시도와 실험이 이루어진다.

마감 시한이 되어 모든 학생이 자기 글을 온라인 강의실에 올려놓으면 그때부터 다 함께 읽기가 시작된다. 25편의 글을 수업 시간마다 3~5편씩 나누어 읽어나가는 것이다. 수업 시간에 어떤 글을 몇 편이나 함께 보게 될지는 한 주쯤 앞서 내가 공지한다. 그러면 학생들이 해당 글들을 수업 시간 전에 각자 미리 읽는다. 그리고 온라인 강의실로 들어가 비평 답글을 달아둔다. 글의 장단점, 인상적인 부분, 수정 보완했으면 하는 방향, 글을 보며 떠오른 느낌이나 생각을 자유롭게 담는 이 답글은 수업 전날 저녁 6시까지 올려두어야 한다.

학생의 입장에서 보면 자기가 쓴 글 외에 24편을 읽고 답글을 달아야 하고 또 자기 글에 달린 동료들의 답글 24개를 만나는 셈이다. 그리고 이 과정이 세 차례 반복되므로 학생 한 명이 한 학기 동안 읽고 답글을 달아야 하는 글은 모두 72편이다.

다 함께 읽고 다 함께 쓰기는 모두 수업 시간에 앞서 이루어진다. 수업 시간 75분은 글쓴이들과 만나 이야기를 나눌 기회이다. 자기 글에 붙은 동료들의 비평 답글을 읽고온 글쓴이들은 답글에서 제기된 질문에 답변을 한다. 답글에 제시된 의견에 동의하지 않는 경우 왜 그런지도 설명한다. 그리고 다시금 묻고 대답하기가 이어진다. 더 좋은 글을 만들기 위해, 글에서 시작된 생각을 더 발전시키기 위해 머리를 맞대는 것이다.

02

'경험'을 위한 한 판

공들여 글을 쓰는 경험, 울고 웃으며 글을 읽는 경험, 설레는 마음으로 자기 글에 붙은 답글을 확인하는 경험, 글을 소재로 날카롭게 혹은 따뜻하게 질의응답 하는 경험…… 나는 한 학기 동안의 글 놀이판에서 모든 학생이 빠짐없이 이런 경험들을 거쳐 가기를 기대한다.

대학마다 상황이 조금씩 다르겠지만 우리 학교의 글쓰기는 한 학기 과정이다. 한 학기, 즉 15주 동안 매주 세 시간씩 만나 글쓰기 실력을 일취월장시킨다는 것은 불가능에 가까운 일이다. 그래서 매 학기 마지막 시간에 나는 "그동안 함께 고생했지만 이것으로 글쓰기 실력이 확 올라갔으리라는 기대는 서로 하지 맙시다."라고 솔직하게 선을 긋는다.

눈부신 실력 향상을 기대할 수 없다면 대학의 글쓰기 강좌는 무엇을 목표로 삼아야 할까? 나는 '경험'에서 그 답을 찾았다. 글쓰기는 평생에 걸쳐 연습하고 닦아나가야 할 능력이다. 대학의 글쓰기 강좌는 그 평생의 과정에 기꺼운 마음으로 발을 내딛도록 만들어주는 데 불과하다. 그리고 이렇게 되려면 글쓰기의 여러 측면을 즐겁게 경험해볼 필요가 있다.

글쓰기 강좌에서 제일 중요한 경험은 뭐니뭐니 해도 글쓰기이다. 글을 쓰는 경험이란 사실 새로울 것이 없다. 초등학교에 입학하면서부터 괴로운 글쓰기 과제가 늘 뒤따라다니고 있었으니 말이다. 더욱이 대학생들에게는 지긋지긋한 입시 논술의 기억도 생생하게 남아 있다. 결국 글쓰기 선생 입장에서는 글쓰기가 재미없고 힘만 드는 일이라는 생각부터 바꿔놓아야 하는 셈이다.

새로운 글쓰기 경험을 위해 내가 만들어둔 첫 번째 장치는 학생들 스스로 원하는 소재를 잡아 원하는 형식으로 쓸 수 있도록 최대한의 자유를 보장하는 것이다. 자기가 가장 관심 있는 소재, 제일 잘 안다고 생각하는 소재를 잡는다면 글쓰기가 신나는 놀이 경험이 될 수 있다고 믿기 때문이다. 여기 더해 형식 면에서도 다양한 실험이 가능하다. 난생 처음으로 소설이나 시나리오에 도전해볼 수도 있다. 평소에 늘 길고 복잡한 문체를 써왔다면 파격적으로 짧고 단순한 문장을 시도해도 좋다.

글을 억지로 짜내는 고통을 줄이기 위해 글의 소재와 형식에 대한 구상을 동료들 앞에서 발표하는 기회도 갖는다. 이 계획 발표는 벼락치기 글쓰기를 피하게 하는 장치이자 완성 글을 읽게 될 독자들의 기대와 관심을 불러일으키는 방법이다. 발표를 들은 동료들이 던지는 질문에 대답하는 과정에서 계획이 구체화되는 효과도 있다. 글쓴이가 선택한 소재에 유난히 관심이 많은 예비 독자가 있다면 글쓴이가 미처 생각하지 못했던 점을 짚어주고 글 방향을 제안하는 역할도 하게 된다.

계획 발표 후에는 선착순 신청 방식으로 글마다 두 명씩 지정독자가 정해지는데 이 또한 새로운 글쓰기 경험을 위한 장치이다. 동료 학생들의 글을 전부 다 읽고 답글을 달아야 한다는 강좌 운영 원칙 덕분에 모두가 모두의 독자가 되는 것은 이미 정해진 상황이다. 여기 더해 지정독자는 특별히 그 글에 더 많은 애정과 관심을 갖고 글쓴이에게 한층 도움이 되는 답글을 달기 위해 노력하는 존재이다. 나를 소개하는 글에는 한 명씩, 그리고 감상 에세이와 주제 에세이에는 두 명씩 지정독자가 정해진다. 글쓴이 입장에서는 다른 글을 제쳐두고 자기 글을 선택해 지정독자를 자청해준 동료 학생들을 의식하지 않을 수 없다. 지정독자의 기대에 부응하기 위해 더 애쓰게 되는 건 당연하다.

글쓰기 경험 못지않게 우리의 글쓰기 강좌에서 중요한 경험은 글 읽기이다. 글 읽기 또한 새로운 경험은 아니다. 우리는 알게 모르게 매일매일 수많은 글을 읽으며 살고 있으니 말이다. 책이나 신문을 찾아 읽는 사람이라면 더 말할 것도 없다. 그렇지 않은 경우라 해도 인터넷에 접속해 포털 사이트를 들락거리다보면 기사, 칼럼, 블로그, 고발 글, 청원 글들이 줄줄이 화면에 늘어선다. 관심 끄는 제목을 클릭해 훑어 읽고 창을 닫는 작업은 전광석화처럼 빨리 이루어진다. 이래서는 건성 읽기가 되기 십상이다. 읽긴 읽은 것 같은데 뭘 읽었는지 머리에 하나도 남지 않는 것이다.

글 읽기가 잘 이루어져 내 생각과 내 글쓰기에 영향을 미치게까지 하려면 고심하며 읽어야 한다. 전체 구조가 어떻게 짜여 있는지, 핵심 메시지는 무엇인지, 잘된 부분은 어디이고 아쉬운 점은 무엇인지 생각해보아야 한다. 글쓴이 입장이 되어 의도를 파악하려 애쓰고 더 좋은 글로 수정보완하기 위해 내가 글쓴이라면 어떻게 할 것인지 고민해야 한다. 이런 글 읽기를 위해 우리 글쓰기 강좌에서는 답글 달기를 의무로 정해두었다.

매주 두 번씩 강의실에서 만나기 전에 3~5편의 글을 읽고 답글을 붙여야 하니 글 읽기는 한 학기 내내 지속적으로 이루어진다. 첫 번째 글을 읽을 때는 서로를 잘 모르는 상태이고, 그래서 글만 보고 글쓴이를 상상하다가 강의실에서 실제 모습을 대면하고는 흠칫 놀라는 재미있는 상황이 빚어지기도 한다. 두 번째, 세 번째 글로 갈 즈음에는 이름을 보지 않고도 누가 쓴 글인지 알게 되는 경지에 이른다. 글은 곧 사람을 드러낸다고 하더니 과연 그렇다. 글을 풀어가는 방식이나 문체가 사람마다 다른 것이다.

답글은 글쓰기를 일방적이지 않은 행동으로 만든다. 글쓴이의 글은 공허한 외침으로 그치지 않고 독자들의 반응을 이끌어낸다. 답글 또한 일방적이지 않다. 강의실에서 만났을 때 글쓴이가 답글에 대해 답변하고 다시 의견을 밝히기 때문이다. 답글, 답글에 대한 답변, 답변에 대한 질의 등으로 이어지는 소통, 즉 글을 바탕으로 전개되는 이야기 나누기는 글쓰기 강좌가 목표로 삼는 또 다른 경험이다.

글은 생각과 의견을 드러내고 질문과 이견을 부르며 서로의 발전을 도모한다는 면에서 가치를 가진다. 일방적인 전달로 끝나는 글은 재미도, 의미도 없다. 우리의 글쓰기 강좌에서는 글을 바탕으로 소통을 극대화하려 애쓴다. 질문을 받으면서 글쓴이는 다시금 생각을 정리한다. 글에서는 모호했던 생각이 질문을 통해 구체화된다. 독자들의 이견이 쏟아지는 부분에서는 미처 고려하지 못했던 점을 새로 고민하게 된다. 그러다가 글의 핵심 메시지가 바뀌기도 한다. 글쓴이가 독자들에게 질문을 던지는 일도 있다. 답글의 지적이 명료하게 이해되지 않을 때, 독자가 제기한 문제에 공감하지만 해결책을 찾을 수 없을 때, 글 쓰면서 부딪혔던 난관을 어떻게 타개하면 좋을지 의견을 구할 때 등등.

이렇게 이야기를 나눈 후 학생들은 자기 글을 수정한다. 이는 고쳐 쓰기라는 경험이다. 고쳐 쓰는 과정에서 모든 독자의 서로 다른 생각을 다 반영할 수는 없다. 하지만 1차본이 독자들에게 어떻게 다가갔는지 경험한 상태이므로 그 경험은 어떻게든 수정본에 녹아들게 마련이다. 온라인 강의실에 수정본을 올릴 때는 어떤 부분을 어떻게 수정했는지 정리해 밝히도록 한다. 그리고 수정본 또한 일방적인 전달로 그쳐서는 안 되겠기에 다시 한 번 답글 달기 과제를 부과한다. 수정본까지 전부 다 답글을 달기는 부담스러우므로 지정독자를 맡았던 글,

여기 더해 3~4편을 자유 선택해 답글을 붙이도록 한다. 글을 써서 공개한 뒤 다시 고쳐 쓰는 경험은 글쓰기가 지속적인 과정이라는 점을 확인할 기회이다. 마감 시한을 목전에 두고 첫 글자부터 마지막 글자까지 일필휘지로 써내려가 단숨에 글을 완성하겠다는 생각이 얼마나 치기 어린 환상인지 깨달을 기회이기도 하다.

  글쓰기와 관련된 이러한 여러 가지 경험을 한 학기 동안 압축적으로 또한 반복적으로 거치는 것, 이것이 우리 글 놀이판의 목적이다.

03

글 놀이판의 구성

대학의 한 학기는 얼추 계산해 석 달 보름 정도이다. 그래서 우리의 글 놀이판도 석 달 보름 동안 이어진다. 그동안 나는 학생들을 퍽 괴롭히는 선생이다. 과제가 없는 시간은 하나도 없다. 심할 때에는 감상 에세이를 함께 읽고 답글을 달면서 동시에 다음 글인 주제 에세이를 준비하며 써나가야 하고 또 그 중간에 첫 글인 소개글을 고쳐 쓰기도 한다.

글쓰기 강좌의 한 학기는 학생들이 쓴 글을 다 함께 차례로 읽어가는 과정이다. 한 학생이 세 편씩 글을 쓰므로 전체 과정은 세 차례 반복된다. 제일 먼저 나를 소개하는 글을 쓰고 읽는다. 다음으로 감상 에세이를 쓰고 읽는 차례, 마지막으로 주제 에세이를 쓰고 읽는 차례가 된다.

나를 소개하는 글, 감상 에세이, 주제 에세이라는 글의 명칭은 2006년 1학기에 처음 이 강좌를 맡으면서 내가 고안했다. 첫 번째는 말 그대로 모두에게 나를 소개하기 위한 글이다. 두 번째 글인 감상 에세이는 책, 영화, 공연, 음악, 여행 등 대상을 잡아 나의 감상을 공유하기 위해 써내려가는 글이다. 마지막 글인 주제 에세이는 원하는 주제를 선택한 뒤 기존 자료나 문헌을 참고하여 생각을 정리하고 독자를 설득하기 위해 쓰는 글이다. 솔직히 고백하자면 이 세 종류 글 사이의 경계는 퍽 모호하다. 소재나 주제를 한정시키지 않고 형식 또한 자율에 맡기는 탓이다. 정체가 모호한 글을 써야 하는 상황에 놓인 학생들은 고민에 빠지지만 그만큼 자기 결정권을 누린다는 장점이 있다. 또 무척이나 다채로운 글들이 생산되어 읽는 재미를 선사한다는 이점도 있다.

 세 글의 흐름을 보자면 첫 번째는 나를 돌아보고 내가 누구인지 생각해보기 위한 글이요, 두 번째는 보고 듣고 겪은 경험을 공유하기 위한 글이며 세 번째는 내 관심사에 대한 이견과 주장을 제시하고 설득하기 위한 글이다. 나라는 존재에서 출발해 감상과 경험으로, 다시 세상사와 현안으로 글감을 확대해가는 과정이라고도 할 수 있다. 자기소개서 대신 '나를 소개하는 글'이라는 명칭을 사용하는 것은 '저는 모년 모월 모일, 모처에서 교사이신 아버지와 주부이신 어머니 사이의 몇남 몇녀 중 몇째로 태어나……'로 시작되는 천편일률적인 글이 나올지 모른다는 걱정 때문이다. 감상문 대신 '감상 에세이'라는 명칭을 붙인 이유도 비슷하다.
 함께 읽기가 가능하려면 글의 분량이 너무 많아서는 곤란하다. 그래서 나를 소개하는 글은 한 쪽 이상, 감상 에세이는 세 쪽 이상, 주제 에세이는 다섯 쪽 이상으로 정해두었다. 이는 하한선이고 상한선은 없다. 하한선을 훌쩍 초과하는 글들도 적지 않게 나오지만 최소 기준을 맞추는 학생이라면 한 학기 동안 쓰는 글의 분량이 아홉 쪽에 불과하니 글쓰기 강좌라 불리기에 좀 머쓱하기도 하다. 하지만 매 시간 다른 사람 글을 읽고 쓰는 비평 댓글까지 합하면 전체 글쓰기 양은 결코 적지 않다. 한 학기 15주의 흐름을 소개하면 다음과 같다.

제 1주

강좌 운영 방식을 소개하고 학생들이 한 명씩 앞으로 나와 첫 인사를 나눈다. 인사가 끝나고 나면 각자 마음에 드는 한 사람을 선택해 그 사람의 첫 번째 글 지정독자 역할을 맡도록 한다. 그후 칼럼 글 한 편을 다 함께 읽고 구조에 대해, 장단점에 대해 이야기를 나눈다. 이는 이후 서로의 글을 열심히 읽어주기 위한 예행 연습이다. 첫 주말까지 학생들은 나를 소개하는 글을 작성해 온라인 강의실에 올리고 선생은 제 2주에 볼 글을 선별해 공지한다.

제 2주

사전에 공지된 순서대로 나를 소개하는 글을 읽어나간다. 한 수업당 다섯 편이 할당된다. 수업 전날 저녁 6시까지 다섯 편 글에 답글을 다는 것이 과제이다. 수업 시간에는 글쓴이들을 앞에 모셔놓고 이야기를 나눈다. 답글에서 질문했지만 글쓴이가 대답해주지 않은 내용을 다시 물어볼 수도 있고 글과 관련해 새로운 질문을 던질 수도 있다.

제 3주

나를 소개하는 글 읽기를 잠시 중단하고 두 번째 글 계획을 발표한다. 학생 한 명당 5분 정도 시간이 주어진다. 어떤 글감을 잡아 어떻게 구성하여 어떤 핵심 내용을 전달할 것인지 발표하고 질문과 제언을 받는다. 계획 발표가 모두 끝난 후 온라인 강의실에서 계획 글에 선착순 답글을 붙이는 방식으로 한 글에 두 명씩 지정독자가 결정된다.

제 4주~제 5주

나를 소개하는 글을 읽어나간다. 한 수업당 다섯 편씩이다. 학생들은 친구들의 글에 답글을 달면서 수업을 준비하고 그와 동시에 두 번째 글을 쓴다.

제 6주

두 번째 글인 감상 에세이를 읽기 시작한다. 첫 번째 글과 마찬가지로 해당 수업 시간에 볼 글이 미리 공지되고 학생들은 수업 전날 저녁 6시까지 답글을 단다. 다만 글 분량이 늘어났으므로 다섯 편이 아니라 네 편씩 읽는다는 점이 다르다.

제 7주

감상 에세이 읽기를 잠시 중단하고 세 번째 글 계획을 발표한다. 방식은 제 3주의 계획 발표와 같다. 세 번째 글인 주제 에세이에는 주제를 잡고 선행 연구나 문헌을 참고하며 의견과 주장을 써나가는 글이라는 요구조건이 있다. 그래서 발표와 질의응답에는 어떤 참고문헌을 염두에 두고 있는가 하는 내용도 포함된다.

제 8주~제 10주
감상 에세이를 계속 읽어나간다. 한 수업당 네 편씩이다. 학생들은 수업 진행에 맞춰 답글을 달고 그와 동시에 세 번째 글을 쓴다.

　첫 번째로 보았던 나를 소개하는 글 수정도 이때 이루어진다. 학생들은 친구들이 달아준 답글을 참고하고 또한 어느 정도 시간이 흐른 상태에서 새로운 눈으로 자기 글을 바라보면서 수정본을 만들어 온라인 강의실에 올린다. 정한 기한에 맞춰 일제히 수정본이 올라오면 답글 달기 과제가 주어진다. 지정독자를 맡았던 글의 수정본, 그리고 관심 있는 수정본을 자유롭게 세 편씩 골라 총 네 편에 답글을 달아주어야 한다.

제 11주~제 14주
주제 에세이를 읽는다. 한 수업당 세 편씩이다. 학생들은 수업 진행에 맞춰 친구들의 글에 답글을 단다.

　두 번째 글인 감상 에세이를 고쳐 쓰는 작업을 한다. 친구들의 답글, 조교의 비평을 참고하여 글을 수정한다. 자기가 지정독자를 맡았던 글의 수정본, 그리고 자유 선택 수정본 두 편에 다시 답글을 달아주어야 한다.

제 15주

세 번째 글인 주제 에세이를 고쳐 쓰는 작업을 한다. 방식은 감상 에세이 수정 때와 동일하다.

학생들은 감상 에세이나 주제 에세이 한 편을 쓰고 고치면서 모두 여덟 단계를 거치게 된다. 이를 표로 정리하면 다음과 같다.

단계	내용
1	글 계획 발표하고 질의응답 과정 거치기
2	지정독자 확보하기
3	글 완성해 공개하기
4	자기 글에 대한 친구들의 답글 받기
5	수업 시간에 자기 글에 대한 질의응답 과정 거치기
6	조교의 서면 비평 받기
7	고쳐 쓰기 무엇을 어떻게 왜 고쳤는지 정리해 밝히기
8	고쳐 쓴 글에 대한 답글 받기

04

생방송
즉석 공연

글쓰기 수업은 재미있어야 한다. 학생들을 위해서도, 선생을 위해서도 그렇다. 재미의 필수요소 중 하나는 우연성 혹은 즉흥성이다.

우리의 글쓰기 수업 시간은 글쓴이와 독자들이 만나는 기회이다. 질의응답으로 채워지는 이 시간은 각본도 연습도 없는, 그야말로 생방송 즉석공연이라 할 만하다.

독자들은 이미 그날의 주인공인 3~5명의 글을 다 읽고 답글까지 달아놓은 후 강의실에 들어온 상태이다. 글쓴이들은 자기 글에 붙은 답글을 다 읽고 필요한 재답변을 준비해 강의실 앞쪽에 독자들과 마주보고 앉는다. 선생인 나도 글 3~5편과 그 글에 붙은 답글을 다 읽고 들어간다.

수업이 시작되면 먼저 글쓴이에게 발언할 기회를 준다. 글쓴이들은 여러 답글에 공통적으로 등장한 질문에 대해 답할 수도 있고 독자들이 제대로 이해하지 못했던 자신의 의도를 설명하기도 한다. 이렇게 글쓴이 한 명 한 명이 차례로 서두 발언을 하는 시간이 짧으면 15분, 길면 30분가량 걸린다. 발언이 너무 지루하고 길게 이어진다 싶으면 내가 개입해 끊어준다. 글쓴이의 일방적인 원맨쇼가 되어서는 안 된다는 생각 때문이다.

 글쓴이들의 말이 끝나면 자유롭게 묻고 대답하는 시간이 이어진다. 묻고 대답하는 것이야말로 자기 생각을 정리하고 다듬는 최고의 방법이다.

 질문하는 독자는 누구에게 향하는 질문인지를 먼저 밝힌다. 가끔은 여러 글쓴이들에게 공통적으로 질문을 던지는 경우도 있는데 소재나 주제별로 연결되는 글들을 한꺼번에 보게 되는 감상 에세이나 주제 에세이 때가 특히 그렇다. 글쓴이가 독자들에게 질문을 던지기도 한다. "어떻게 해야 이러저러한 문제를 해결할 수 있을지 모르겠어요. 어떤 방법이 있을지 좀 알려주세요."라는 요청도 있고 "제 글에 이러이러한 내용의 답글을 다셨는데 잘 이해가 안 됩니다. 다시 한 번 설명해주시겠어요?"라는 확인 요구도 있다. 갑자기 후자와 같은 질문을 받은 학생은 놀라서 다시 자기 답글을 살펴본다. 그러면서 "글쎄 말입니다. 왜 제가 이런 답글을 달았을까요?"라고 반문해 한바탕 웃음을 유발하기도 한다. 그러면 또 다른 학생이 "이러이러한 의도로 쓰신 것이 아니었을까요?"라고 나서서 설명해주기도 한다.

 75분 동안 누가 무슨 말을 하게 될지, 무엇이 주된 화제로 등장하게 될지는 아무도 모른다. 그야말로 어디로 튈지 알 수 없다. 물론 그날의 주인공들이 쓴 글, 거기 붙은 답글들이 단서를 제공하긴 하지만 묻고 대답하기 내용은 거기에 그치지 않는다. 수업시간마다 반드시 예상하지 못했던 질문과 답변이 나오게 마련이다. 그런 즉흥적인 요소는 재미있는 놀이판에 꼭 필요하다.

  75분의 수업을 위해 강의실로 향하면서 나는 그 시간이 어떻게 흘러갈지 기대한다. 어차피 결정권은 내게 없다. 침묵이 너무 오래 이어질 때, 글의 한 부분 혹은 한 글쓴이에게 너무 논의가 집중된다 싶을 때 개입하여 분위기를 바꾸고 흐름을 돌리는 것, 조금 지루하다는 느낌이 들 때 웃음이 터질 만한 질문을 던져주는 것, 단지 그 정도가 내 역할이다. 이것도 학기가 중반을 넘어서면 학생들이 알아서 나를 대신하기 시작한다.

  앞으로 나와앉은 글쓴이들은 처음에는 주눅이 든다. 죄인이라도 된 양 자기 글에 이러저러한 잘못이나 문제가 있다고 중얼거리며 어쩔 줄을 모른다. 하지만 수업이 반복되면서 모두가 돌아가며 똑같은 상황을 겪는다는 것, 심판이나 평가의 자리가 아니라 글을 통해 생각을 이해하고 더 잘 쓸 방법을 함께 고민하는 자리라는 것을 서서히 알게 된다. 세 번째 글인 주제 에세이쯤 가면 이 주제에 대해 나는 이렇게 생각하는데 다른 사람들은 과연 어떨지 진심으로 궁금하다며 독자들에게 적극적으로 의견을 묻는 경지에까지 이른다.

  글쓴이들이 기가 죽어 있으면 독자들은 그래도 이러저러한 장점이 있는 글이라고, 자기는 특히 이런 점이 마음에 들었다고 말하며 기운을 돋워준다. 가끔은 "기대가 컸는데 솔직히 실망이에요."라고, 나도 흠칫 놀랄 정도로 비수를 날리는 학생도 있다. 그럴 때 글쓴이가 "그러게 말입니다. 죄송합니다."라고 배짱 좋게 웃어주면 다행이고 아니면 나나 다른 독자들이 나서서 글의 다른 면을 옹호하면서 자연스럽게 그 순간을 넘겨주곤 한다.

  나는 강의실 여기저기에서 학생들이 온갖 질문을 쏟아내는 상황, 서로 다투어 입을 열고 곳곳에서 웃음이 터지는 왁자지껄한 분위기를 좋아한다. 글쓴이의 허를 찌르는 날카로운 질문이 나온다면 더욱 좋다. 사회자가 따로 없는 상황이기 때문에 두세 명이 한꺼번에 입을 열었다가 서로 눈치를 보며 순서를 양보하는 일도 생긴다. 계속 발언을 시도하지만 말머리를 잡지 못하는 학생이 보이면 내가 나서서 기회를 주기도 한다. 그러다가 75분이 흘러 끝날 시간이 되면 질문들을 끊어내고 수업을 마친다. 또 한 번의 생방송 즉석 공연이 막을 내리는 것이다.

2장

글 놀이판에 중요한 것

01

사람

글쓰기 수업에는 여러 전공, 여러 학년이 섞여 있을수록 좋다. 그래야 다양한 시각과 경험, 의견이 확보되기 때문이다.

수강신청 기간이 돌아오면 나는 수시로 학교 포털사이트를 들락거리며 수강신청 상황을 확인한다. 여러 전공의 여러 학년 학생들이 고루 섞여 있기를 바라면서 수강신청자 명단을 훑어본다. 인문학 글쓰기는 선택 과목이다. 다른 글쓰기 강좌들, 즉 사회과학 글쓰기나 과학과 기술 글쓰기와 달리 인문학 글쓰기는 그 어느 단과대학에서도 필수로 지정하지 않았다. 고맙게도 그 덕분에 특정 학과 학생들이 절반 이상 몰리는 사태는 이제껏 한 번도 없었다.

여러 전공과 여러 학년이 섞이기를 바라는 것은 그래야 서로에 대한 호기심이 커지기 때문이다. 상대가 어떤 사람일까, 어떤 생각을 하며 살고 있을까 하는 호기심이 없다면 글을 성의껏 읽어주고 비평해주는 일이 자칫 고역이 될 수 있다. 인문사회계열 학생, 공학자연계열 학생, 예술계열 학생들은 서로 만나볼 기회가 많지 않다. 무슨 공부를 하는지, 어떤 고민이 있을지는 더더욱 모른다. 아마도 이러저러할 것이라는 추측만 난무한다.

    공학자연계열이나 예술계열 학생들은 글을 잘 못 쓴다는 편견이 있다. 이런 편견은 그쪽 학생들이 인문사회계열에서 요구하는 연구 리포트 형식에 익숙하지 않아 제대로 써내지 못한 탓에 생겨났으려니 싶다. 하지만 내가 목격한 실제는 이와 전혀 달랐다. 공학자연계열이나 예술계열 학생들은 인문사회계열 학생들이 생각지도 못하는 주제를 잡아 흥미진진한 글을 전개하는 경우가 아주 많다. 컴퓨터공학과 학생은 인공지능을 구현하기 위한 여러 시도에 대해 글을 쓴다. 수학과 학생은 암호의 세계를 소개해준다. 음대 학생은 연주 여행의 경험담을 털어놓는다. 미대 학생은 중국 미술의 세계를 펼쳐 보이기도 하고 정체 모를 벽화 예술가 뱅크시에 대해 알려주기도 한다. 나를 포함한 독자들은 그런 글을 통해 흥미로운 신세계에 발을 들여놓는다.

    서로를 잘 모르기로는 복학생과 '현역' 학생들도 마찬가지다. 2년 동안 군 생활을 하고 학교로 돌아온 복학생들은 나이 어린 후배들과 편하게 어울리지 못하고 후배들 역시 복학생들을 어려워한다. 요즘에는 군 복무 외에도 이런저런 사유로 휴학 기간을 보내다가 돌아온 복학생도 많다. 인문학 글쓰기 수강생들을 보면 예외 없이 복학생이 여럿 끼어 있다. 고마운 일이다. 복학생들에게는 재미있는 이야깃거리가 많으니 말이다. 이라크 파병 반대 시위를 하다가 입대 후 자이툰

부대를 지원해 이라크에 다녀온 이야기, 해병대 첫 휴가 때 고향 터미널에 도착해 어머니 앞에서 목청껏 노래 부르던 이야기, 해외연수 하면서 겪었던 즐겁고 서글픈 사건들, 등록금 벌 작정으로 휴대폰 매장에서 일하던 이야기 등등. 복학생들은 자기 경험담을 털어놓으면서 신이 나고 후배들은 간접 경험을 하면서 나름대로 미래 계획을 세우기도 한다.

친구들 없이 혼자 수업 듣는 것을 '독강'이라고 부른다. 나는 가능하면 이런 '독강생'이 많기를 바란다. 이미 서로 친한 학생들이 우르르 몰려오면 다 함께 어울리는 분위기를 조성하기 힘들다. 강의실에서도 끼리끼리 모여앉고 지정독자 신청도 서로 해주기 때문이다. 이렇게 되면 독강생들은 자연스레 기를 못 편다. 반면 대부분이 독강생인 상황이라면 다 똑같은 처지에서 서로를 만나게 되니 좋다. 마찬가지 이유에서 연인 둘이 수강신청을 하는 상황도 별로 반갑지 않다. 처음부터 일종의 차단막이 쳐지는 셈이니까. 물론 학기가 진행되면서 연인이 탄생하는 경우라면 어쩔 수 없지만 말이다.

같은 전공 학생들이 함께 들어온 경우에도 글쓰기와 글 읽기를 통해 서로 미처 몰랐던 부분을 알 수 있었다는 얘기들을 한다. 자주 얼굴을 보고 이야기를 나누는 사이에서도 알지 못했던 것을 글이 드러내주는 것이다. 글에는 말과는 다른 무언가가 있는 모양이다.

02

관심

세상에 대한 관심이 없다면 글을 쓸 수 없다. 서로에 대한 관심이 없다면 답
글을 쓸 수도, 토론을 할 수도 없을 것이다.

인문학 글쓰기란 무엇일까? 글쓰기 강좌를 6년째 맡으면서도 시원하게 대답하지 못하는 질문이다. 물론 인문학 글쓰기라는 말을 내가 만든 것은 아니니 어느 정도 책임 회피는 가능할지도 모르겠다. 학교에서 대학생들의 글쓰기 능력 향상이 필요하다는 판단 하에 2004년 2학기에 글쓰기 강좌를 개설하면서 인문학 글쓰기, 사회과학 글쓰기, 과학과 기술 글쓰기로 영역을 나누었다고 한다.

시원하게 대답은 못한다 해도 에라 모르겠다 내버려두지는 못할 입장이다. 우선 학생들이 질문을 해댄다. "인문학 글쓰기란 대체 무엇인가요?" 그럼 나도 솔직히 잘 모르겠다고 일단 고백한 후 사람에 대한, 인생살이에 대한 관심을 드러내는 글쓰기라 생각한다고 밝혀둔다.

인문학 글쓰기라는 말의 사전적 정의는 되지 못하겠지만 내가 운영하는 강좌에는 그럭저럭 들어맞는 설명이다. 우리 글 놀이판에서는 사람과 인생살이에 대한 관심이 가장 중요하기 때문이다. 우선 글의 내용이 그렇다. 형이상학적인 어려운 주제를 정해두지 않았으니 학생들은 자기 삶과 밀착된 글감을 선택하게 된다. 어떻게 살고 있는지, 어떻게 살고 싶은지, 어떤 일을 겪었는지 등이 주요 소재로 등장하는 것이다.

관심이 없다면 글을 쓸 수 없다. 내가 보고 듣고 겪는 일들, 내가 하는 생각을 모두 무심하게 흘려보낸다면 대체 어떤 글을 쓸 수 있겠는가. 글쓰기는 곧 생각하기이고 생각하기는 관심을 바탕으로 한다. 우리의 글 놀이판에서는 무엇에 관심을 두고 글을 써야 하는지를 온전히 글쓴이에게 맡긴다. 글쓴이들은 다만 몇 월 며칠까지 최소 몇 쪽 분량의 글을 올려야 한다는 과업을 부여받을 뿐이다. 글감으로 삼고 싶은 관심사가 이미 있는 경우라면 좋지만 그렇지 않은 학생은 고민에 빠진다. 자기가 관심을 갖는 대상이 무엇인지, 글을 통해 드러내고 싶은 견해가 무엇인지. 고민하다보면 불현듯 무언가 떠오르기도 한다. 그것에 대해 글을 써보겠다는 생각은 한 번도 해본 적 없지만 자기가 중요하게 생각하거나 많은 시간을 할애하고 있는 무언가가 말이다. 그렇다면 그 무언가에 대해 글을 구상하고 써내려가면 된다. 아무리 고민해도 떠오르는 게 없는 경우라면 즉흥적으로 정해야 한다. 그 즈음 언론에 자주 오르내리는 주제에 대한 내 생각을 정리할 수도 있다. 매일같이 사서 마시는 생수는 왜 그렇게 종류가 많은지, 종류별로 어떤 차이가 있는지 알아보겠다고 작정해도 좋다. 그렇게 다양한 경로로 글감이 결정된다.

함께 읽기 과정에서는 서로에 대한 관심이 필요하다. 관심이 없다면 답글은 귀찮은 과제로 전락하고 만다. 수업 시간에 무얼 묻거나 대답하고 싶지도 않을 것이다. 글쓰기의 출발점이 되는 세상에 대한 관심은 학생 스스로 찾도록 맡겨둔다지만 학생들 서로에 대한 관심은 선생이 나서서 좀 북돋울 필요가 있다. 쑥스러움이나 민망함을 벗어버리고 솔직하게 관심을 표현할 수 있어야 글 놀이판이 제대로 살아나기 때문이다. 이를 위한 몇 가지 장치를 소개하겠다.

첫 시간의 자기소개

나는 첫 시간에 나누어주는 강의 계획서에 수강 학생 명단도 붙여둔다. 그래야 나뿐 아니라 학생들도 서로서로를 더 빨리 알 수 있다.

강의 소개를 끝낸 후에는 돌아가며 자기를 소개하도록 한다. 강의실에서의 자기소개는 자칫 '어느 과 몇 학번 누구'라는 하나마나한 소개에 그치기 쉽다. 또 학생들이 타인의 자기소개를 귀담아 듣지 않는 경향도 있다.

이런 문제를 해결하기 위해 나는 우선 자기소개의 주제를 정해준다. 지난 방학 동안 가장 인상 깊었던 일, 최근 일주일 동안 가장 기억에 남았던 장면 등등. 이렇게 되면 말하는 사람이나 듣는 사람이나 훨씬 재미가 있다. 간접 경험의 폭을 넓힐 기회도 된다. 다음으로는 자기소개를 마친 사람이 다음번 자기소개 할 사람을 정하게 한다. 인상이 좋은 사람을 지목할 수도 있고 앞서 받은 수강생 명단을 참고할 수도 있다. 어떻든 다음 사람을 정하려면 누가 자기소개를 했고 누가 안 했는지를 대강이나마 기억해야 하고 수강생 명단을 한 번이라도 더 들여다보게 된다.

한바탕 자기소개가 끝나고 나면 마음에 드는 사람을 한 명씩 지명한다. 바로 이것이 그 사람이 쓰게 될 첫 번째 글, 즉 '나를 소개하는 글'에 대한 지정독자 신청이다. 가능하면 미리 알던 친구보다는 그날 처음 본 사람을 선택해달라고 부탁한다. 글을 통해 사람을 알아가는 쏠쏠한 재미를 느끼게 하기 위해서이다. 신청 방법은 단순하다. 먼저 말하는 사람에게 우선권이 있는 선착순이다. 첫 번째 글은 지정독자가 한 사람씩이므로 누군가를 염두에 두었다 해도 다른 사람이 먼저 지정독자 신청을 해버리면 다른 사람을 선택해야 한다. 끝까지 이름이 안 불린 사람은 끝까지 신청을 하지 않은 사람 차지가 된다. 이렇게 하여 스물다섯 명이 각각 누군가의 지정독자가 된다.

첫 시간 75분 중에 15~20분 정도를 강좌소개 및 질의응답에 할애하고 이후 25명이 각자 자기소개를 하는데 꽤 긴 시간인데도 대개는 꽉 채운다. 심지어는 두 번째 시간으로 넘어가야 하는 경우도 있다. 기회만 주어진다면 그만큼 할 말들이 많은 모양이다. 왜 글쓰기 수업을 듣게 되었는지, 한 학기 수업에서 어떤 것을 기대하는지 등에서 시작해 막 제대해 복학을 했다든지, 어학연수를 다녀왔다든지 하는 개인 정보도 털어놓는다. 소개 말미에 자기는 워낙 글을 못 쓰는 사람이어서 답글 달기가 어렵지 않을 테니 기억해두었다가 지정독자를 신청해달라는 읍소가 덧붙기도 한다.

서로의 이름을 불러주기

글 놀이판에서 서로의 이름을 불러주는 것은 퍽 중요하다. '조금 전 말씀하신 여자분'보다는 'ㅇㅇㅇ 씨'가 훨씬 좋지 않은가. 매 시간 몇 명씩은 주인공이 되어 앞에 나가는 방식의 수업이기 때문에 인문학 글쓰기에서는 상대적으로 이름 외우기가 쉬운 편이다. 한 달 반쯤 지나면 학생들이 서로의 이름을 완전히 파악하게 된다. 이름을 부르며 질문하고 대답하는 것, 이것은 내가 의도하는 한 학기 동안의 글쓰기 공동체에 아주 중요한 요소이다. 이름 불러주기는 상대에 대한 관심을 가장 잘 드러내기 때문이다.

딱하게도 나는 본래 이름 외우기에는 소질이 전혀 없는 사람이다. 학기 초만 되면 백여 명의 이름을 한꺼번에 외워야 하는 일이 퍽 부담스럽다. 그래도 별 도리가 없다. 부담감을 억누르며 한 수업에 대여섯 명 정도씩 계속 외워나간다. 잘 외워지지 않는 경우라면 출석을 부르면서 곁눈질로 부지런히 얼굴을 확인한다. 나를 소개하는 글에 대해 오가는 이야기를 들으면서, 질문을 던지면서도 머리 한 켠에서는 이름과 얼굴을 연결시키고 있다. 4~5주째로 접어들면 비로소 출석을 부르지 않아도 지각 확인이 가능한 수준이 된다. 두 번째 글인 감상에세이 읽기로 넘어갈 즈음이다. 그리고 그 이후에는 출석 부르기에 시간을 쓸 필요 없이 내가 알아서 지각과 결석을 기록한다.

완벽히 이름을 파악하기까지 실수도 많다. 엉뚱한 이름을 부르면서 지칭하는 일이 제일 흔한 실수이다. 글쓴이에게 어느 학생이 던진 질문을 받아 연결한답시고 "○○ 씨가 말씀하셨듯이……"라고 말을 시작했는데 이름이 틀렸다면 민망하기 그지없다. 강의실 밖 교정에서 마주쳤을 때 바로 이름이 떠오르지 않아 답답한 경우도 있다. 그래도 학생들은 그냥 넘어가준다. 노력을 가상하게 봐주는 모양이다.

새 학기가 시작되고 나면 이전 학기 학생들의 이름은 대개 기억에서 지워진다. 새로 만난 학생들 이름을 우겨넣기도 바쁜 상황이어서 그렇다. 강의실을 오가는 길에 예전 학생들을 만나면 반가운 인사를 나누지만 이름은 기억나지 않는 경우가 대부분이다. 선생 입장을 배려하는 학생은 "저 무슨 무슨 글을 썼던 누굽니다."라고 친절하게 기억을 환기해주기도 한다. 그러면 참으로 고맙다.

지정독자라는 것

우리 글 놀이판에서 다뤄지는 모든 글에는 지정독자가 있다. 모든 학생이 서로의 글을 다 읽고 답글을 다는 것이 원칙이니 모두가 독자 역할을 맡지만 지정독자는 다른 독자들에 비해 특히 그 글 읽기에 더 많은 시간과 노력을 할애하고 글쓴이에게 가장 도움이 될 답글을 달아주어야 할 의무를 진다. 굳이 표현하자면 함께 읽기 원칙에 긴장감을 부여하는 존재다. 모두의 임무는 그 누구의 임무도 아니라고 하지 않는가.

그렇다고 지정독자의 답글은 몇 줄 이상 되어야 한다거나 어떠어떠한 내용을 포함해야 한다는 요구 조건은 없다. 글쓴이에게 필요한 조언이나 분석, 칭찬이 무엇일지는 전적으로 지정독자 자신이 판단하도록 한다.

　지정독자는 글쓴이에 대한 관심, 글에 대한 관심을 바탕으로 선착순 신청한다. 나를 소개하는 글에는 한 명씩, 감상 에세이와 주제 에세이에는 두 명씩 지정독자가 정해진다. 나를 소개하는 글은 상대방의 첫인상이나 인사말을 바탕으로 지정독자 신청을 하게 되지만 다음에 이어지는 두 글의 경우에는 글 계획을 듣고 관심사에 따라 지정독자를 신청하도록 한다. 누구의 글을 가장 열심히 읽어줄 것인지 선착순으로 선택하는 방식이므로 경쟁도 일어난다. 온라인 강의실에서 답글로 지정독자를 신청할 때, 신청 글을 달려다가 이미 두 명이 차 있는 것을 보고 아쉬워하는 일도 많다.

　글쓴이 입장에서는 글을 완성하기 전부터 이미 자기 글에 관심을 갖고 기다리는 존재가 있다는 사실이 적잖이 신경 쓰일 수밖에 없다. 이는 글쓰기에 한층 성의와 열성을 보여야 하는 계기로 작용한다. 계획과 다른 방향으로 전개된 글을 올리는 글쓴이는 '지정독자의 기대에 부응하지 못해 미안하다'는 사과의 말을 덧붙인다. 또 자기 글을 함께 읽을 차례가 되어 글쓴이로서 발언할 때는 지정독자에 대한 감사 인사를 잊지 않는다.

칼럼 한 편 읽은 후의 난상 토론 75분

　개강 후 두 번째 시간에는 남의 글을 함께 읽고 이야기를 나눈다. 이것은 바로 다음 시간부터 이어지는 나를 소개하는 글 함께 읽기 및 동료 비평을 위한 연습 작업인 동시에 서로 의견을 나누는 수업에 익숙하지 않은 학생들의 적응 기회이기도 하다. 세 차례 반복될 글 놀이판의 예행 연습이라고나 할까.

이때 함께 읽을 글은 내가 골라 복사해간다. 너무 길면 읽는 시간이 한참 걸리니 복사지 한 면에 꽉 차는 정도로 한다. 일간지 칼럼은 그 시점의 시사 문제에 집중하는 경향이 있어 피하고 대신 학생들의 흥미를 끌면서도 말이 많이 나올 만한 글로 고른다. 나는 주로 '다산 칼럼'을 애용한다.

글을 나누어주고 한 번 주욱 눈으로 읽도록 한다. 그리고 글을 책상에 뒤집어놓으라고 한 뒤 이야기를 나눈다. 글을 보지 않은 채 머리에 남은 내용만 가지고 말이다. 전체 구성이 어떠했는지, 핵심 내용이 무엇이었는지에서부터 시작한다. 한두 명이 자기 생각을 말하기 시작하면 다른 학생들이 보충하거나 이의를 제기할 기회를 준다. 마음에 드는 점은 무엇이었고 마음에 들지 않는 부분은 무엇인지도 묻는다.

글을 보지 않고 이야기하는 것은 나무가 아니라 숲을 보도록 돕기 위한 연습이다. 단어나 표현, 문장 등에 매달리지 않고 전체 논지를 파악해보는 것이다. 글을 뒤집은 후 머릿속에 제대로 떠오르는 것이 하나도 없다면 주의 깊게 읽지 않았다는 뜻이다. 읽을거리가 넘쳐나는 세상이라서 그런지 '성의 없게' 휙 읽어버리기도 참 쉽다.

주제에 대해서도 이야기를 나눈다. 글은 생각을 낳는 촉매제이기 때문이다. 영어 교육에 대한 글이었다면 영어 혹은 영어 교육에 대한 평소의 생각, 글쓴이의 주장에 대한 동조나 반박, 문제의 원인이나 해결책에 대한 나름의 의견이 교환될 수 있다.

어느 정도 전체 얼개에 대한 이야기가 나왔다 싶으면 글을 한 번 더 읽도록 한다. 이때에는 손에 펜을 들고 비평이나 조언하고 싶은 부분에 표시하면서 읽는다. 그리고 다시 서로의 생각을 이야기한다. 어느 부분의 예시는 적절하지 않으니 빼야 한다는 의견, 문단의 순서를 조정해야 한다는 의견, 일부분은 삭제하고 새로 어떠어떠한 부분을 넣어야 한다는 의견 등이 나온다. 한 사람이 낸 의견을 다른 사람이 반박하기도 한다.

같은 글을 읽었지만 글의 주제에 대한 생각은 물론이고 글의 장단점이나 개선 방향에 대한 견해마저 사람마다 천차만별이다. 당연한 일이지만 다른 한편으로는 새로운 깨달음이다. 모든 독자의 구미를 만족시키는 글은 없다는 것, 다시 말해 정답이 되는 글은 없다는 사실을 확인하는 순간이다. 어차피 정답이 없으니 글쓴이는 마음 놓고 자기만의 시도를 해볼 수 있고 독자는 자기만의 견해를 말할 수 있는 것이다.

이런저런 이야기가 오갈 때 나는 사회자 역할을 한다. 가능한 한 발언 기회가 골고루 돌아가도록 돕고 입 꾹 다문 학생을 일부러 지목하여 질문을 던지기도 한다. 발언한 학생의 생각을 요약해주고 그 견해에 대한 이견은 없는지도 묻는다. 내 의견을 내놓는 경우는 거의 없다. 선생이 자기주장을 펼치기 시작하면 학생들은 말문이 막히기 때문이다. 게다가 어차피 정답도 없는 상황 아닌가.

강의실 안에서 자기 생각을 말해본 경험이 거의 없는 학생들이 꽤 많다. 고등학교를 벗어난 지 얼마 되지 않은 1학년생이라면 그러려니 하지만 한번은 3학년 학생이 대학 강의 시간에 입을 열어본 것이 처음이라고 하여 깜짝 놀란 일도 있었다.

한 학기 동안의 글쓰기 강좌를 통틀어 글쓴이가 현장에 없는 글 읽기는 이 두 번째 시간이 유일하다. 그래서인지 칭찬보다는 냉정한 비판이 더 많다. 나는 글쓴이가 왜 그렇게 글을 썼을지, 누구를 독자로 예상했는지, 어떤 효과를 기대한 것인지 생각해보도록 유도한다. 글쓴이 입장이 되어 글을 옹호하게도 한다. 비판을 넘어서 조언으로 가려면 글 아래 숨은 생각을 파악하고 이해하고 공감할 필요가 있기 때문이다. 그러다보면 반갑게도 글쓴이를 열심히 옹호하는 사람이 나온다. 친구들의 글을 한 학기 동안 읽어주려면 이렇게 비판을 넘어 이해하려는 자세가 꼭 필요하다.

제목이 적절한지, 수정한다면 어떻게 고치고 싶은지에 대해서까지 이야기를 나눈 다음에는 누가 글을 썼을지 추측해보게 한다. 글쓴이 정보를 지우고 글을 나눠준 상태이기 때문이다. 인터넷 게시판에 일반인이 올려놓은 글인 듯하다는 의견이 주로 나온다. 글을 썩 많이 쓰는 사람은 아닌 것 같다고 말하는 학생도 있다. 어느 대학의 교수님이 썼다고 말해주면 다들 화들짝 놀란다(다산 칼럼의 필진은 대다수가 교수이다). 처음부터 교수가 쓴 글이라고 알려주지 않는 이유는 권위에 눌려 감히 글에 대해 왈가왈부하지 못하는 사태를 막기 위해서이다. 또 어떤 지위에 있는 누가 쓴 글이든 모두에게 좋은 평가만 받을 수는 없다는 사실을 보여주기 위해서이기도 하다. 자기 글에 24명의 비평 답글이 달리는 상황을 앞둔 학생들에게 마음의 준비를 시키는 것이다.

03

솔직함

글을 쓰고 또 읽을 때에는 자기 생각과 의견을 솔직하게 드러내는 용기가 필요하다. 우리 글 놀이판에서는 그 솔직함을 연습한다.

　자기 느낌이나 생각을 숨김없이 글에 털어놓는 것은 쉽지 않은 일이다. 우선 뒷감당이 어렵다. 왜 그렇게 느끼고 생각하는지 이유를 밝히기가 부담스럽다. '저 사람은 이러이러하게 느끼고 생각하는 사람'이라고 낙인찍히는 것도 두렵다. 내 의견보다는 객관적, 논리적 근거를 조직하는 것이 더 중요한 논술 글쓰기에 익숙해진 탓인지도 모른다. 그리하여 어느새 우리는 이쪽은 이래서 좋고 저쪽은 저래서 좋다는, 황희 정승 식의 글을 쓰곤 한다.
　그런데 인문학 글쓰기라는 글 놀이판에서는 감히 솔직한 글쓰기를 요구한다. "그래서 글쓴이가 하고 싶은 말이 무엇인가요?"라는 질문이 자주 튀어나온다. 남들의 주장이나 생각을 정리하고 제시하는 것으로는 충분치 않다. 이를 바탕으로 글쓴이가 어떠한 나름의 종착점에 도달했는지가 궁금한 것이다.

어느 한 학생은 대기업이 한국의 국가 이미지 제고에 크게 기여하고 있다는 요지의 글을 썼다. 대기업이라고 하면 노동 착취, 승자독식 구조, 비윤리적 행태, 정경 유착 등을 먼저 떠올리는 대학가에서는 다루기 힘든 주제이다. 하지만 그 글이 나온 덕분에 우리는 대기업을 바라보는 우리 시각을 점검할 기회를 얻었다. 외국인 노동자의 불법체류는 엄연히 불법 행동이며 단호히 대처해야 한다는 글도 있었다. 이 글 역시 어느새 노동자의 인권, 단속 과정의 폭력 등에 더욱 예민해진 우리에게 다른 면을 생각하게 해주었다. 무엇이 옳고 그른지는 결국 아무도 말할 수 없다. 스스로 판단해야 한다. 제대로 판단하려면 다각적인 고려가 필요하다. 위의 두 글은 다각적인 고려를 위한 한 각角이 되어주었다. 훨씬 더 많이 논의되고 공표되는 견해와는 다른 의견을 솔직하게 드러내준 두 학생 덕분이었다.

자기 자신에 대한 글에서는 솔직하기가 더 힘들다. 부끄러운 치부를 드러내려면 커다란 용기가 필요하다. 나를 소개하는 글 수정본을 본래 글과는 완전히 다르게 새로 써서 올린 학생이 있었다. 그저 적당히 사는 이야기를 쓰면 된다고 생각했는데 친구들의 솔직한 글을 읽다보니 미안한 생각이 들었고 그래서 자기가 살아온 이야기를 다시 쓰겠다는 설명과 함께였다. 그야말로 찢어지게 어려운 집안 형편을 딛고 열심히 공부해 대학 합격은 했는데 장학금 약속이 지켜지지 않아 과외 아르바이트를 서너 개씩 하면서 살았던 얘기, 자기 생활비와

등록금은 물론 가족들까지 도와야 했던 상황, 풍족한 친구들을 보면서 부러워하고 자기 속사정을 감추기 위해 안간힘 쓰던 일, 결국 몸에 무리가 간 나머지 쓰러져서 병원에 실려갔던 가슴 아픈 경험까지 담담히 써내려갔다.

인문학 글쓰기 수강생들은 대체로 퍽 솔직한 글을 쓴다. 내가 오히려 놀랄 정도이다. 부모님이나 가족의 불화를 다짜고짜 드러내기도 한다. 어린 시절 부모님을 대신해 자기를 돌봐주셨던 외할머니가 계란 부침을 해주실 때 계란 노른자가 조금이라도 흐트러지면 다시 만들어달라고 떼쓰던 일을 소개하며 왜 그렇게 못되게 굴었을까 가슴아파하기도 한다.

자기 포장이 일상화된 세상에 이런 솔직함은 어디서 오는 것일까? 너나할 것 없이 자기 글을 공개해야 하는 똑같은 처지에 놓인 동료 수강생 24명, 그리고 거기 더해 선생인 나와 조교 한 명으로 독자층이 딱 제한되어 있다는 사실 때문일까? 아니면 한 학기 동안 서로의 이야기를 나누다가 헤어지면 그만인 시한부 관계라는 걸 알기 때문일까? 자기 이름을 걸고 모두에게 공개하는 글에서 자기를 포장하고 미화해 봤자 금방 들통날 것이라 생각하기 때문일까? 잘 모르겠다. 어쩌면 우리 모두 다만 기회만 주어진다면 얼마든지 솔직해지는 잠재력을 가졌을 수도 있다. 어떻든 그 솔직한 글들 덕분에 우리는 인간에 대해, 인간이 살아가는 모습에 대해 더 깊이 생각하고 더 많이 고민하게 된다.

글뿐 아니라 답글과 수업 시간의 토론에서도 솔직함이 필요하다. 글에 대한 자기 생각을 숨김없이 드러낼수록 글쓴이에게 더욱 도움이 되기 때문이다. 남들은 모두 좋다고 칭찬하는 면이라 해도 내 생각이 다르다면 그 생각을 밝힐 수 있어야 한다. 이건 생각보다 쉽지 않은 일이다. 모두가 "예."라고 하는데 혼자 "아니오."라고 하는 격이랄까. 다행히 학생들은 눈치 보지 않고 용감하게 자기 견해를 밝히는 편이다. 덕분에 글쓴이는 자기 글을 바라보는 또 다른 시각을 접할 수 있다.

여러 학년이 섞여 있는 강의실 안에서 우리는 서로를 '○○ 씨'라고 부른다. 이건 내가 학생들을 이렇게 부르는 것에서 시작되어 암묵적인 규칙으로 자리잡았다. 지금 우리말에서 '씨'는 나이 많은 사람이 자기보다 어린 사람에게 사용할 수 있는 존칭에 불과하다. 그러니 2학년생이 복학한 선배를 '○○ 씨'라고 부르는 것은 선배 입장에서 불쾌한 일일지도 모른다. 하지만 '○○ 선배님'이라고 깍듯하게 예의를 차리면서 동시에 솔직하게 자기 의견을 개진하기는 쉽지 않다. 또 나이와 학년이 어리다고 '○○아'라고 부르면서 글을 비평한다면 그 비평은 제안이라기보다는 지시나 명령으로 받아들여질 염려가 있다. 그리하여 내가 찾아낸 타협점이 '○○ 씨'라는 호칭이다. 최소한의 존중을 표하면서 솔직한 비평을 가능하게 하는 장치랄까.

04

성실함

나는 휴강을 하거나 강의 시간에 늦지 않으려 애쓴다. 그리고 학생들도 그렇게 해주기를 기대한다.

내가 여러 해째 시달리고 있는 병이 하나 있다. 바로 시간 강박증이다. 시간 약속을 해둔 상태에서 행여 늦을라 치면 심장이 조여오고 손발이 떨린다. 그래서 웬만하면 시간 약속을 어기는 일이 없다. 그게 나 자신의 정신 건강과 신체 건강을 지키는 방법이다. 강의 시작 시간 또한 내게는 약속 시간과 다름이 없다.

우리 대학의 강의는 정각 혹은 30분에 시작한다. 그리고 75분 수업이 이어진 후 15분 혹은 45분에 끝난다. 3학점 강좌인 인문학 글쓰기는 일주일에 75분씩 두 차례, 총 150분 수업이다. 예전에 내가 학부생일 때는 시간표에 90분씩 잡혀 있었는데 이제는 쉬는 시간 다 빼고 수업할 시간만 정확히 75분을 배정해둔다. 이러니 그 75분은 앞뒤 뺄 것 없이 온전히 다 수업 시간이다.

  나는 수업 시작보다 2~3분 앞서 강의실로 들어간다. 나도 준비할 시간이 필요하니 말이다. 그리고 때가 되면 곧바로 출석을 확인하거나 글쓴이들이 발언을 시작하게끔 한다. 정시에서 조금만 지나면 모두 지각 처리한다.

  예고 없는 휴강은 아직까지는 해본 적 없다. 나는 학생 시절에 예고 없는 휴강을 퍽 싫어했다. 어쩔 수 없이 휴강을 해야 한다면 사전에 양해를 구하는 것이 옳다. 선생을 기다리고 있는데 대신 조교가 들어와 칠판에 휴강이라고 쓰는 것은 시간 맞춰 강의실에 도착한 모두에 대한 결례라고 생각했다. 이것도 아마 시간 강박증의 부작용인 모양이다.

  문제는 내가 학생들에게도 시간 엄수를 요구하고 기대한다는 점이다. 첫 시간에 나는 사전 연락 없는 지각이나 결석은 모두 감점하겠다고 분명히 밝힌다. 피치 못할 지각이나 결석은 사전에 메일이나 문자로 내게 고지해달라고 부탁한다. 물론 피치 못할 사정이 있다 해도 정상 출석으로 처리하지는 않지만 무단 지각이나 결석보다는 점수가 덜 깎인다.

  언젠가 우수 교육자로 선정된 어느 교수님의 강연을 들었을 때 출석 확인을 아예 하지 않는다는 말에 놀란 적이 있다. 학생들이 스스로 빠지기 싫어 출석하는 강의를 만들어야지 출석 확인과 성적 반영이라는 강제 장치는 하수나 하는 짓이라는 주장이었다. 나는 고개를 끄덕이면서도 그냥 하수下手 선생으로 남을 작정을 했다.

지각과 결석에 까다롭게 구는 것이 순전히 내 시간 강박증 때문만은 아니다. 글쓰기 수업은 3~5인의 글쓴이들이 앞으로 나가 청중들과 마주보고 앉은 상태로 이루어진다. 수업 시작 시간이 되면 글쓴이들이 한 명씩 말을 시작한다. 답글에서 나온 질문에 대답도 하고 답글의 지적 사항에 대한 반론도 펼친다. 수업에 지각해 그 말을 듣지 못하면 이후 이어지는 질의응답에서 엉뚱한 질문을 하기 쉽다. 또 글쓴이들이 말하고 있는 상황에서 지각생들이 문을 열고 들어와 자리에 앉으면 분위기가 산만해진다. 말하는 사람도, 듣는 사람도 집중하기 어렵다. 75분이라는 시간을 온전히 사용할 수 없게 되는 셈이다.

인문학 글쓰기는 사실 늘 시간에 쫓긴다. 모든 학생의 글에 공평하게 질의응답 시간을 할애해야 하므로 한 학기 동안의 수업 회수를 조정할 여지가 별로 없다. 그렇다고 종강을 늦추기도 어렵다. 다들 기말시험 보느라 제정신이 아닌 상태에서 남의 글을 읽고 답글을 달 여유는 없기 때문이다. 그래서 어쩔 수 없는 경우에는 개교기념일에도, 자율학습 기간(중간고사 기간)에도 그냥 수업을 진행한다.

글쓴이들을 앞에 모셔놓고 글 3~5편에 대해 질의응답을 해보면 75분이라는 시간이 늘 빠듯하다. 끝나지 않은 질문들을 강제로 끊고 시간 맞춰 수업을 마쳐야 하는 경우가 대부분이다. 다음 수업을 위해 다른 강의실로 이동해야 하는 학생들을 고려하면 마치는 시간을 늦출 수도 없으니 시간을 최대한으로 확보하는 방법은 그저 정확히 정시에 시작하는 것뿐이다.

05

오프라인과 온라인 강의실

글 놀이판이 제대로 벌어지려면 적정한 공간이 확보되어야 한다. 오프라인과 온라인 모두에서 그렇다.

내게는 강의실을 선택할 권한이 없다. 시간표가 정해진 후 강의실을 통보받는다. 하루 종일 햇빛이 들어오지 않아 추운 강의실, 온실 효과로 너무 더운 강의실, 길가로 난 창 때문에 시끄러운 강의실, 창이 없어 공기가 답답한 지하 강의실 등 각양각색이다. 강의실을 바꾸는 일은 불가능에 가깝다. 학교가 크다고는 하지만 조금의 여유도 없이 강의실마다 꽉 차기 때문이다. 결국 주어진 강의실에서 불리한 점은 해결하고 유리한 점은 살리면서 적극적으로 환경을 조성해야 한다.

글쓰기 수업의 정원은 25명이므로 너무 큰 강의실은 곤란하다. 학생들이 띄엄띄엄 앉게 되면 친밀한 분위기를 이끌어내기 어렵다. 그래서 강의실이 너무 크다 싶으면 일부만 사용하자고 제안하기도 한다. 예를 들어 제일 뒤쪽 두 줄과 양쪽 가장자리는 빼고 가운데 모여 앉는 식이다.

강의실 형태도 때로 문제가 된다. 한번은 앞뒤로만 길고 폭이 좁은 강의실이 배정되었다. 그 상태에서 글쓴이들이 앞에 나와 앉도록 하면 말소리가 뒤쪽까지 제대로 전달되지 않았다. 궁리 끝에 긴 벽을 등지고 글쓴이들이 앉게 했다. 다른 학생들은 의자를 옆으로 돌려 글쓴이들과 마주보고 앉았다. 책상을 사용하기가 좀 불편하긴 했어도 그런대로 함께 이야기를 나눌 수 있게 되었다.

책걸상을 움직여 원형을 그리고 앉는 것도 좋다. 참여형 수업 분위기를 조성하는 데 좋은 방법이다. 다만 수강 정원 25명이 다 찬 강의의 경우, 원이 너무 커진다는 단점이 있고 시작 전이나 끝난 후에 책걸상을 원래대로 돌려놓기가 좀 귀찮다. 또 둥글게 둘러앉았을 때보다 글쓴이들이 앞에 나와 청중과 마주보고 앉았을 때 논의의 긴장감이 더 고조되는 것 같다. 이런저런 이유로 최근에 나는 둥글게 둘러앉기 방법을 별로 사용하지 않는다.

요즘 강의실들은 냉난방 장치가 되어 있는데 냉난방을 가동한 후에는 너무 시끄럽지 않은지, 적정 온도를 넘어서지는 않았는지도 신경을 써야 한다. 너무 춥거나 너무 덥다면 생각을 정리하고 이야기를 나누기가 힘들어지기 때문이다.

한번은 강의실에 늘 의자가 부족했다. 행사 준비 때문에 의자를 빼 가기도 하고 직전 시간 옆 강의실에 학생이 넘쳐 의자를 가져가기도 하는 모양이었다. 먼저 도착한 학생들이 차례로 의자를 차지하고 나면 늦게 들어온 학생이 다른 강의실에서 의자를 들고와야 하는 상황이었다. 수업 시작 후 15분 정도가 흐를 때까지 늦게 들어오는 학생, 의자를 구하러 다시 나가는 학생, 의자를 가지고 들어오는 학생들 때문에 분위기가 어수선했다. 어쩔 수 없이 시작 전에 미리 와 있는 몇몇 학생들과 함께 나가 인원 수에 맞춰 의자를 구해두곤 했다.

오프라인 강의실 환경을 조성하는 일과 동시에 해야 하는 것이 온라인 강의실 마련이다.

온라인 강의실이 없었다면 우리의 글 놀이판은 아마 불가능했을 것이다. 온라인이 아니라면 함께 읽기와 동료 비평이라는 글쓰기 수업 방식 자체가 어렵기 때문이다. 스물다섯 명이나 되는 학생들이 쓰는 세 편씩의 글을 복사해서 나눠주고 비평하는 작업을 오프라인 공간에서 하려 든다면 어마어마한 시간이 걸릴 것이다. 인문학 글쓰기를 수강하는 학생들은 온라인 강의실에 글을 올리고 온라인 강의실을 통해 다음 시간에 읽을 글이 무엇인지 확인한 후 해당 글을 읽고 온라인 강의실에서 답글을 달아둔다. 온라인 강의실에 올린 글과 답글은 선생인 나뿐 아니라 모든 학생이 함께 볼 수 있다.

통번역 대학원에 다니던 시절, 내가 들었던 번역 수업은 지금 내가 운영하는 글쓰기 수업처럼 매 시간 과제가 있었다. 하지만 온라인 강의실은커녕 전자우편도 제대로 사용하지 않던 때라 과제가 부과되면 그 다음 주에 손으로 작성한 과제를 제출하고 다시 그 다음 주에 선생님의 피드백을 받았다. 피드백을 받을 때쯤 되면 내가 어떤 과제를 어떻게 했는지도 가물가물했다. 친구들이 과제를 어떻게 했는지 보고 배울 기회는 더더군다나 없었다. 선생님의 피드백보다는 친구들의 과제물이 오히려 내게 더 큰 교훈과 영감을 주었을지도 모르는데 말이다.

그러고 보면 우리의 글 놀이판은 시대를 잘 타고난 덕을 톡톡히 보고 있다. '언제 어디서나' 접속할 수 있는 온라인의 효율성은 실로 대단하다. 선생이나 학생이나 학교에서, 집에서, 심지어 고향집이나 해외에서도 필요한 작업을 할 수 있도록 해준다.

글쓰기 강좌는 온라인 공간과 오프라인 공간을 결합한 형태이다. 학생들은 온라인 강의실에 자기 글을 올리고 친구들의 글을 받아 읽은 후 답글을 붙인다. 궁금한 점이 있으면 게시판에 질문을 올리고 답변을 기다린다. 글 계획을 올리고 지정독자 신청을 받는 곳도, 고쳐 쓴 글을 올리는 곳도, 점심 모임이나 뒤풀이에 대해 의논하는 곳도 온라인 강의실이다. 나도 온라인 강의실에서 수업 계획을 공지하고 학생들의 글과 답글을 읽으며 다음 시간을 준비한다. 나나 학생들이나 실제 강의실에서보다는 온라인 공간에서 훨씬 더 오랜 시간을 보내고 있으니 어쩌면 오프라인 강의실은 온라인 강의실의 보조 역할인지도 모른다.

이렇게 중요한 온라인 강의실을 제대로 운영하려면 품이 많이 든다. 라디오 프로그램 진행자들이 전과 달리 음악을 내보내는 중에도 쉬지 못한다는 얘기를 듣고 동병상련을 느낀 적이 있다. 차도 마시고 느긋하게 음악감상을 하던 진행자들이 이제는 실시간으로 웹사이트에 올라오는 글을 살펴보고 정리하느라 쉴 틈이 없다는 것이다. 나 역시 강사 초년생이었던 2000년 무렵에는 오프라인 강의실 하나에만 신경 쓰면 되었지만 이제는 온라인 강의실도 동시에 살펴야 하는 입장이 되었다.

온라인 강의실은 새 학기 첫 시간이 시작되기 전에 미리 만들어둔다. 첫 시간에 들어왔던 학생들이 곧바로 온라인 강의실로 들어올 수 있기 때문이다. 제일 먼저 필요한 것은 자유게시판이다. 나는 자유게시판에 '하고 싶은 말 쓰는 곳'이라는 이름을 붙이고 첫 인사말을 남겨둔다. 운이 좋으면 학생 중 누군가가 호응하는 답글을 달아주기도 한다. 학생이 글을 써놓으면 나도 빠짐없이 답글을 단다. 이 게시판은 글 놀이판의 분위기 조성에 중요한 몫을 담당한다. 너도나도 시시콜콜 자기 얘기를 남기기 시작했다면 일단 성공이라 볼 수 있다.

다음으로는 첫 시간에 과제로 낸 '나를 소개하는 글' 게시 공간을 만들어야 한다. 또 자료실에는 강의 계획서를 올려둔다. 학생늘이 괜히 여기저기 헤매지 않도록 온라인 강의실 화면을 정리해 사용하는 메뉴만 전면에 띄운다.

학생들이 쓰게 되는 세 편의 글, 즉 나를 소개하는 글, 감상 에세이, 주제 에세이는 각각 폴더를 만든다. 각 폴더마다 게시판이 대여섯 개 정도 들어간다. 글 계획을 올리고 지정독자 신청을 받는 '계획 공고 및 지정독자 신청', 정해진 날짜까지 모두가 일제히 글을 써서 올리는 '글 올리는 곳', 수업 시간에 함께 살펴본 글들을 모아놓는 '함께 살펴본 글', 수정본을 올리고 답글을 받게 되는 '고쳐 쓴 글' 게시판이 있다.

또 매번 수업에 앞서 그 시간에 함께 읽을 글을 따로 빼서 게시판을 만들고 '○월 ○일에 볼 글'이라고 제목을 붙여둔다. 그러면 학생들은 따로 글을 찾을 필요 없이 그 게시판에서 글을 내려받아 읽고 답글을 달면 된다. 수업이 지나가면 그 글들은 답글과 함께 '함께 살펴본 글' 게시판으로 옮겨진다. 그리고 다음 수업에 볼 글이 새로운 게시판으로 올라온다. 이런 식으로 온라인 강의실 구성은 늘 현재진행형이다. 폴더도 처음부터 다 만들어두지는 않는다. 나를 소개하는 글을 함께

하고 싶은 말 쓰는 곳		수업 얘기나 사는 얘기를 자유롭게 쓰는 공간. 수업 운영에 대한 질문, 수업 중 못 다한 이야기들도 올라온다.
자료실		강의계획서, 학생들이 자기 글과 관련해 올려두는 참고자료 등으로 이루어진다.
나를 소개하는 글	글 올리는 곳	마감 기한까지 모든 학생이 여기에 글을 올리게 된다.
	함께 살펴본 글	함께 읽기가 끝난 글들을 모아놓은 곳이다.
	고쳐 쓴 글 올리는 곳	함께 읽기와 동료비평을 거친 후 글쓴이들이 수정한 글을 올리는 곳이다.
감상 에세이	계획 공고 및 지정독자 공모	학생들이 글 계획을 올리면 선착순으로 지정독자를 신청하는 곳이다.
	글 올리는 곳	
	함께 살펴본 글	
	조교 선생님의 조언	
	고쳐 쓴 글 올리는 곳	
주제 에세이	계획 공고 및 지정독자 공모	
	글 올리는 곳	
	함께 살펴본 글	
	○월 ○일에 볼 글	다음 수업 시간에 함께 읽을 글을 모아놓은 곳이다.

읽다가 감상 에세이 계획 발표할 때가 되면 감상 에세이 폴더를 만들면서 '계획 공고 및 지정독자 신청' 게시판을 넣는 식이다. 제일 마지막 글인 주제 에세이를 거의 다 읽어갈 때쯤, 그러니까 학기가 막바지에 달할 즈음의 온라인 강의실 구성은 62쪽 표와 같은 모습이 된다.

서울대의 온라인 강의실은 이티엘eTL이라는 시스템이다. 내가 사용해본 다른 학교들의 이클래스eclass에 비하면 온라인 강의실 구성이 훨씬 자유로워 마음에 든다. 이클래스는 메뉴가 다 짜여 있고 그중에서 필요 기능을 선택해 사용하도록 하는 경우가 많다. 그런데 내가 원하는 방식, 즉 선생과 학생들 모두가 쓰기와 읽기, 답글 달기를 자유롭게 할 수 있는 공간은 한두 군데에 불과하다. 대부분의 공간은 선생이 일방적으로 자료를 게시하거나 공지사항을 알리는 곳으로 되어 있다. 온라인의 강점인 양방향성을 제대로 구현하지 못하는 셈이다. 이런 이클래스와 달리 이티엘은 선생이 얼마든지 새로운 공간을 만들 수 있고 덕분에 상호작용의 가능성과 효율성이 극대화된다. 글쓰기 강좌를 운영하는 입장에서는 참으로 다행스러운 일이다.

온라인 강의실 활용이 늘 원활하기만 하지는 않다. 필요할 때 제대로 접속이 안 되는 사고도 한 학기에 두세 번씩은 터진다. 글을 올리거나 답글을 달아야 하는 학생들도, 다음 시간에 볼 글을 선정하거나 답글을 읽어야 하는 나도 똑같이 발을 동동 구르게 되는 사고이다.

3장

우리의
글 놀이판에
없는 것

01

강의가 없는 강의
원맨쇼는 재미없다

우리의 글쓰기 강좌에는 강의, 즉 선생이 일방적으로 설명하고 가르치는 시간이 단 1분도 들어가지 않는다. 그 대신 학생들이 서로 질문하고 의견을 나누는 데 모든 시간을 할애한다.

우리의 글쓰기 수업에서 강의가 사라지게 된 첫 번째 이유는 강의 운영자, 즉 내가 이목을 사로잡는 강의 능력을 갖추지 못한 탓이다. 75분 동안 혼자 떠들어대면서 스물다섯 명 학생들의 주의를 온전히 집중시킬 자신이 내게는 없다. 원맨쇼 명강의가 되려면 탄탄한 내용이 있어야 하고 뛰어난 전달력도 필요하다. 분위기를 조성하는 데서 시작해 핵심내용으로 파도쳐 가다가 마무리되는 기승전결의 구조도 요구된다.

한 차례, 두세 시간 동안 진행되는 특강이라면 그럭저럭 효과를 거둘 수도 있다. 하지만 한 학기 15주 동안 내내 그런 강의를 지속한다는 건 내게는 불가능에 가까운 일이다. 그만큼 떠들 내용도 없고 청중을 쥐락펴락할 자신도 없다.

　오랫동안 학생으로 살면서 여러 선생님들을 거쳤지만 학생인 나를 완벽하게 사로잡으면서 15주를 끌고 간 명강사는 만나지 못했다. 어쩌면 그것 때문에 강의 회의론자가 되어버렸는지도 모른다. 학생 입장에서 볼 때 강좌 운영의 전권을 쥔 선생님이 미숙하고 지루하게 시간을 끌고가는 것처럼 괴로운 일이 또 있을까. 어쩌면 그건 선생님의 탓이 아닌지도 모른다. 학생들마다 요구가 다른 상황에서 그 모두를 한꺼번에 맞춰줄 방법은 없으니 말이다. 어떻든 나는 여러 차례 그런 상황을 겪으면서 강의의 한계를 많이 느꼈다. 모든 학생의 모든 요구를 완벽하게 맞춰주면서 의미 있고 가치 있는 시간을 만들어내지 못할 바에는 아예 다른 길을 찾아야 했다. 그래서 결국 다 함께 이야기하는 방법을 택했다.

　강의가 없는 상황에는 글쓰기라는 활동의 특징도 작용했다. 글쓰기는 바느질이나 낚시질과 비슷한 면이 있다. 무작정 직접 뛰어들어 보는 수밖에 없다. 바늘에 손이 찔리고 줄이 엉켜버리는 사고를 직접 겪어보아야 해결이 가능하다. 일단 부딪혀야 한다. 부딪히면서 서서히 익숙해지고 자기만의 방법론을 터득해야 하는 것이다. 서론에는 무엇을 써야 하는지, 본론은 어떻게 전개해나가야 하는지, 마무리는 어떻게 지으면 좋은지에 대해 아무리 상세한 설명을 듣고 단계별 방법을 익혔다 해도 직접 한 글자 한 글자 써내려가지 않는다면 별 소용이 없다. 몸으로 부딪히면서 문제를 겪고 이것저것 뒤적이면서 문제

해결을 시도하는 과정이 꼭 필요한 것이다.

　굳이 글쓰기가 아니라 해도 앉아서 강의만 듣는 것보다는 직접 쓰고 설명하고 질문하고 대답해보는 것이 더 효과적이라고 생각한다. 수동적인 학습과 능동적인 학습의 차이랄까.

　내가 중학생일 때 세계사 선생님은 학생들이 앞으로 나와 친구들에게 교과서 내용을 가르칠 수 있는 기회를 주셨다. 만삭의 몸으로 강의를 하기 힘들었던 젊은 여선생님의 자구책이었을지 모르지만 덕분에 나는 교과서 두세 쪽 분량을 나름대로 정리해 친구들 앞에서 설명하고 전달하는 최초의 경험을 했다. 중세 유럽의 장원 경제를 설명하는 부분이었다. 나는 중요 내용을 요약해 쓴 커다란 종이를 칠판에 붙이고 수업을 진행했다. 지금 돌이켜보면 길어야 15분 정도에 불과한 시간이었으리라. 그래도 그 기억은 아직도 생생하다. 흥미로운 전달을 위해 수업 시간에 거의 활용하지 않는 교과서 삽화도 동원했다. 내장간을 비롯해 없는 것 없이 갖춰진 그 삽화가 경제 공동체로서의 장원을 잘 보여준다고 판단했던 것이다. 그 삽화까지도 머릿속에 뚜렷이 남은 것을 보면 능동적인 학습의 효과는 실로 대단하다.

　강의를 하지 않는 또 다른 이유는 조금만 손품, 발품을 들인다면 글쓰기에 대한 정보는 누구나 얼마든지 찾을 수 있기 때문이다. 좋은 책도 많고 좋은 평가를 받은 글을 모아 묶은 자료도 많다. 인터넷에는 이런 자료들이 널려 있다. 각 대학의 글쓰기 교실 홈페이지에 가면 글의 서론—본론—결론을 어떻게 구성하면 되는지, 글쓰기 과정의 주의사항이 무엇인지 상세히 나와 있다. 관련 도서의 본문까지도 인터넷 클릭으로 읽을 수 있는 세상이다. 이렇게 사방에 넘쳐나는 정보를 굳이 강의실에서까지 전달할 필요가 있을까.

혼자서도 온갖 정보를 손쉽게 찾고 모을 수 있는 세상이 되었지만 여전히 학생들은 시간 맞춰 강의실에 모인다. 그렇게 모두 한자리에 모여앉은 귀중한 시간을 정보 전달에 사용하기는 아깝다. 그럼 무엇을 해야 충분히 가치 있을까? 나는 그 답을 토론에서 찾았다. 글쓰기에 대한 정보, 주제에 관련된 정보는 학생들 개인이 충분히 찾아낼 수 있다. 하지만 함께 문제를 고민하고 해결책을 모색하는 경험은 혼자서는 불가능하다. 인문학 글쓰기 강좌의 수업 시간은 바로 여기에 초점을 맞추고 있다. '함께'의 장점을 최대한 살리려는 것이다.

02

유일한 정답
글쓰기에는 정답이 없다

글쓰기에는 정답이 없다. 다시 말해 어떠어떠하게 쓰는 것이 가장 옳고 좋다는 말을 할 수가 없다. 이렇게 쓰면 더 좋지 않을까 하는 정도의 조언이 가능할 뿐이고 그 조언을 받아들이거나 거부하는 것은 온전히 글쓴이의 결정사항이다.

    글쓰기에 정답이 없다고 하면 학생들은 고개를 끄덕이면서도 마음 한구석이 불안한 모양이다. 단 하나의 정답이 존재하고 그 정답을 맞히는 것이 곧 성공이었던 고등학교까지의 학교생활을 보낸 직후이기 때문에, 또 정답 맞히기를 남들보다 더 잘해온 학생들이기 때문에 그럴 것이다. 그래서인지 한 학기의 글 놀이판을 경험한 후 선생의 전문적인 조언과 분석이 있다면 더욱 좋겠다고 말하는 학생들도 여럿이었다. 내가 서면으로 피드백을 하지 않는 것에 대한 불만 토로인 셈이다.
    글쓰기 선생의 서면 피드백은 흔히 '첨삭'이라고 불린다. 첨삭은 말 그대로 보태고 빼는 것이다. 하지만 글쓰기 과제에 대한 첨삭은 학생 글의 맞춤법과 띄어쓰기부터 문장의 정확성, 문단 구성의 적절성, 흐름의 논리성, 인용의 적절성과 정확성, 형식의 적합성까지 총체적으로 검토한 후 부족한 점을 지적하고 잘된 부분을 칭찬하는, 아주 복잡하고 다층적인 작업이다.

이런 첨삭은 글쓰기 선생의 의무 중 하나로 여겨지고 있다. 때문에 여러 대학에서 한 학기 중 첨삭 몇 회 이상, 더 나아가 학생과의 일대일 개인 면담 몇 회 이상을 의무로 부과하기도 한다. 천만다행스럽게도 내가 속한 학교에서는 그런 의무를 부과하지 않고 자율에 맡겨주었다. 그 틈을 타 나는 첨삭을 하지 않기로 작정했다!

이유는 여러 가지이다. 첨삭이 힘들고 고통스러운 작업이기 때문만은 아니다. 물론 한 학기에 만나게 되는 100명 남짓한 학생들의 글을 하나하나 읽고 피드백 하는 작업은 쉽지 않다. 우선 시간이 엄청나게 소요된다. 첨삭은 한 번 읽어서는 불가능한 작업이다. 부분과 전체는 한 눈에 파악되지 않는다. 전체를 쭉 읽고 대강의 모습을 파악한 후 부분 부분 상세하게 읽어야 한다. 고치는 것이 좋겠다 싶은 부분이 나오면 대안을 생각해보고 그 대안이 전체 글과 아귀가 맞는지도 살펴야 한다. 그럼에도 첨삭 작업이 충분히 의미 있고 효과적이라면 까짓것 두 눈 질끈 감고 고통을 감수했을지 모른다. 하지만 나는 바로 이 점이 의문스러웠다.

문제의 핵심은 학생들이 선생의 첨삭을 '정답'으로 인식한다는 데 있다. 글쓰기를 첨삭하는 선생은 자기가 가진 기준을 적용할 수밖에 없다. 그런데 그 기준이 과연 객관적인가? 설득력이 있는가? 글은 지문과도 같이 각 개인의 특성을 고스란히 반영한다고 한다. 첨삭은 자칫 선생의 지문을 학생들에게 강요할 위험이 크다. 더군다나 아직까지도 수평적인 상호 관계로 인식되기가 극히 어려운 선생과 학생이라는 이름으로 인해 학생들은 첨삭을 조언 아닌 지시로, 채점과 정답 제시로 여기기 쉽다.

계속 강조하지만 글쓰기에는 정답이 없다. 사람마다 선호하는 글의 구조와 형태가 다르다. 시대에 따라 유행하는 작법도 바뀐다. 이런 상황에서 학생들은 다양한 글쓰기를 시도해볼 수 있어야 한다. 좋아하는 작가의 글을 흉내내기도 해봐야 한다. 그런데 첨삭은 선생의 구미에 맞춰 학생의 글을 표준화시킬 우려가 있다.

글쓰기 첨삭의 또 다른 문제는 학생이 잘한 점보다는 부족한 점에 초점을 맞추기 쉽다는 것이다. 칭찬할 부분보다는 지적할 부분에 먼저 시선이 가고 펜으로 표시하게 되는 것이 인지상정인가보다. 고칠 점이 가득 표시된 글을 돌려받은 학생은 어떤 기분이 들까? 꼼꼼히 첨삭 내용을 살피고 다음번에는 옳게 써야겠다고 결심하기보다는 '또 이렇게 잔뜩 고쳐야 한다니! 정말 짜증나!'라고 생각하며 눈으로 대충 쓱 훑어보고 던져버리지는 않을까? 그리고 자기만의 멋진 글을 써보겠다는 의지를 영영 잃어버리지는 않을까?

정답이 없다는 데 괴로워하거나 불안해할 필요는 전혀 없다. 사실 대학생 나이가 되고 나면 삶 자체에도 더 이상 정답이 없는 법이다. 착실히 학점 관리, 스펙 관리를 하여 대기업에 입사하는 것이 정답인가? 당장은 그렇게 보일지 모르나 10년, 20년 후를 생각하면 알 수 없는 일이다. 우리는 다만 스스로의 판단 하에 최선의 선택을 하고 그 결과에 책임을 질 뿐이다. 그 와중에 우리 글 놀이판의 답글들처럼 여러 조언을 받을 수 있다면 선택에 도움이 될 테고 말이다.

선생 입장에서 보면 글쓰기 수업의 진행 방법에서도 정답은 없다. 지금의 인문학 글쓰기라는 글 놀이판 형식은 2006년 1학기부터 이 강좌를 맡아 진행하면서 내가 선택한 것이다. 나보다 앞서 일년 반 동안 이 강좌를 운영했던 전임자 선생님은 사랑과 연애, 독립신문, SF 영화 등 주제를 정하고 학생 각자가 최종 소논문을 써내기까지의 과정을 밟아나가는 방식을 선택하셨다. 그 강의계획서를 살펴보고 덜컥 겁을 먹은 내게 고맙게도 전임자 선생님은 얼마든지 재량권을 발휘해 강좌를 설계하라고 말씀해주셨다.

대학에서 강좌를 만드는 사람과 실제 강좌를 맡아 운영하는 사람은 대개 일치하지 않는다. 그리하여 내 경우처럼 이미 만들어져 운영되던 강좌를 중간에 맡은 사람에게는 어떤 내용을 어떻게 전달하라는, 어떤 목표에 어디까지 접근하라는 구체적인 지침이 없는 경우가 대부분이다. 강좌 제목, 전체 교과과정에서 그 강좌가 차지하는 위치, 수강생들의 과거 수강 강좌 등을 감안해 강좌의 실제 모습을 만들어낼 자율성이 주어지는 셈이다. 이 얼마나 고맙고 즐거운 일인가! 정답이 없었던 덕분에 나는 내 판단과 의지에 따라 강좌를 설계할 기회를 얻었다.

03

선생다운 선생
나는 멍석을 깔 뿐이다

수업 시간에 강의를 전혀 하지 않는다고 털어놓으면 주위의 다른 선생들은 하나같이 눈을 커다랗게 뜨고 "아니, 그럼 선생이 하는 일은 뭐야?"라고 묻는다. "학생들의 글을 함께 읽고 이야기를 나누지요."라고 대답해보지만 영 궁색하다.

그렇다고 내가 한가하냐 하면 전혀 그렇지 않다. 나는 매 시간 멍석을 까느라, 즉 글 놀이판이 술술 돌아가게끔 만드느라 몹시 바쁘다. 첫 시간에 수업 진행 방식을 설명하고 서로 자기 이야기를 털어놓으면서 소개하도록 만드는 것, 함께 읽기와 비평하기의 첫 연습 대상이 될 칼럼 글을 고르고 다 함께 이야기 나누는 분위기를 조성하는 것, 모두들 기한에 맞춰 글을 올릴 수 있도록 독려하는 것, 온라인 강의실을 관리하는 것, 매 시간 함께 읽게 될 글을 3~5편 선정해 미리 공지하고 답글을 달도록 하는 것, 글과 답글을 모두 읽고 수업을 준비하는 것, 수업 시간이 좀더 재미있는 놀이판이 되도록 살피고 필요하다면 개입하는 것 등등이 모두 내가 멍석을 까는 일에 해당한다.

한 학기 동안 지속적으로 내가 하는 일은 매 수업 시간에 읽을 글을 미리 선정하는 것이다. 여기에 맞춰 온라인 강의실을 업데이트하고 수업 시작 전에 글과 답글을 미리 읽는 일도 뒤따라온다. 세 편의 글 마감 시간은 대개 주말 자정이다. 함께 읽는 첫 번째 글인 나를 소개하는 글은 개강 첫 주의 소개와 함께 읽기 연습이 지나간 후 그 주말까지 올려 두 번째 주부터 보기 시작한다. 두 번째와 세 번째 글은 학생들의 의견을 물어 마감 시간을 정하는데 대학생들의 바쁜 생활 탓에 주말로 정해지는 것이 보통이다. 학생들이 마감 날짜 자정 즈음에 글을 올리면 나는 다음날 아침 6~7시 경 글 선정 작업을 한다. 자정이 마감이라지만 조금씩 늦게 올리는 학생도 있고 또 자정쯤에 인터넷 활동이 가장 활발한 대학생들의 특성상 온라인 강의실 접속이 어려워지면서 피치 못해 글 제출이 늦어질 수도 있는 상황을 감안하는 것이다. 한 수업 시간에 볼 글들이 선정되면 온라인 강의실에 'O월 O일에 볼 글' 게시판을 만들어 묶어둔다. 학생들이 각자 상황에 맞춰 미리 읽고 준비할 수 있도록 향후 두세 차례 수업을 위한 게시판들도 부지런히 만들고 정리해야 한다.

나를 소개하는 글은 75분 동안 다섯 편씩 읽는다. 그 다섯 편의 선정 기준은 단 하나, 같은 날 보게 되는 글의 글쓴이 다섯 명과 그 글들에 대한 지정독자 다섯 명이 겹치지 않도록 한다는 것이다. 이는 총 25명의 학생 가운데 글쓴이 다섯 명과 지정독자 다섯 명, 이렇게 최소한 열 명은 그 수업을 위해 특별하게 준비하고 신경 쓰는 중심인물로 확보하기 위해서이다.

두 번째 글인 감상 에세이와 세 번째 글인 주제 에세이로 가면 소재의 공통점을 중심으로 글을 선정해 묶게 된다. 영화에 대한 감상 에세이 네 편을 함께 읽는다거나 사랑을 다룬 주제 에세이 세 편을 함께 읽는 식이다. 이렇게 선정하는 이유는 글을 서로 비교할 기회도 얻고 함께 나누는 이야기도 더욱 풍부해질 수 있기 때문이다. 영화를 보고 쓴 글들이라 해도 영화의 메시지를 통해 내 삶을 돌아보는 글이 있는가 하면 영화의 장치를 분석하는 글도 있으며 영화의 장단점을 짚어내는 글도 있다. 그렇게 묶어서 함께 읽다보면 각각의 강점이 드러난다. 학생들은 자기가 다음번에 영화에 대한 글을 쓸 때 어떤 방식으로 접근해야 할지 계획을 세우게 된다. 사랑을 다룬 주제 에세이라면 글쓴이의 진솔한 경험을 털어놓는 글, 남녀간 의사소통 방식의 차이를 분석하며 성공적인 사랑으로 가는 길을 제시하는 글, 일부일처제가 인간의 본성에 얼마나 반하는지를 역설하는 글 등이 묶일 수 있다. 이렇게 세 편을 선정하면 사랑과 연애에 대해, 결혼에 대해 서로의 의견을 열성적으로 교환할 수 있는 멍석이 깔리는 셈이다.

글 25편을 어떻게 묶어서 볼 것인지 결정하려면 시간이 좀 걸린다. 계획 발표를 들으면서 대략 예상안을 만들어두기는 하지만 글이 늘 계획대로 풀리는 것은 아니어서 예상안에 전적으로 의존할 수는 없고 마감에 맞춰 올라온 글들을 부지런히 훑어보고 결정을 내려야 한다.

나를 소개하는 글과 달리 감상 에세이와 주제 에세이를 읽을 때는 글쓴이 역할과 지정독자 역할이 겹치지 않도록 배려하지 못한다. 그래서 그 날의 주인공인 글쓴이가 옆에 함께 앉은 글쓴이들의 지정독자 역할까지 하는 상황이 빚어진다. 관심 있는 소재를 잡아 글을 썼을 테고, 또 그 관심과 통하는 글의 지정독자를 신청했을 테니 어찌 보면 당연한 일이다.

 글 선정이 끝나면 나도 수업에 맞춰 글을 꼼꼼히 읽기 시작한다. 나름대로 질문거리를 준비해가야 하니까. 글 놀이판에서 선생은 비상대기조다. 묻고 대답하기가 활발하게 이루어지는 경우에는 그저 듣고 관찰하면 되지만 혹시라도 침묵이 흐르면 질문을 던져야 한다. 지루해하는 학생들이 많다면 웃음이 터질 만한 질문을 해야 한다. 그러자면 준비가 필요하다. 수업 전날 저녁 6시인 답글 마감 시간이 지나면 각 글에 달린 학생들의 답글도 빠짐없이 읽어둔다. 여러 답글에서 공통적으로 등장하는 질문, 글쓴이의 대답이 꼭 필요하다고 여겨지는 질문에는 줄을 쳐두어 금방 찾을 수 있도록 한다. 글쓴이가 혹시라도 그런 질문에 답변을 하지 않고 넘어간다면, 그리고 다른 학생들이 재차 질문을 하지 않는다면 나라도 나서서 물어야 하니 말이다.

 미국의 글쓰기 선생들과 우연히 이야기를 나누다가 글쓰기 선생 노릇을 하다보니 시력이 엉망이 되었다는 말을 듣고 웃은 적이 있다. 어디나 마찬가지인 모양이다. 나도 매 시간 직전까지 글과 답글을 읽어대느라 눈알이 빠질 지경이다. 기억력도 나쁜 데다가 여러 강좌를 맡은 입장에서 자칫하면 헷갈리기 때문에 일찌감치 앞서서 읽어두지 못하고 강의실에 들어갈 때까지 인쇄물에 매달려 있곤 한다. 그래도 그 시간이 괴롭지만은 않다. 곳곳에서 번뜩이는 학생들의 재치 덕분에 낄낄거리면서, 더 나아가서는 눈물까지 찔끔대면서 그 시간을 보낼 수 있다.

04

시험과 상대평가
평가 방식은 절대적인 영향력을 지닌다

우리의 글쓰기에는 중간고사나 기말고사가 없다. 글쓰기는 시험으로 평가하기에 적절한 대상이 아니라는 것이 내 생각이다. 상태 진단을 위한 시험이라면 또 모르겠지만 평가를 위한 시험이라면 글을 1등부터 25등까지 줄 세워야 한다는 뜻이 된다. 그 평가 기준이 선생의 주관적인 선호를 넘어서기 어렵다는 점을 감안하면 객관적인 평가라는 것이 과연 가능한지 모르겠다. 또한 사고의 과정 속에 위치하는 글이라는 대상에 대해 어느 한 시점의 완성도 위주로 점수를 매긴다는 것이 얼마나 의미 있는 일인지도 의문이다.

인문학 글쓰기는 절대평가 과목이다. 다시 말해 일정 비율의 학생들에게 C⁺이하 점수를 줘야만 한다는 강제 규칙이 없다. 원한다면 모든 학생에게 A를 줄 수도 있다. 반면 대학에 개설되는 대부분의 교양 강좌는 상대평가이고 그래서 학기 말이면 누군가에게는 C⁺ 이하 성적을 줄 수밖에 없다는 현실 때문에 괴로워하는 동료 선생들의 모습을 보곤 한다. 절대평가 방식이냐, 상대평가 방식이냐는 강좌 운영자가 선택할 수 있는 문제가 아니다. 그러니 내가 절대평가 과목을 맡은 것은 순전히 운이 좋았던 덕분이다. 인문학 글쓰기는 대학국어를 선수 과목으로 하기 때문에 절대평가 과목으로 지정되었다고 했다.

글쓰기 강좌를 처음 맡았을 때 절대평가라는 말을 듣고 안심했다. 선생이나 학생이나 학점에 지나치게 민감해질 필요가 없으니 참으로 다행이다 싶었다. 학점이 부여되는 정규 강좌에서 평가 방식은 그 영향력이 참으로 크다. 상대평가 과목이라면 객관성이 확보된 기준을 여럿 마련해두어야 한다. 그래서 시험도 보고 과제물도 받는다. 출석, 과제, 발표, 시험 등에 모두 점수가 매겨져 서열화된다. 수업의 방식 역시 정보 전달 중심으로 결정되기 쉽다. 수업에서 전달된 정보를 얼마나 잘 이해하고 분석했는지, 그 정보를 바탕으로 자신의 논리를 어떻게 발전시켰는지를 평가해야 하기 때문이다. 글은 평가의 대상도, 고쳐야 할 문젯거리도 아닌, 우리 모두의 생각을 확장해주는 고마운 보배라는 주장은 결국 우리 강좌가 절대평가 방식인 덕분에 가능했던 것이다.

하지만 절대평가가 모든 것을 해결해주지는 않는다. 절대평가라 해도 어떻든 학점 부여의 기준은 필요하다. 글 자체의 수준을 평가 기준으로 삼지 않기로 작정했다면 남은 것은 참여도와 성실도뿐이다. 그리하여 내가 세운 기준은 출석, 답글 참여도, 수업 시간 참여도, 글 게시 기한의 엄수였다. 얼핏 보기엔 분명해 보이지만 여기에도 어려움은 있다.

출석만 해도 그렇다. 과 행사 때문에 사유서를 제출하고 결석한 경우 어떻게 처리할 것인가? 앞 수업이 걸핏하면 늦게 끝나 헐레벌떡 뛰어와도 수업 시작 시간에 대지 못한다면? 이외에도 구구한 사연은 끝이 없다. 내 기본적인 입장은 사유를 막론하고 지각과 결석은 결국 지각과 결석이라는 것이다. 단 한 번의 지각도, 결석도 없이 한 학기를 보낸 학생들이 반마다 여러 명 있다. 역시 나름의 사연이 많았겠지만 수업 참여를 1순위에 두었던 학생들이다. 그렇다면 선생인 나도 그 점을 배려해주어야 한다고 생각한다.

수업 시간 참여도는 내가 직관적으로 주는 점수이다. 여기서는 선생인 나의 직관과 학생들 스스로의 직관이 다르다는 문제가 발생한다. 학생 입장에서는 그 어느 수업보다 더 열심히 참여했는데 어째서 수업 시간 참여도에서 최고점을 받지 못하는 것이냐고 억울해한다. 이런 문제 때문에 참여도를 성적에 반영하는 선생들은 조금이라도 더 객관성을 확보하려 애쓴다. 매 시간 발언할 때 자기 이름을 밝히게 하여 출석부에 기록하는 방법, 수업 중에 자기가 얼마나 많은 발언을 했는지 시간을 써내도록 하는 방법, 학생들이 서로의 참여 점수를 매겨보게 하는 방법 등등.

하지만 객관화가 정답인지는 모르겠다. 내가 직관적으로 판단하는 참여도는 발언의 횟수, 발언의 시간 등 물리적인 기준으로만 결정되지 않는다. 한 학기 동안 30번 가까이 만나면서 이어진 글 놀이판에서 얼마나 중요한 역할을 해주었는지가 중요하다. 그리고 이건 계속 상황을 지켜보았던 선생의 직관 외에는 판단할 방법이 없다고 생각한다.

한 학기가 끝나고 성적을 입력하면 며칠 동안 거쳐야 하는 곤혹스러운 통과의례가 찾아온다. 학점에 대한 문의, 이의, 항의를 처리하는 일이다. 전화가 걸려오고 이메일도 날아온다. 내 경험으로는 A^0를 받은 학생들이 연락을 가장 많이 해온다. 어떤 이유 때문에 A^+를 받지 못했는지 묻고 또 반드시 A^+를 받아야만 하는 자기 상황을 토로하는 것이다.

나는 A든 B든 C든 성적이 나오는 대로 그냥 받아들이며 대학시절을 보낸 탓에 처음에는 이런 과정이 몹시 당황스러웠다. 하지만 곧 생각을 고쳐먹었다. 학생들에게는 성적 관련 문의를 할 수 있는 권리가 있다. 그리고 내게는 답변할 의무가 있다. 다른 모든 것이 그렇듯 학점 부여에서도 일방적인 것은 좋지 않다.

한 학기 동안 함께 고민하고 이야기 나누던 사이에서 갑자기 성적을 수고받는 관계로 변한다는 것은 마음 불편한 일이다. 모누가 나란히 서서 세상을 바라본다고 여겼던 것이 순전히 착각이었을까 괴롭기도 하다. 강의실에 모여앉은 것은 똑같다 해도 학생은 그걸 위해 돈을 냈고 선생은 그 대가로 돈을 받는 입장이니 어차피 넘을 수 없는 간극이 있다는 생각도 든다. 내게는 없는 무언가를 가진 상대와 마주 대할 때 어쩔 수 없이 머릿속에서 그 사실이 계속 되뇌어지듯 학생들도 나를 보며 그러했을지 모른다.

세상에 좋기만 한 일은 없다. 우리의 즐거운 글 놀이판에서 한 가지 좋지 않은 점이 있다면 어떻든 마지막에는 학점을 주고받아야 한다는 것이다. 하지만 학점을 주고받는다는 결말이 없었다면 애시당초 우리의 글 놀이판은 유지되지 못했으리라. 취미로, 여가로 모인 놀이판이었다면 이렇게 열심히 읽고 답글을 달고 시간 맞춰 강의실에 모여 열띤 이야기를 나누지는 못했을 것 아닌가. 세상에는 나쁘기만 한 일도 없는 모양이다.

05

어떤 글을 어떻게 써야 한다는 요구
논문 형식을 포기하다

이미 언급했듯 우리의 글 놀이판에서는 학생들이 글의 내용과 형식을 결정한다. 이렇게 하기 위해 나는 중요한 결정을 내려야 했다. 바로 논문 형식을 요구하지 않는다는 결정이었다.

글에는 여러 종류가 있다. 하지만 대학생들이 과제로 쓰게 되는 글은 대개 자료를 수집 분석하고 논리를 세워 주장을 펼치는 논문 형식이다. 특히 대학의 글쓰기 강좌는 논문 형식에 초점을 맞추는 경우가 많다. 대학생들이 주로 수행해야 하는 글쓰기를 사전 연습시킨다는 차원이기도 하고 요즘 대학생들에게 부족한 (혹은 그렇다고들 하는) 논리적 사고를 글쓰기를 통해 강화하자는 차원이기도 하다.

나보다 앞서 세 학기 동안 글쓰기 강좌를 맡았던 전임 선생님의 경우도 다르지 않았다. 한 학기 동안 소논문 한 편을 완성한다는 목표 하에 자료 검색하기, 분석하기, 주제 잡기, 연구 문제 만들기, 논문 작성법 익히기, 초고 쓰기, 수정 보완하여 완성하기의 단계를 거치는 방식이었다. '인문학 글쓰기'라는 강좌가 처음 생겨나 관심이 집중된 상태에서 강의를 시작했던 전임 선생님은 대학생들의 논문 형식 글쓰기 능력을 향상시켜야 한다는 본래의 개설 취지를 살릴 수밖에 없는 입장이었겠지만 두 번째 타자인 나는 다행히도 운신의 폭이 조금 더 넓었다.

논문 형식을 요구하지 않기로 결정한 이유는 여러 가지이다. 우선 논문 형식이라는 것이 '쓰고 싶은 글'이라기보다는 '써야 하는 글'로 여겨지게 된다는 점이 마음에 걸렸다. 학생들은 논술, 각종 과제, 주관식 시험 답안 등 여러 가지 '써야 하는 글'을 끊임없이 거쳐 온 상태이다. 그러면서 글이라는 것 자체를 하고 싶은 말을 전달하기 위한 도구가 아닌, 주어진 의무 혹은 평가의 척도 정도로 인식하는 상황에 이르기도 한다. 나는 글쓰기를 다시금 즐거운 활동으로 되돌려보고 싶었다.

논문 형식의 글이 여러 가지 형식적인 원칙을 따라야 한다는 것도 문제였다. 서론 본론 결론에 각각 어떤 내용이 들어가야 하는지, 인용 표기와 참고문헌 표시는 어떻게 해야 하는지 등이 글 쓰는 과정에서나 글 읽는 과정에서나 강조될 수밖에 없었다. 흔히 글을 평가할 때 기준이 되는 논리성과 창의성 중에서 논리성이 더 우선적으로 고려되고 충족되어야 한다면 창의성은 그만큼 기대하기 어렵게 된다.

이런 생각에는 아마 학위논문을 쓰고 학회지 소논문을 쓰면서 느꼈던 개인적 염증도 작용했던 것 같다. 주제를 좁혀나가면서 자료를 찾고 논리를 만들고 체계적으로 기술하는 소논문 글쓰기가 논리성이나 사고력을 키워준다는 점에는 십분 동의한다. 하지만 이런 글쓰기는 결국 방어를 위한 작업이다. 특히 학위논문에서 극대화되는 방어 글쓰기란 근거에 대해, 논리적 연결성에 대해 공격이 들어왔을 때 제대로 막아낼 수 있도록 글을 쓰는 것이다. 이러니 쓰고 싶은 것을 쓸 수 있는 자유는 제한될 수밖에 없다.

나는 논문 형식이 대학 글쓰기의 최고봉이라고 혹은 종착점이라고 생각하지 않는다. 학사, 석사, 박사학위를 받기 위해 논문을 써야 하는 것은 맞지만 그렇다고 대학의 글쓰기가 모두 논문 형식으로 수렴될 필요는 없다. 자기가 생각하는 바, 하고 싶은 말을 글로 옮기는 작업에 재미를 붙인다면 결국 논문 형식의 글도 잘 쓸 수 있으리라 믿기 때문이다.

인문학 글쓰기의 선수 과목이자 전교생 필수 과목인 대학국어에서도, 그 외 수많은 교양 및 전공 강좌에서도 논문 형식의 글을 요구하는 상황이다. 대학의 글쓰기가 천편일률로 흐르지 않으려면 오히려 인문학 글쓰기에서 그런 요구를 하지 않아야 한다. 각종 글쓰기 규칙과 기준에 맞추는 연습을 통해 향후의 글쓰기에서 더 높은 평가점수를 받도록 하는 것도 수업의 목표가 될 수 있지만 그와 정반대로 평가점수와는 무관하게 순전히 글쓴이와 독자를 위해, 사람과 삶에 대해 생각하기 위해 글을 쓰는 수업도 필요하다.

우리 수업에서는 논문 형식을 요구하지 않지만 그렇다고 배제하지도 않는다. 주제 에세이로 가면 엄격한 논문 형식은 아니라 해도 나름의 논리적 구조를 갖추며 주장과 견해를 펼치는 글들이 나온다. 독자들은 그 구조가 충분히 공감을 불러일으키는지, 설득력을 발휘하는지 살피고 나름의 조언을 한다. 자기 글을 쓰고 평가받는 과정에서, 또한 남의 글을 읽고 구조를 분석하는 과정에서 '보다 논리적인 글'을 쓰기 위한 연습이 이루어지는 셈이다.

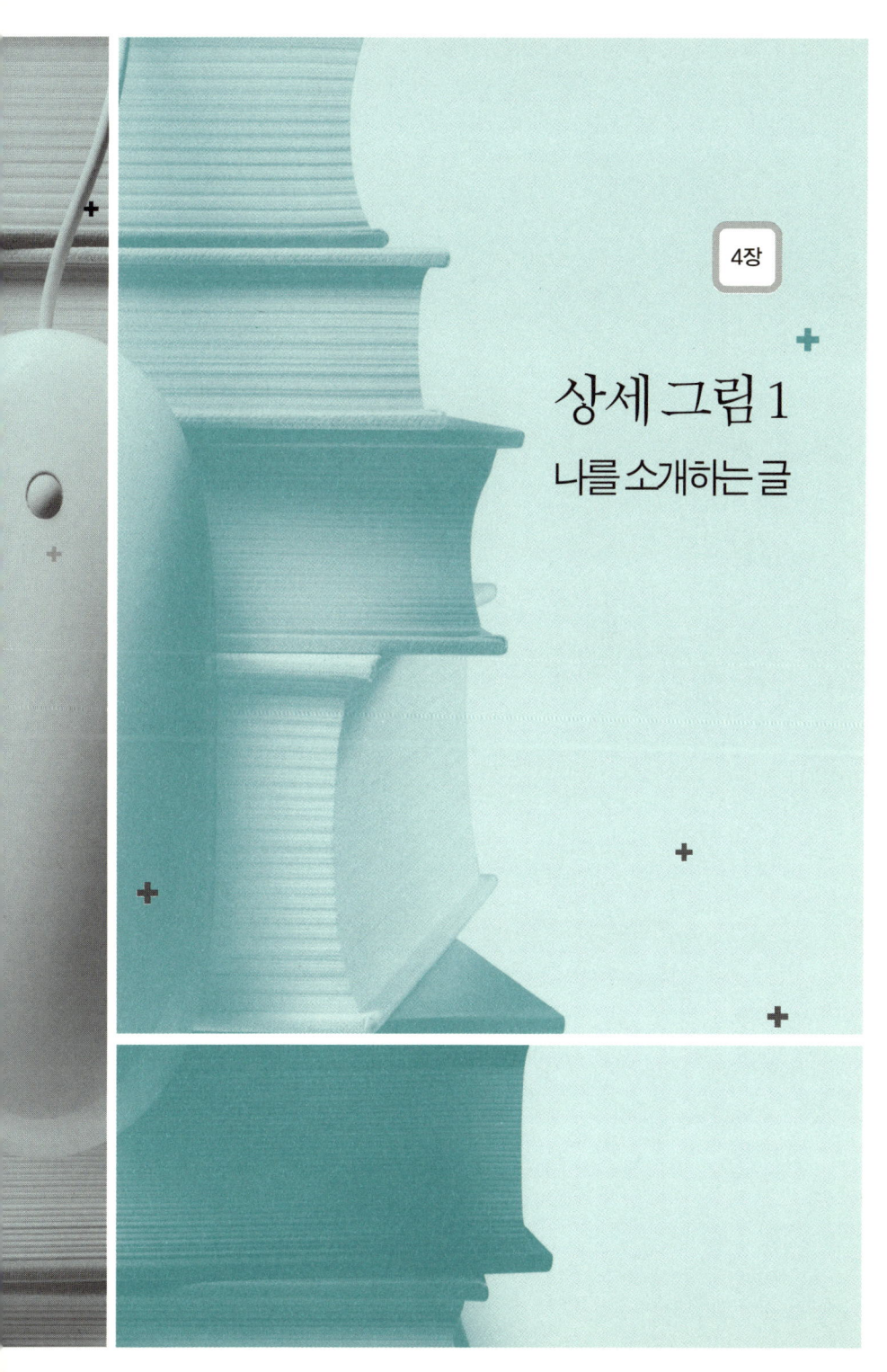

상세 그림 1
나를 소개하는 글

4장

01

한 페이지로
나를 표현하기

나 자신을 소재로 삼아 한쪽을 채워나가는 일, 금방 해낼 수 있을 것 같지만 실은 참으로 오랜 고민을 요하는 일이다.

우리 글 놀이판에서 가장 먼저 쓰고 함께 읽게 되는 글은 '나를 소개하는 글'이다. 이 글은 학기 첫 시간에 처음 만났을 때 과제로 부과된다. 여러 학기째 같은 방식으로 글쓰기 수업을 운영하다 보니 부지런히 귀동냥을 하여 상황을 파악한 학생들은 개강을 앞두고 소개글을 미리 써두기도 한다. 그렇지 않은 학생들은 첫날부터 과제가 나오는 상황에 퍽 부담스러워한다.

나를 소개하는 글을 과제로 내면서 나는 내용과 형식은 자유롭게 하되 정형화된 자기소개서와는 차별화된 창의적인 글을 써달라고 주문한다. 식상한 자기소개서를 탈피해달라는 부탁이다. 그런 자기소개서는 대학 입학을 준비하면서 이미 다들 써본 경험이 있다. 고학번 취입준비생 중에는 지망 기업의 취향에 맞춘 자기소개서를 이미 수십 종씩 써낸 경우도 있다.

정형화된 자기소개서와 '나를 소개하는 글'은 어차피 목적부터가 다르니 차별화될 수밖에 없다. 자기소개서는 자기를 홍보하는 글이다. 다시 말해 돋보여 선발되기 위해 쓰는 글이다. 입시나 취업 때 써서 제출하는 자기소개서는 자기가 어떤 공부와 활동을 어떻게 잘 해왔는지, 자신에게 얼마나 큰 잠재력이 있는지 과시하여 합격 판정을 받기 위한 것이다. 반면 나를 소개하는 글은 자기가 누군지 곰곰이 생각해볼 기회를 갖기 위한 것이고 또한 한 학기 동안 함께 글을 쓰고 읽을 친구들에게 내가 어떤 사람인지 알려주기 위한 것이다.

나는 어떤 사람일까, 나를 특징짓는 것은 무엇일까 하는 고민은 우리 존재의 근본을 건드린다. 하지만 일상에 쫓겨 사는 상황에서 이런 고민을 붙잡기는 쉽지 않다. 나를 소개하는 글은 단 며칠이라도 그 고민에 빠져볼 기회를 준다. 학생들에게 주어진 시간은 많지 않다. 길어야 닷새 정도이다. 개강 두 번째 주부터 함께 읽기 시작하려면 첫 주말까지 글을 올려야 하기 때문이다. 다행히 대학의 첫 주는 제대로 강의가 이루어지지 않아 여기저기 빈 시간이 나오니 자신에 대해 고민할 짬도 그럭저럭 얻을 수 있다.

나를 소개하는 글이 꼭 거창한 주제를 담아야 하는 것은 아니다. 이제 지하철이나 버스에서 겪은 일, 인터넷 뉴스를 읽으면서 떠오른 생각 등도 충분히 나를 소개하는 소재가 될 수 있다. 내가 가장 많은 시간을 할애하는 일이 무엇인지, 그 일을 하면서 어떤 생각을 하는지, 좋아하는 활동이나 대상은 무엇인지 등도 나를 보여주는 표지가 된다.

한 쪽 분량이니 고향, 출신학교, 가족, 어린 시절, 교우관계, 취미, 성격 등을 다 다루기는 어렵다. 물론 이렇게 다양한 면을 포괄하려고 시도하는 학생들도 있다. 하지만 그 경우 각각의 측면을 겉핥기로 스치고 지나가는 데 그쳐 독자들의 아쉬움을 산다. 그 사람만의 색깔이나 특징이 드러나지 않는다는 단점도 있다. 백과사전식 나열보다는 나를 가장 잘 보여주는 한 가지에 집중하는 글이 자기 성찰에서나 소개에서나 더 효과가 크다.

학생들이 쓰는 글을 보면 과거, 현재, 미래 중 어느 하나에 초점을 맞추는 경우가 많다. 여자애라면 당연히 인형을 좋아할 거라는 부모님의 기대에 맞추느라 실은 관심도 없으면서 인형을 좋아하는 척했던 어린 시절, 아버지 서재에 있던 라틴어 사전을 재미삼아 이리저리 살펴보다가 마음에 드는 단어를 찾아내 자기 별칭으로 삼게 된 일, 학교와 학원에서 보낸 고통스러운 수험생 시절, 이국에서 온갖 나라 출신들과 어울리며 한국인으로서 자존심을 세우려 애썼던 에피소드 등이 자신을 특징짓는 과거의 모습으로 등장한다. 자기가 과연 제대로 살고 있는 것일까 하는 고민, 전공이나 진로와 관련된 다양한 걱정거리, 성격 특성, 일상이나 취미 소개 등은 현재에 초점을 맞춘 글에서 다뤄진다. 미래의 모습을 소개하는 글에서는 10년, 20년 후가 그려지곤 한다. 20년 후 단짝 친구들이 다시 신림동에 모인 술자리의 풍경과 대화, 삶을 회고하며 아내에게 쓰는 편지, 미래의 내가 현재의 나에게 전하는 글이 나오는 것이다.

이 글을 읽는 당신은 어떤가. 자신을 소개하는 한 쪽 분량의 글을 쓴다면 어떤 내용으로 채우겠는가. 다른 누구와도 같지 않은 나만의 모습은 무엇일까?

02

창의적으로
소개한다는 것

네? 겉만 번지르르한 아이템 아니냐고요? 어머~ 여러분 아니에요. 제 쇼 호스트 인생을 걸고 말씀드리는데 이번 상품 놓치면 정말 땅을 치며 후회하십니다. 만약 속이 꽝인 상품이라면! 그렇다면 제가 100퍼센트 전액환불 책임지겠습니다. 듬직한 성격에 따뜻한 마음씨는 물론, 와쇼 매력덩어리지 는요~. 여러분을 위해 많고 많은 매력 중에서 딱 하나 소개해드릴까요?

| 학생의 글 '오늘의 대박상품을 소개합니다!' 중에서 |

나를 소개하는 글을 '창의적으로' 써달라고 하면 학생들은 머리를 쥐어뜯는다. 창의적인 것과 창의적이지 않은 것의 경계는 나도 잘 모른다. 그럼에도 창의성을 요구하는 것은 기존의 익숙한 형식을 벗어나 보도록 하기 위해서, 그리하여 다양한 실험을 독려하기 위해서이다.

기존의 익숙한 형식이라고 하면 남들이 흔히 떠올리는 구성과 어투를 뜻하기도 하지만 자신이 늘 써오던 글의 형식을 의미하기도 한다.

초중고교 시절을 거치면서 학생들은 나름의 글쓰기 방식을 확립한 상태이다. 글쓰기 수업은 그 나름의 방식을 한번 바꿔볼 기회이다. 길고 복잡한 문장을 주로 쓰던 학생은 짧은 단문으로 글을 구성해볼 수 있다. 서론, 본론, 결론으로 장별 구성을 해왔다면 전체를 통글로 써볼 수도 있다.

학생들은 언제나 내 기대를 뛰어넘는 재기발랄한 소개글을 써낸다. 앞에 소개한 것은 '나'를 홈쇼핑에 등장한 상품으로 상정해 써내려간 글의 한 대목이다. 이 학생은 나를 소개하는 글을 어떻게 쓰면 좋을지 고심하다가 마침 텔레비전에서 흘러나오는 홈쇼핑 방송을 보면서 영감을 얻었다고 한다. 흥미진진한 방식이 아닐 수 없다. 1인칭 시점을 벗어나 제3자의 시각에서 나를 조명하는 데다가 조금은 과장되고 수다스러운 홈쇼핑 광고의 어투까지 차용했기 때문이다.

제3자인 관찰자가 내 모습을 바라보며 기록하는 방식은 우리 수업에서 심심치 않게 등장한다. 관찰자는 아주 다양하다. 친구나 선배일 수도, 집에서 함께 사는 강아지나 고양이일 수도 있다. 손때 묻은 필통이나 가방, 신발, 핸드폰도 관찰자로 변신한다. 글쓴이와 하루를 함께 보내는 물건이야말로 그 주인이 어떤 행동을 하고 언제 웃고 우는지 가장 잘 알고 있다고 가정하는 것이다. 강의실에 모여 묻고 대답하는 시간에 글 속 관찰자였던 필통이나 가방이 실물로 등장하면서 한바탕 웃음이 일기도 한다.

아침에 눈 뜰 때부터 저녁에 잠들기까지 하루의 일과를 상세하게 적는 것으로 소개글을 쓰는 학생들도 있다. 개강 첫 주의 분주함이 그대로 묻어나는 글이다. 글쓴이가 몇 시에 어떤 휴대폰 알람에 맞춰 일어나는지, 학교는 어떤 경로로 오는지, 학교에서 주로 어디서 무엇을 하며 시간을 보내는지, 어떤 수업을 듣는지, 수업이 끝난 후에는 어디로 가는지 등이 고스란히 드러난다. 그 일과를 통해 글쓴이의 특성도 유추할 수 있다.

내 기억에 뚜렷이 남은 창의적인 소개글이 두 편 떠오른다. 첫 번째는 유서 형식이었다. '○년 ○월 ○일 유서 업데이트'라는 제목을 붙인 그 글은 20대에 서둘러 마감하게 된 자기 삶을 안타까운 마음으로 요약한 후 소중한 사람들에게 인사를 전하는 형식이었다. 부모님에게는 '절 이해해주시지 않아 슬픈 순간들도 많았지만 그보다는 따뜻한 기억이 더 많고 부모님은 제 인생 최고의 행운이며 자랑'이라고 썼고 룸메이트 언니에게는 고시 합격을 기원하면서 '부모님이 보시기 전에 자기 방의 '있어서는 안 될 물건'과 컴퓨터의 '있어서는 안 될 영상'을 처리해달라'는 재치 있는 부탁과 함께 자기 물건 중에 탐나는 것 있으면 다 가지라는 호의를 베풀었다. 그리고 '마초' 사촌오빠들에게는 '맨날 내 눈치만 보지 말고 제발 페미니즘 서적 한 권이라도 열린 마음으로 읽어봐달라'는 말을 남겼다.

그 글을 읽으면서 궁금해졌다. 죽음을 앞두고 마지막으로 남기는 글에서 나는 누구에게 어떤 말을 쓰게 될까? 내 물건 중에서 탐나는 것 다 가지라는 말은 누구에게 하게 될까? 유서를 쓰고 정기적으로 업데이트하는 과정을 거친다면 누구나 조금 더 돌이켜보는 삶을 살게 될 것 같다.

다음으로 인상 깊었던 소개글은 상반되는 자신의 두 모습을 담고 있었다. 글은 자신만만하게 시작되었다. 자기가 얼마나 능력이 뛰어난지, 얼마나 많은 성공을 거두었는지, 앞으로 얼마나 찬란한 미래를 살아갈 작정인지……. 슬슬 글쓴이의 자아도취증이 걱정되기 시작할 무렵 후반부로 들어선 글은 180도 바뀌었다. 자기가 얼마나 많은 단점과 약점을 지녔는지, 어떤 상처와 불안을 겪었는지, 장래의 전망은 또 얼마나 어두운지……. 그제야 글쓴이의 의도가 이해되었다. 우리는 모두 이렇게 상반되는 면을 지닌 존재가 아닌가. 그 상반되는 양극단을 오가며 한 순간 자신만만하다가 다음 순간 한없이 초라해지지 않는가. 어느 쪽 극단이든 솔직하게 드러내려면 용기가 필요하다. 나는 글쓴이의 솔직함에 감탄했다.

25명 수강생들의 25색 자기 소개글을 읽어나가면서 어째서 자신이 조금 더 창의성을 발휘하지 못했을까 아쉬워하는 학생들이 많다. 하지만 그럴 필요는 없다. 두 번째, 세 번째 글에서도 얼마든지 창의성을 발휘할 수 있기 때문이고 수업이 아니더라도 언제든 창의적인 글을 쓰게 될 때 동료들이 썼던 글을 떠올리며 자기만의 기지를 발휘하게 될 것이기 때문이다.

서로의 글을 읽는다는 건 이처럼 혼자 생각해내기 어려운 온갖 새로운 시도와 실험을 접하는 기회이다.

03

나를 소개하는 글쓰기의 고통
내가 나를 모르는데 네가 나를 알겠느냐

> 나조차도 나 자신을 아직 완전히 모르는데 정형화된 나의 모습을 소개해야 하는 자리는 사실 내게는 그리 편하지는 않은 자리이다. 물건을 팔 때 정말 좋은 물건을 좋은 가격에 파는 사람의 눈빛이나 말투에는 자신감이 드러나지만 자신의 물건에 대해 분명하게 확신하지 못하는 사람은 그럴 수 없듯이 나 또한 남들 앞에서 자기를 소개할 때는 항상 자신감 있는 자세를 유지하려고 애써 노력함에도 마음 한구석에는 일견 불안한 마음이 가득하다.
>
> | 학생의 글 'ㅇㅇㅇ입니다*' 중에서 |

나를 소개하는 글을 읽다 보면 그 글을 쓰기가 얼마나 어려웠는가 하는 괴로움을 토로하는 내용이 자주 등장한다. 어떻게 글을 풀어가야 할지 몰라 고민하다가 결국 소개글을 쓰기 위해 컴퓨터 앞에서 생

● 자기 이름을 넣어 제목으로 삼은 글이다. 여기서는 이름을 밝히지 않으려고 ㅇㅇㅇ으로 바꿔 넣었다.

각에 잠긴 자기 모습을 묘사하는 것으로 대신한 학생도 있었다. 더 나아가 소개글을 왜 꼭 써야 하느냐는 근본적인 문제 제기가 등장하기도 한다.

나를 소개하는 글쓰기가 고통스러운 첫 번째 이유는 아마 내가 나를 잘 모르기 때문일 것이다. 어디서 태어났는지, 어느 학교를 다녔는지 등 나에 대한 객관적인 정보는 쉽게 제시할 수 있다. 하지만 남들과 다른 내 모습의 핵심이 무엇인지는 쉽게 떠오르지 않는다. 미처 생각해볼 기회가 없었던 탓이다. 내가 어떤 사람인지를 나부터 모른다니 은근히 부아가 치밀고 그러다보니 괴로워진다.

내가 나를 모르는 이유는 내가 끊임없이 변화하며 흘러가는 강물 같은 존재이기 때문이라는 주장도 있다. 흘러가는 강물을 한 시점에서 막아 그 단면을 소개하는 것이 과연 가능한지, 그것이 어떤 의미를 갖는지 확신할 수 없는 상태에서 글을 쓰려니 괴롭다는 것이다.

또한 나를 소개하는 글이 결국은 남에게 보여주고 싶은 내 모습을 드러내는 장치에 불과하다는 회의론도 나온다. 글을 읽어줄 사람은 아직 서로를 거의 알지 못하는, 하지만 한 학기 동안 함께 글 놀이판을 만들어나가게 될 동료 수강생들이다. 자기를 처음으로 알리면서 긍정적인 모습을 전달하고 싶은 글쓴이는 단점보다는 장점을 부각시키는 홍보 글을 쓰기 쉬우며 이는 기존의 자기소개서와 별 다를 것 없는 가식적인 글이 될 수 있다. 얼마나 솔직하게 자신을 드러낼 것인가를 결정하는 과정이 고민스럽고 괴롭다는 것이다.

소개글이 일종의 꼬리표가 되어 글쓴이의 행동을 제약하게 된다고 말한 학생도 있었다. 자신이 밝고 쾌활한 성격이라고 쓴 사람은 적어도 우리 글쓰기 수업에서만큼은 늘 그런 성격을 보여야 한다는 마음의 부담을 안게 된다는 것이다.

자기를 소개하는 글쓰기가 너무 힘들다는 하소연을 받아들여 그럼 자기가 아닌 다른 누군가에 대한 소개글을 써도 좋다고 했던 적도 한두 차례 있었다. 부모님 중 한 분, 친구 등 누구든 한 사람을 잡아 소개해 보는 것도 충분히 소개글의 의미를 달성할 수 있다고 보았기 때문이다. 하지만 정작 그렇게 글을 쓰는 학생은 나오지 않았다.

한 쪽의 글에 한 사람을 온전히 담을 수 있으리라는 생각은 나도 하지 않는다. 많은 학생들이 자기의 진짜 모습은 직접 만나고 말을 나누면서 알 수 있을 것이라고, 그렇게 서로 알아가자는 말로 소개글을 끝맺곤 한다. 나도 거기 동의한다. 사람은 실제로 만나고 겪어보면서 알 수밖에 없으니까.

그럼에도 굳이 학생들에게 괴로운 작업을 강요하며 악역을 자청하는 이유는 나를 소개하는 글만큼 자기를 성찰하기 좋은 기회가 달리 없기 때문이다. 소개글은 어쩌면 소개보다는 성찰에 더 초점을 맞추는지도 모른다. 나에 대해 글을 쓸 때는 물론이고 친구들이 쓴 소개글을 읽을 때에도 그렇다. 그 글을 거울 삼아 자기를 돌이켜볼 수 있다. 성격을 이야기하는 글을 읽으면서는 자기 성격에 대해 생각하고 또 어린 시절의 경험담을 쓴 글을 읽을 때는 자기 어린 시절을 떠올리는 것이다. 그러니 각자 소개글을 쓰고 함께 읽어나가는 과정 전체가 자기를 찾고 발견하는 기회이다.

나를 소개하는 글쓰기의 괴로움은 뒤이어 쓰게 될 감상 에세이와 주제 에세이에도 그대로 적용된다. 내 감상과 견해를 쓰는 글에서도 그것이 과연 내 생각이 맞는지, 나중에 그 생각이 더 발전하거나 완전히 바뀌면 어떻게 해야 할지, 꾸밈과 가식을 담지는 않았는지 등에 대한 고민은 계속된다. 어쩌면 나를 소개하는 글쓰기의 고통은 글쓰기라는 작업 자체의 고통인지도 모른다.

04

답글,
또 다른 글쓰기

> 글의 구조가 '노래 인용 → 성격 제시 → 그런 성격이 형성된 계기'로 되어 있네요! 특히 노래를 인용함으로써 독자의 관심을 환기한 것이 인상적입니다. 다만 아쉬운 점은 글이 너무 길고 제목이 없었다는 것입니다. 제목을 붙이고 글에서 엑기스만 뽑아내서 내용을 줄인다면 독자가 좀 더 읽기 편할 것 같습니다.
>
> | 학생의 답글 중에서 |

앞서 소개했듯 답글 달기는 학기 둘째 주부터 시작되어 한 학기 내내 이어지는 과제이다. 나를 소개하는 글은 75분 수업에 다섯 편을 함께 읽게 되고 학생들은 수업 전날 저녁 6시까지 다음날 다룰 다섯 편에 대한 답글을 온라인 강의실에 올려두어야 한다.

답글을 얼마나 길게 써야 하는지, 어떤 내용을 담아야 하는지 등 처음에는 질문이 많다. 내 답변은 늘 같다. "글쓴이에게 가장 도움이 될 것 같은 내용으로 쓰시면 됩니다." 어차피 글 한 편마다 스무 개가 넘는 답글이 달리게 되니 글 비평에서 나올 수 있는 내용은 거의 다 망라된다. 그래서 자기 답글에 어떤 내용을 담을 것인가는 자율적으로 선택하도록 한다. 스스로 판단해 글쓴이가 더 좋은 글을 쓸 수 있도록 최선을 다해 조언하면 된다. 다만 '잘 읽었다', '좋은 글이었다' 같은 답글은 원칙적으로 무효이다. 글쓴이에게 도움이 될 만큼 충분히 구체적이지 못하기 때문이다.

실제로 학생들이 붙이는 답글을 보면 맞춤법과 띄어쓰기, 비문 지적에서부터 참신성이나 재미 요소에 대한 칭찬, 사례나 구성의 적절성에 대한 비평, 이해하기 어려운 부분이나 내용에 대한 질문 등 각양각색이다. 답글을 쓰는 데 그치지 않고 본래 글 파일에 문법이나 표현 수정 제의사항을 꼼꼼히 달아 첨부하는 학생도 있다. 본격 첨삭이라 부를 만한 그 작업에 얼마나 많은 시간과 공력이 소요되는지 아는 나로서는 그저 감사할 뿐이다.

답글은 수정 제안에 그치지 않는다. 글쓴이가 던진 소재나 주제에 대해 독자들이 자기 생각을 쓰는 공간이기도 하다. 또 다른 이야기가 펼쳐지는 것이다. 아버지의 죽음을 다룬 글을 읽은 학생들은 자기가 경험한 죽음과 상실의 이야기를 답글에 담는다. 친구 관계 고민을 털어놓은 글이었다면 다른 학생들이 너도나도 친구에 대한 고민을 털어놓는다. 글쓴이가 좋아하고 아끼는 시 한편을 소개한 글을 썼다면 답글을 쓰는 학생들도 각자 좋아하는 싯구를 달아놓는다. 글은 혼자서 쓰고 끝내는 것이 아니라 더 많은 이야기, 더 깊은 소통으로 이어지는 출입문 역할을 담당한다는 점을 확인하는 순간이다.

사실 답글을 다는 일은 부담이 만만치 않다. 글을 후딱 대충 읽어 내려가서는 이런 답글을 쓰지 못한다. 최소한 두 번 이상 꼼꼼히 뜯어 읽고 곰곰이 생각하는 과정을 거쳐야 한다. 이런 답글 달기 작업을 학기 내내 시간 맞춰 계속 해야 하니 바쁜 대학생들에게는 큰 짐이 아닐 수 없다. "글쓰기 수업인 줄 알았는데 글 읽기 수업이었어요."라는 학생들의 학기 말 총평이 나올 만도 하다. 한 학기가 끝나면 학생들이 마침내 답글 쓰기 부담에서 해방되었다고 환호성을 지르기도 한다.

그 부담을 알면서도 다 함께 읽기와 답글 달기를 계속하는 데는 이유가 있다. 동료들의 글을 읽고 잘된 부분에 감탄하고 아쉬운 부분을 잡아내며 보완 방향을 고민하는 것이 결국 글쓰기 공부이기 때문이다. 우리는 본래 남의 티끌은 귀신 같이 잡아내면서도 자기 들보는 못 보는 천성을 타고났으니 자기 글보다는 남의 글을 비평하는 편이 훨씬 효율적이다. 남의 글을 보면서 가했던 지적과 제언은 자기가 글을 쓸 때 그대로 떠오를 것이고 결국 글쓰기에 반영될 것이다.

글쓴이는 초조한 마음으로 답글을 기다린다. 어떤 답글이 달리게 될지 궁금해 틈날 때마다 온라인 강의실에 접속해 확인한다는 학생도 있고 신랄한 비판이 두려워 최후의 순간까지 미뤘다가 한밤중이나 이른 새벽에 떨리는 손으로 마우스를 클릭해 혼자 확인한다는 학생도 있다.

하지만 신랄한 비판만 받는 경우는 없다. 학생들은 부족한 점을 지적하면서 좋은 점도 꼭 칭찬해준다. 또 문법적 실수를 지적하면서는

'저도 틀리게 써왔는데 이번에 찾아보니 이렇게 써야 하더라고요.'라고, 구조나 논리에 이의를 제기하면서는 '저도 잘 모르지만 이러이러하게 고치면 더 좋지 않을까요? 마음 상하지 마시고요.'라며 글쓴이를 배려해준다.

글쓴이는 여러 답글을 읽으며 자기 글을 다시 한 번 분석하고 곱씹을 기회를 갖는다. 여러 사람이 글의 온갖 측면을 언급해준 만큼 생각할 거리도 많다. 틀린 줄도 모르고 계속 반복해왔던 어휘적 문법적 오류를 새로 깨닫기도 한다. 영 마음에 들지 않았던 부분, 끝내 흡족하게 만들지 못했던 부분을 여지없이 잡아내는 답글을 보며 감탄하기도 한다. 그러면서 한결 같이 하는 말은 "이렇게 많은 사람들이 제 글을 읽고 평해준 건 평생 처음이에요! 정말 감동했어요!"이다.

답글들은 학생들 사이의 이견도 고스란히 드러낸다. 특정 표현이나 문장, 구성을 두고 어떤 독자는 매력적이라고 칭찬하지만 다른 독자는 수정해야 한다고 지적하는 식이다. 처음에 글쓴이들은 이런 상반된 답글을 보고 혼란스러워한다. 하지만 곧 글에 대한 반응은 독자마다 다를 수밖에 없다는 점을 받아들이게 된다. 정답은 없다. 여러 독자들은 각자 자기 생각을 전해줄 뿐, 최종 판단은 글쓴이의 몫이다.

05

이모티콘

> 무조건 이모티콘을 쓰지 못하게 할 수는 없다. 다만 이모티콘 없이도 글을 쓸 수 있다는 것을 알려주고 싶다.

학생들의 첫 번째 글을 읽기 시작하면서 제일 먼저 대두되는 문제 중 하나가 이모티콘이다. 대학생들에게 글은 두 종류로 나뉘는 것 같다. 이모티콘을 쓸 수 없는 글과 이모티콘이 들어가야 하는 글로. 전자는 공식적인 글, 이를 테면 과제로 제출하는 리포트이다. 반면 모든 사적인 글, 자기 이야기를 털어놓는 글은 후자가 된다. 그래서 학생들은 문자를 보낼 때나 싸이월드 다이어리, 블로그를 쓸 때면 이모티콘을 빼놓지 않는다.

인문학 글쓰기에서 처음 쓰게 되는 '나를 소개하는 글'은 학생들 입장에서 보면 정체가 불분명할 것이다. 수업 과제로 부과되는 글이니 공식성을 띠지만 창의적으로 자기를 소개한다는 특징으로 보면 사적인 글이니 말이다. 고민하던 학생들 중 몇몇은 나를 소개하는 글에 이모티콘을 집어넣는다.

내 기본 원칙은 글 세 편은 이모티콘 없이 쓰되 답글에는 이모티콘을 허용한다는 것이다. 세 편의 글에 이모티콘을 넣지 말라는 것은 학생들에게 익숙한 상황, 즉 자기 이야기를 할 때는 이모티콘이 필요하다는 고정관념에 한 번쯤 의문을 제기해보았으면 하기 때문이다. 이모티콘이 아닌 어휘와 표현으로 자기 마음을 표현할 방법도 찾아보았으면 싶은 것이다. 그렇다고 답글에까지 이모티콘을 못 쓰게 하기는 어렵다. 답글은 솔직한 내 생각을 쓰는 글을 넘어서 글쓴이에게 조언과 비평을 전달하는 글이다. 혹시 상처 입을지 모르는 글쓴이를 다독여주어야 하는데 여기에 이모티콘만한 것이 없다. 요즘 학생들에게 이모티콘이 없는 비평 답글은 눈 시퍼렇게 뜬 채 싸우자고 덤비는 행동으로 해석될 수도 있다.

이는 경험을 통해 알게 된 사실이다. 어느 날 학생이 보내온 문자에 답문을 보냈더니 곧바로 그 학생이 전화를 걸어와서 다짜고짜 "선생님, 죄송합니다. 무엇 때문에 기분이 상하셨나요?"라고 물었다. 정작 나는 전혀 기분 상한 일이 없어 어리둥절했는데 알고 보니 이모티콘 하나 없이 '습니다'체로 보낸 문자 때문이었다. 문자를 주고받을 때는 이모티콘을 넣어야 하는 것이 요즘 대학생들 사이의 예의이고 규범이었던 것이다. 그 다음부터는 나도 ^^ 정도의 이모티콘은 문자에 꼭 넣게 되었다.

이모티콘과 관련된 내 원칙을 내가 나서서 천명하는 일은 가능한 한 피한다. 이모티콘이 들어간 글을 읽은 학생들이 답글로 이의를 제기해주기를, 그 글에 대해 이야기하는 시간에 이모티콘과 관련한 질문이 나오기를 기다린다. 그러면 거의 예외 없이 그런 문제가 제기된다. 공식성을 띠는 글에서 이모티콘이 사용된다는 것에 의문이나 거부감을 가진 학생들이 꽤 있는 덕분이다. 그렇게 이모티콘에 대해 서로의 의견을 나누다보면 규칙이 정해진다. 선생으로서는 손 안대고 코푸는 격이다.

  규칙이 정해졌다고는 하지만 끝끝내 자기 글에 이모티콘이 필요하다고 생각하는 학생은 이모티콘을 넣고야 만다. 그래도 좋다. 무의식적으로 사용한 것이 아니라 왜 꼭 필요한지 생각해보았으므로 그렇다. 또 다른 학생들의 글을 보면서 이모티콘이 없어도 얼마든지 감정과 생각 표현이 된다는 것을 간접 경험할 수 있기에 그렇다.

  나는 글쓰기 수업에서 이모티콘과 전투를 벌일 생각이 없다. 이모티콘에는 나름의 장점과 효과가 있다. 지금 추세대로 간다면 언젠가는 이모티콘이 정식 어휘로까지 등극하게 될지 모른다. 어차피 언어는 그렇게 변화해가는 것이 아닌가. 다만 글쓰기 선생으로서 내 역할은 이모티콘 없이도 사적인 글을 쓸 수 있다는 경험을 하도록 돕는 것이다.

06

맞춤법과
띄어쓰기

내용을 오해하게 만드는 결정적인 실수는 곤란하다. 하지만 빈대 잡다 초 가삼간 태우랴.

'집에 잘 같니? 버스 타고 같니?' 혹은 '차에 기름 늧고 갈게.'라는 문자를 보내는 남자친구를 계속 만나야 할지 말아야 할지 심각하게 고민했다는 우스갯소리를 읽은 적이 있다. 문자 세대, 더 나아가 SNS 세대가 되면서 맞춤법 따위는 모두 무시하고 산다는 생각을 했는데 다행히도 그건 아닌 모양이다.

10여 년 전부터 번역을 가르치는 선생 노릇을 했고 6년 전부터는 글쓰기 선생까지 하게 된 탓에 나는 맞춤법과 띄어쓰기에 꽤 예민한 편이다. 학생들의 글을 읽다보면 어느새 펜을 들고 잘못된 부분을 고치고 있다. 신문이나 잡지, 인터넷 언론에서 맞춤법과 띄어쓰기 오류를 발견하거나 비문이 눈에 띄면 쓸데없이 혼자 분노하기도 한다.

맞춤법과 띄어쓰기는 글쓰기의 기본이다. 글을 읽어 내려가다가 사소한 오류들이 몇 개 눈에 밟히면 더 이상 읽고 싶은 마음이 싹 사라지는 것이 독자의 본능이다. 이렇게 보면 맞춤법과 띄어쓰기는 읽히기 위함이라는 글의 본래 목적까지도 뒤흔드는 '사소하지 않은' 역할을 한다.

글쓰기 선생으로서 나는 개강 첫 주에 맞춤법과 띄어쓰기의 역할을 강조하곤 한다. 덜 틀리려면 방법은 단 하나, 다시 한 번 찾아보고 확인하는 것뿐이다. 쓰면서 혹은 남의 글을 읽으면서 고개를 갸웃거리게 된다면 찾아보면 된다. 그런 과정을 통해 알지도 못한 채 저지르던 실수가 교정된다. 인터넷 세상이 된 덕분에 두꺼운 사전을 뒤적일 필요도 없이 무엇이 올바른 맞춤법이나 띄어쓰기인지 쉽게 찾아볼 수 있게 되었다. 얼마나 편리한가.

함께 수업을 듣는 24명에게 자기 글을 공개하는 상황은 자신의 맞춤법과 띄어쓰기를 점검할 좋은 기회이다. 여럿이 공들여 읽어주는 글에 이런 실수가 잦으면 부끄러운 일이 되니 말이다. 답글을 쓰는 학생들도 글쓴이의 맞춤법과 띄어쓰기를 교정해준다. '저도 잘 몰랐는데 이번에 찾아보니 ○○가 올바른 맞춤법이네요. 참고하세요.'와 같이 배려심 넘치는 답글이 나온다. 일부러 그렇게 부탁한 것은 아니지만 대개 지정독자 역할을 맡은 학생들이 꼼꼼하게 이런 부분을 점검해주는 편이다. 지정독자의 사명감을 지니고 인터넷 사전을 참고해가며 친구의 맞춤법과 띄어쓰기를 교정했던 학생은 적어도 자신은 같은 오류를 저지르지 않을 것이다. 또 답글을 통해 오류를 지적 받고 올바른 표기법을 알게 된 후 수정본에 이를 반영한 글쓴이도 이후로는 같은 실수를 하지 않을 것이다.

간혹 답글에서 언급되지 못한 오류가 있다 해도 나는 굳이 나서서 지적하지 않는다. 분위기 전환이 필요할 때 그저 "'대게'는 큰 게라는 뜻이고요, 전반적이라는 의미의 부사는 '대개'입니다."라고 한 마디를 던질 뿐이다. 혹은 '로서'와 '로써', '낳다'와 '낫다'를 제대로 구분하지 못한 실수가 함께 읽는 글이나 답글에 여러 차례 반복되는 경우 한 번 용례를 확인해달라고 부탁하는 정도이다. 우리말의 맞춤법과 띄어쓰기가 결코 쉽지 않고 나 역시 아직도 실수를 저지르기 때문에 그렇다. 또 빈대 잡다 초가삼간 태운다고 자칫 잘못하면 글 읽기가 교정교열에만 치우칠 것을 우려하기 때문이기도 하다.

내가 대학 2학년생이던 1988년에 맞춤법이 개정되었다. 그때까지 옳았던 표기법이 하루아침에 틀린 것이 되었다. '했읍니다'라고 표기해야 옳던 것이 '했습니다'로 바뀌었다. 당시 나는 큰 충격을 받았다. 언어는 시대에 따라 변화한다는 사실을 몸으로 느낀 기회이기도 했다. 더 나아가 맞춤법과 띄어쓰기는 소통을 위한 약속이고 따라서 소통이 가능하다면 어느 정도의 오류는 넘어갈 수도 있다는 결론에 이르렀다. 시대가 흐르면서 어차피 변화와 개정 과정을 피할 수 없다면 맞춤법과 띄어쓰기는 일평생 배우고 익혀야 한다. 한 학기의 글쓰기 수업에서 완벽을 기하기는 애당초 불가능한 것이다.

07

학생들의 참여 이끌어내기

가능하면 뒤쪽에 자리를 잡고 조개처럼 입을 다문 채 수업 시간을 보내는 데 익숙한 학생들이 입을 열고 참여하도록 만드는 것은 커다란 도전이다. 하지만 충분히 가치 있고 또 성과가 뒤따르는 도전이다.

놀이판이 제대로 벌어지려면 능동적인 참여가 필요하다. 뒤로 물러앉아 상황을 관망하겠다는 사람이 많은 상황에서는 흥겨운 놀이가 벌어질 수 없다. 글 놀이판도 마찬가지이다. 학생들이 나서서 열의를 보여주지 않으면 그대로 '망하고' 만다.

다 함께 이야기 나누는 수업을 만들기 위해 해결해야 하는 가장 큰 어려움은 굳게 닫힌 학생들의 입을 여는 것이다. 학생들은 편안히 앉아 선생의 독백을 듣는 데 익숙해 있다. 궁금한 점이 생겨도 웬만해선 질문을 하지 않고 옆자리 친구와 의논해 해결한다. 괜히 나서봤자 좋을 것 없다고 생각하는 것이다.

나를 소개하는 글을 함께 읽기 시작하는 첫 날, 나는 비장한 마음으로 강의실에 들어간다. 학기가 시작된 후 세 번째 만나는 그날부터 글쓴이와 독자들의 만남과 대화가 본격적으로 시작된다. 그 학기의 그 강좌가 망해버릴 것인지, 흥겨운 글 놀이판이 될 것인지는 그날의 분위기가 크게 좌우한다.

강의 시작 시간까지 2~3분 정도 남았을 때 강의실 맨 앞줄 책상을 뒤쪽으로 돌려 다섯 명의 글쓴이가 앉을 자리를 마련한다. 그리고 글쓴이들이 앞으로 나와 앉도록 한 뒤 나는 강의실 맨 뒷줄 구석자리로 간다. 한 학기 동안 내가 앉아 있을 자리이다.

함께 참여하는 수업을 만들어나갈 때 선생이 어느 위치에 자리하고 있는지는 참으로 중요하다. 선생이 앞쪽 중앙에 놓인 교탁 근처에 서 있다면 그 자체로 대화의 중심은 선생이 되고 만다. 즉 '선생 1인 對 학생 모두'라는 구도가 형성된다. 학생들이 입을 연다 해도 시선은 선생에게 고정되고 암묵적으로 선생은 권위를 가진 평가자가 된다. 선생이 교탁을 포기하고 제일 앞줄, 눈에 잘 띄는 곳에 앉는다 해도 결과는 마찬가지이기 쉽다. 발언하는 학생들 시선이 자연스레 선생 쪽을 향하기 때문이다. 그러다 보면 어느새 또다시 선생 대 학생들이라는 구도가 만들어지고 만다. 이를 막으려면, 그리하여 학생들이 서로를 바라보며 이야기할 수 있도록 하려면 선생은 가능한 한 모습을 감춰야 한다. 그래서 나는 제일 뒷줄 구석자리로 간다. 앞에 앉은 학생들에게 가려 잘 보이지 않는 위치라면 더욱 좋다. 학생들은 서로를 바라보기 시작하고 글쓴이들 대 독자들이라는 구도가 만들어지면서 비로소 나는 독자 중 한 명이 된다.

대학생들은 습관적으로 강의실 제일 뒷줄을 선호한다. 가능하면 선생 눈을 피하고 적당히 딴짓도 하기 위해서이다. 이런 학생들에게는 제일 뒷줄에 앉아 있는 선생이 참으로 부담스러울 것이다. 선생의 눈을 피하려면 앞으로 가야 하는데 그러면 또 글쓴이들과 거리가 가까워진다. 이래저래 딴청 부리기가 어려워지는 셈이다.

뒷줄 구석 자리는 듣거나 보기가 가장 나쁜 자리이다. 그러니 그 자리에 앉은 내게 들리고 보이는 것은 모든 학생들이 듣고 볼 수 있다는 뜻이다. 들리거나 보이지 않는 탓에 저절로 배제되는 학생이 사라진다. 이 또한 모두가 서로의 말에 귀를 기울이기 위한 중요한 조건이다.

첫 번째 순서가 되어 처음으로 앞에 나와 독자들과 마주보며 앉은 글쓴이들은 퍽 쑥스러워한다. 답글을 읽으면서 들었던 생각이나 자기 글에 내한 보충설명, 답글 중 나왔던 질문에 대한 답변 등을 하면서도 민망함을 떨치지 못한다. 글쓴이들이 돌아가면서 하고 싶은 말을 하고 나면 질의응답 시간이다. 독자 역할을 하는 학생들이 질문을 던져주어야 한다. 글쓴이에게, 글에 대해 궁금한 점을 마음껏 물어보라고 해도 처음에는 으레 침묵이 흐른다. 나는 용감한 학생이 나서서 입을 열어주기를 기다린다. 한두 차례 질문이 나오고 글쓴이들의 답변이 이어지면 드디어 누구든, 그 어떤 지엽적인 궁금증이든 표현할 수 있는 분위기가 조성된다.

침묵이 너무 오래 이어진다 싶을 때면 하는 수 없이 내가 질문을 던져야 한다. 나는 미리 읽어둔 학생들의 답글을 최대한 활용한다. 누구누구의 답글에서 이러이러한 질문이 나왔으니 대답해달라고 부탁을 하고 답글의 주장에 대한 글쓴이의 견해를 묻는다. 답글을 쓴 학생에게 답글 내용을 좀더 캐묻는 질문을 던지기도 한다. 분위기가 너무 무겁게 흘러간다 싶으면 엉뚱한 질문을 던져 웃음보를 유도하기도 한다. 강의실에서 웃음은 참으로 중요하다. 특히 이렇게 다 함께 이야기를 나누는 상황이라면 5~6분에 한 번은 웃음보가 터져야 긴장이 풀리고 마음 편히 자기 생각을 털어놓게 되는 것 같다. 우아하고 지적인 선생의 이미지를 고수하면 할수록 학생의 입은 열리기 어려운 것이다.

08

소개글에 대한 생각
사람이 꽃보다 아름다워

그 활기차고 장애받지 않은, 자유롭고 아름다운 몸들이란. 솜털이 보송보송한 발그레한 얼굴이란. 사실 아직 그렇게 젊은 모습만 봐서는 너무 이른 것일지도 몰라. 앞으로 살아가면서 어떤 인생을 자기 몸에 새겨갈지는. 하지만 그런 불안한 떨림까지, 내가 어떻게 사람을 사랑하지 않을 수 있겠어? 아아, 그렇게 해서라도 사랑해야지. 날 닮은 수많은 몸들을. 부디 모두 행복하고 만족스럽게 살아요. 당신의 기억을 몸에 새기면서, 꽃보다 아름다운 당신.

| 학생의 글 '사람이 꽃보다 아름다워' 중에서 |

위에 소개한 글을 쓴 학생은 곧게 뻗은 팔다리, 섬세한 손가락, 연한 빛 손톱 등을 예로 들며 사람의 몸이 꽃보다 아름답다고 했다. 나도 대학생들을 보면서 자주 그 아름다움에 감탄한다. 20대란 참으로 아름다운 때가 아닌가. 보기 흉한 얼굴이나 보기 흉한 몸은 드물다.

젊다는 것만으로도 충분히 눈부시다. 게다가 요즘 학생들은 옷차림까지 아름답다. 내가 대학에 다닐 때와 달리 표현에 거침이 없다. 남학생들도 피부미용이며 패션에 대한 관심과 노력을 숨기지 않는다. 그러니 젊은 그들이 더욱 아름다울 수밖에 없다.

대학생들의 아름다움은 몸이나 겉꾸밈에 그치지 않는다. 글을 통해 드러나는 내면 또한 아름답다. 20대 초반에서 중반에 이르는 비슷한 나이에, 평준화된 중고교 시절과 수험 생활을 거쳐 한데 모인 학생들이라지만 글에서 소개되는 '나'들은 퍽이나 다채롭다. 다들 거기서 거기려니 하는 예상을 단번에 깨뜨린다.

학원이라는 학원은 다 다니면서 성장한 이른바 '대치동 키드'가 있는 반면 산골에서 천둥벌거숭이로 뛰어놀면서 자란 촌놈도 있다. 해외의 국제학교를 다니면서 점심시간이 되면 각기 다른 음식 문화를 보여주는 도시락을 꺼내 둘러앉아 먹었다는 경험을 털어놓는 학생도 있다. 과학고를 2년 만에 마치고 한 해 먼저 대학에 들어온 미성년자 학생이 있는가 하면 재수, 삼수라는 불안한 시절을 견뎌내고 두세 살 늦게 대학생이 된 경우도 있다.

각자 나름의 상황에서 나름의 경험을 하며 나름의 생각과 고민을 발전시킨 이야기가 소개글마다 펼쳐진다. 겉모습만 보았을 때는 그저 새침한 여학생, 무뚝뚝한 남학생이지만 글을 읽고 나면 공감하고 사랑할 수밖에 없는 사람이 된다. 글은 글쓴이라는 한 세계로 들어가는 통로인 것이다.

어느새 마흔을 훌쩍 넘긴 나는 글쓰기 선생이 아니었다면 오래된 지인들과만 어울리며 살았을 것이다. 기껏 새로운 사람을 사귄다고 해봤자 내 나이 근처를 벗어나지 못했을 것이다. 내 나이의 절반밖에 되지 않은 '어린애'들은 그저 철없고 뭘 모르고 이기적이라고 생각했을 것이다. 하지만 글쓰기 선생이 된 덕분에 20대 학생들의 사는 얘기며 솔직한 생각을 접할 수 있었다. 접하고 알아가면서 그 아름다움도 깨닫게 되었다.

예전에 비해 요즘 대학생들은 수준이 떨어진다고들 한다. 책도 안 읽고 세상 돌아가는 데 관심도 없고 놀며 즐기기만 한다고 한다. 대학 시절에 인생을 고민하는 대신 스펙 쌓기에만 열중한다고 비판한다. 하지만 그렇지 않다. 내가 만나본 대학생들은 어떻게 살아야 할 것인지를 진지하게 고민하고 있었다. 부모님이 원하시는 대로 좋은 직업을 향한 준비에 매진해야 할 것인지, 세상의 인식에 거스르며 하고 싶은 일, 돈 안 되는 길로 가야 할 것인지 생각을 거듭한다. 그런 고민과 판단 끝에 스펙 쌓기를 시작했다면 그건 충분히 존중해야 할 결정이다.

글을 통해 드러나는 학생 개개인의 모습뿐 아니라 글을 읽고 소통하는 학생들의 모습 역시 꽃처럼 아름답다. 서로의 이야기를 읽어주며 울고 웃고 공감한다. 글쓴이에게 도움을 주기 위해 생각을 모으고 자료를 찾아본 후 답글을 단다. 의기소침한 글에는 어깨를 토닥이는 위로의 답글이 달리고 유쾌한 글에는 그 재기를 칭찬하고 감탄하는 답글이 엮인다. 동료들의 글을 통해 자기를 돌이켜보고 반성하고 새로운 결심까지 할 준비가 되어 있는 이 젊은이들을 어떻게 사랑하지 않을 수 있겠는가?

5장

상세 그림 2
감상 에세이

| 01 |

보고 듣고
경험한 것을 쓰기

 감상 에세이는 보고 듣고 경험한 감상을 알리고 공유하기 위해 쓰는 글이다. 감상의 대상은 책, 영화, 그림, 공연, 전시, 음악, 여행 등 무엇이든 자유롭게 선택할 수 있다. 독서 감상문, 영화 감상문, 전시 감상문 등으로 불리는 글들과 같이 묶일 수 있는 유형이지만 감상문 대신 감상 에세이라는 이름을 붙인 것은 대상에 대한 객관적 설명보다는 주관적 견해가 조금 더 많이 들어가기를 기대했기 때문이다.

 학생들이 써서 올리는 감상 에세이의 소재는 퍽 다양하다. 가장 많이 선택되는 소재는 여행과 영화이다. 다른 한편 인상 깊게 본 드라마나 만화가 소개되기도 하고 할머니나 아버지, 동생 같은 인물이 다뤄지기도 한다. 늦은 밤 집으로 가는 길에 마주친 가로등을 바라보며 떠오른 생각을 써내려가는 독특한 글도 있다.
 보고 듣고 경험하면서 감동하고 즐거웠다면 그것으로 충분하지 왜 감상 에세이라는 글을 쓰라고 하는 것일까? 무엇이 감동적이고 즐거웠는지 굳이 골치 아프게 따져가며 글로 옮겨야 하는 이유가 무엇일까? 그냥 총체적으로 좋았다는 한 마디로 끝내면 안 되는 걸까?

이런 질문은 도대체 왜 글이라는 걸 써야 하는가 하는 근원적 물음과도 연결된다. 감상 에세이를 쓰는 이유, 더 나아가 글을 쓰는 이유는 무엇인가? 나는 이렇게 대답하고 싶다. 글은 우리가 조금이라도 주체적으로 살기 위한 몸부림이라고. 어차피 우리 삶은 주체적으로 흘러가지 않는다. 내가 선택해서 하는 행동보다는 남들의 요구나 기대 때문에 해야 하는 행동이 훨씬 더 많다. 신장개업한 가게 앞에서 허리를 꺾으며 춤추는 키 큰 풍선 인형처럼 우리도 이 방향 저 방향에서 바람이 불어올 때마다 흔들리며 살아간다. 이런 와중에서도 내가 무엇을 느끼고 생각하는지 스스로 정리하고 남에게 털어놓는 방법이 바로 글쓰기이다.

드라마를 흥미진진하게 혹은 눈물을 흘리며 본 후에 그저 좋았다고 말하는 것만으로는 부족하다. 이것만으로는 주체성을 확보하기 어렵다. 왜 좋았는지, 어떤 재미와 감동을 주었는지 생각해볼 필요가 있다. 매주 그 드라마 시작 시간을 초조하게 기다리던 이유, 한 회의 드라마를 보고 난 후 머릿속으로 인상 깊은 장면을 곱씹던 까닭은 무엇이었을까? 나만의 어떤 기억, 내게 특히 의미 깊게 다가오는 어떤 가르침이 있지는 않았을까? 내 감정과 생각을 남의 것인 양 관찰하고 써내려가다 보면 어렴풋하던 것들이 조금씩 분명해지기 시작한다. 그리고 그렇게 해서 다른 누구와도 다른 내 모습을 알아 나가게 된다.

내가 무엇을 좋아하고 싫어하는지, 어디에 중점을 두는 사람인지 안다면 끊임없이 나를 뒤흔드는 삶 속에서 최소한의 주체성을 유지할 수 있다.

감상 에세이라는 모호한 명칭 덕분에 글은 다양한 방향으로 흘러갈 자유를 얻는다. 드라마를 보고 쓴 감상 에세이라고 해도 몇몇 등장인물을 잡아 분석하기도 하고 주옥같은 대사를 소개하며 자기가 감동했던 이유를 찾을 수도 있다. 심지어 드라마의 내용은 전혀 다루지 않은 채 그 즈음 자기가 어떤 일을 겪었는지, 드라마 시청이 어떻게 자기를 위로해주었는지 써내려갈 수도 있다.

모호한 명칭과 모호한 경계 때문에 학생들은 글을 어떻게 써야 하는지 혼란을 겪기도 한다. 아무래도 요구 사항이 구체적인 글쓰기 과제에 더 익숙해 있기 때문이다. 감상 에세이를 함께 읽는 시간에 무엇이 감상 에세이인지, 그날 도마에 오르는 글이 감상 에세이라 불릴 만한지에 대해 흥미진진한 토론도 벌어진다. 그럼에도 나는 글의 형식과 방향을 구체적으로 요구할 생각이 없다. 어떤 글을 쓸 것인가 하는 고민 또한 주체성 확보를 위한 노력이기 때문이다.

02

글 계획 발표하기

글은 계획대로 풀리기 어렵다. 그래도 글 계획은 중요하다.

 글쓰기 수업에 들어오는 학생들이 쓰는 세 편의 글 가운데 첫 번째 나를 소개하는 글은 첫 만남 이후 4~5일 만에 써서 올려야 해 시간 여유가 없고 또 분량도 짧은 편이라 계획 발표를 생략한다. 하지만 그 다음에 쓰는 감상 에세이와 주제 에세이는 따로 계획 발표 시간을 둔다. 계획 발표는 글 마감 시한 3주쯤 전에 이루어진다.

 계획 발표 시간을 두는 이유는 여러 가지이다. 우선 글쓴이가 두세 시간 만에 허둥지둥 글을 쓰지 않도록 방지하기 위함이다. 허둥지둥 쓰는 글은 결국 스스로 만족스럽지 않은 결과물이 된다. 모두 함께 열심히 읽고 답글도 달아주게 될 글인데 최선의 능력을 발휘하지 못한다면 안타까운 일이 아닌가. 모두가 계획을 발표해야 하기 때문에 학생들은 무엇에 대해 어떤 글을 쓸지 생각할 시간을 억지로라도 보내게 된다.

　모니터의 빈 문서 창에서 깜박이는 커서를 노려보며 머리를 쥐어뜯는 상황, 더욱이 마감 시간을 향해 째깍거리는 시계 바늘을 곁눈질로 살펴야 하는 상황은 글쓰기에 있어 최악이다. 이런 상황이 반복되다 보면 글쓰기는 괴로운 일, 가능하면 멀리 하고 싶은 일로 굳건히 자리 잡고 만다. 이 상황을 피하려면 준비가 필요하다. 마감 시간을 한두 시간 남겨두고 컴퓨터 앞에 앉아 신들린 듯 써내려가 글을 완성하겠다는 계획은 환상에 불과하다. 글쓰기는, 적어도 우리 대부분의 평범한 사람에게는, 즉흥 작업이 아니다.

　계획 발표는 바로 그런 상황을 막기 위한 준비이다. 학생들은 글 계획을 발표하기 며칠 전부터 글감에 대해 생각하고 고민한다. 지하철을 타고 학교에 오면서, 강의실을 오가면서, 때로는 화장실에 앉아서 계획을 세운다. 그러면서 왠지 멋진 글, 모두를 사로잡는 글을 쓸 수 있을 것 같다는 예감에 신바람이 나기도 한다.

　글 계획 발표에는 75분의 수업 시간이 두 차례 할애된다. 전체가 25명이니 학생 한 명에게 돌아가는 시간은 5분 남짓이다. 2~3분 정도 글 계획 발표를 하고 나머지 시간에는 질문을 받는다.

　글 계획 발표가 언제나 충분히 구체적이지는 않다. 학생들은 아무리 생각해도 떠오르는 게 없다고 괴로워한다. 소재만 잡은 뒤 독자들에게 어떤 내용을 어떻게 담으면 좋을지 아예 의견을 구하는 발표도 있다. 계획을 두 개 가져와 독자들에게 어떤 쪽을 더 읽고 싶으냐고 물어서 결정하기도 한다. 어떻든 좋다. 엉성한 계획 발표라 해도 내 목표는 달성되는 셈이기 때문이다. 계획 발표는 글에 대해 최소한 한 번 미리 생각해본다는 데 의미가 있다. 또 아무리 계획을 잘 세웠다 해도 글을 쓰다보면 어차피 내용이나 방향은 조금씩 바뀌게 마련이다. 영화나 책, 공연 등을 소재로 삼은 경우에는 계획 발표 시간에 예비 독자들이 해당 작품을 얼마나 알고 있는지 확인해본다. 그 영화나 공연을 몇 명이나 보았는지, 그 책을 몇 명이나 읽었는지 상황을 파악하여 글쓰기에 참고하기 위함이다. 대부분이 익히 알고 있는 작품이라면 글쓴이는 책이나 영화의 줄거리 등 소개 부분을 과감히 생략하고 자기 느낌과 생각을 표현하는 데 집중할 수 있다. 만약 그렇지 않다면 나름의 작품 소개 방법을 강구해야 한다.

질의응답은 글쓴이의 계획을 더 구체화하는 과정이자 예비 독자들의 관심을 높이기 위한 전략이다. 주제가 모호하여 잘 모르겠다는 질문, 너무 많은 이야기를 담으려는 것이 아니냐는 질문, 예로 든 사례가 주제와 잘 연결되느냐는 질문 등을 받으면서 글쓴이는 생각을 가다듬는다. 호기심 많은 예비 독자들은 이런저런 내용도 다뤄주면 좋겠다고 제언한다. 글쓴이가 선택한 소재나 주제에 대해 평소 생각이 많았던 학생들은 나름의 견해를 피력하며 글쓰기 방향 잡기에 도움을 준다.

글 계획 발표와 질의응답이 끝나고 나면 학생들은 온라인 강의실 글 계획 공고 게시판에서 답글로 지정독자를 신청한다. 계획 발표를 들으면서 어떤 글의 지정독자가 되어 더 열심히 읽고 싶은지 대략 마음의 결정을 해둔 상태이다. 하지만 지정독자 신청은 선착순이어서 선택하려고 했던 글에 이미 두 사람이 신청해버렸다면 어쩔 수 없이 다른 글로 가야 한다. 이렇게 해서 글마다 지정독자가 두 명씩 정해진다. 자기도 깨닫지 못한 채 글 세 편에 지정독자 신청을 했다든지, 뒤늦게 지정독자 신청을 하려고 보니 빈 자리를 찾을 수 없다든지, 아무도 지정독자 신청을 하지 않은 글이 있다든지 하면 내가 개입해 상황을 정리해준다.

03

도서 감상을
선택하지 않는 학생들

결국 우리 주위의 '당연한' 일상들이 사실은 '당연한' 게 아니라는 거야. 취업과 사회생활? 인간들 사이에서 살아가기 위한 최선의 방법이지. 하지만 최고는 아니야. 민주주의? 역시나 현재로선 최선의 방법이지. 하지만 최고가 아니야. 인간? 훌륭한 종족이야. 하지만 역시 최고는 아닌 것 같은 걸. 그렇다고 나에게 그럼 어떤 것들이 최고냐고 묻지는 말아줘. 그걸 알면 우리가 이렇게 살고 있겠어? 그렇게 살지. 단지 타성에 젖어 있던 나에게 새로운 관점으로, 새로운 시각에서, 새로운 각도로 무언가에 대하여 사유해보게 하는 계기와, 과정과, 그 방법과, 힘과, 즐거움을 다시 한 번 알려주었다는 점에서 《개미》는 나에게 무척이나 인상 깊었던 소설이라는 거야.

| 학생의 글 '타성에 젖어 있던 나의 정신을 일깨워주었던 소설 《개미》' 중에서 |

처음에 감상 에세이라는 글을 쓰도록 했을 때 속으로는 도서 감상 글이 꽤 많이 나올 것으로 예상했다. 그래서 책이나 영화처럼 익숙한

감상 대상만 선택할 필요는 없다는 말을 일부러 덧붙이기도 했다. 실제로 감상 에세이 소재로 책을 선택하는 학생은 극히 적은 편이다. 열 편 중 한 편이 될까 말까 하다. 더 나아가 제대로 읽어본 책이 없다거나 자기는 책읽기가 딱 질색이라는 말까지 학생들 입에서 스스럼 없이 나온다.

처음에는 많이 놀랐다. 어릴 때부터 책벌레였고 주변 친구들도 거의 예외 없이 책을 많이 읽었으며 새로 나온 책이나 소설이 자주 화제에 오르던 내 지난 시절과 똑같으려니 하고 나도 모르게 기대했던 탓이다. 하지만 학생들의 글을 읽으면서 '대학생이 책도 안 읽는다니, 쯧쯧.'이라거나 '줄거리 요약만 읽게 하는 입시 교육이 문제야.'라고만 말해버릴 수는 없다는 사실을 알게 되었다.

입시 위주 교육의 책임은 분명 있다. 도시에서 학원을 전전하며 중고교 생활을 보낸 학생들에게 책을 붙잡고 처음부터 끝까지 읽을 시간은 없었다. 줄거리 요약과 함께 그 책의 의의며 가치를 정리해놓은 입시용 자료를 훑어보는 것으로 그 작업을 대신했을 것이다.

하지만 시간이 있더라도 청소년이나 대학생들이 책을 집어들지는 의문이다. 책을 대신하는 것들이 너무 많기 때문이다. TV 드라마와 오락 프로그램, 만화와 애니메이션, 온라인 게임, 영화, 각종 공연, 인터넷을 통해 접하는 각종 자료와 웹툰에 이르기까지 모두가 한때 책이 맡았던 역할, 즉 감동을 주고 자기를 돌이켜보게 하고 또한 오락거리를 제공하는 일을 하고 있다. 과거 세대의 눈으로 보자면 하나 같이 책과는 감히 비교도 할 수 없는 허섭쓰레기들일지 모르지만 학생들이 쓰는 감상 에세이를 읽다보면 그렇지 않다. TV 프로그램 〈무한도전〉을, 웹툰 〈그대를 사랑합니다〉를, 60권이 넘어가는 대작 일본 만화 《원피스》를 최고의 작품으로 꼽으며 분석하고 평가하는 학생들의 태도는 참으로 진지하다.

그런가 하면 드물게 보이는 도서 감상 에세이에서는 《자산어보》나 《목민심서》처럼 쉽게 접하기 어려운 책이 소개되기도 한다. 역사책에서 이름만 접한 채 지나칠 법한 책을 붙잡고 읽어 내려가는 학생들도 있는 것이다. 책을 바탕으로 만들어진 문화콘텐츠를 책과 비교해보는 시도도 이루어진다. 영화 〈조제, 호랑이 그리고 물고기들〉과 원작 소설 《한 달 후, 일 년 후》를 비교한다든지, 〈오페라의 유령〉이라는 뮤지컬과 동명의 소설 작품을 비교하는 식이다.

도서 감상 글이 주류를 이룰 것이라는 애초의 내 생각은 다양함이 공존하는 세대를 미처 알지 못한 탓이었다. 나를 키운 건 8할이 문학이었다고 말하는 학생이 아직도 있다. 하지만 그와 동시에 나를 키운 건 8할이 게임이라는 학생도, 만화라는 학생도 있다. 이 모두가 사이좋게 공존하며 경험을 나누고 서로 배운다.

학생들의 글을 읽으면서 나는 미처 몰랐던 세상을 많이 접했다. 온라인 게임만 해도 그렇다. 온라인 게임에 빠지면 공부와는 담 쌓는다고 들었지만 며칠씩 밤을 새우며 게임에 몰두하고 전국 순위 안에 들기도 했다는 학생이 작심하고 공부해 대학생이 된 것을 보면 꼭 그렇지도 않은 모양이다. 여러 게임들의 매력 요소는 무엇인지, 게임의 아이템 판매에는 어떤 문제가 있는지, 게임 회사의 유료화 방안이 갖는 한계는 무엇인지 등 문외한인 내게는 생소하기 짝이 없는 주제가 다뤄진 글을 읽고 그 글을 바탕으로 이루어지는 열띤 질의응답과 토론에 참여하면서 나는 그야말로 세상을 배워간다.

나도 새로운 세대에 발맞춰 온라인 게임이나 만화의 세계에 입문하려 작정하기도 했지만 곧 포기했다. 시간 나면 일해야 한다는 새마을 정신을 주입 받으며 자란 탓인지, 아니면 워낙 몰취미한 인간인 탓인지 몰라도 열성을 낼 만큼의 재미가 없었던 것이다. 자기를 키운 건 8할이 문학이라고 말하는 여학생을 보며 동질감을 느꼈지만 정작 그 학생의 감상 에세이는 애지중지하는 흰색 전기기타를 소재로 삼았다. 단과대 밴드의 기타리스트라고 했다. 나로서는 도저히 따라잡지 못할 수준의 다양성이다.

04

대학생들의
여행

생각을 많이 할 목적으로 떠난 여행이었는데 막상 시작하니까 아무런 생각이 들지 않았다. 오직 페달을 밟고 목적지까지 가야겠다는 생각밖에 들지 않았다. 어찌 보면 이것이 더 나은 것일 수 있었다. 그동안 생각이 너무 많아서 괴롭고 힘들었는데 새로운 것들을 보고 하나에만 집중할 수 있으니까 한결 마음이 편해졌다. 떠나간 그녀에 대한 쓰라린 생각보다는 다음 날 어떤 새로운 것이 우릴 기다리고 있을까 하는 설렘으로 잠이 들었다.

| 학생의 글 '나를 찾아 떠나는 여행' 중에서 |

여자친구와 헤어진 후 쓰라린 마음을 달래려 자전거 여행을 떠난 학생이었다. 생각을 정리할 작정이었지만 육체적으로 힘들다보니 아무 생각도 들지 않았다는 표현을 보면서 그 역설적인 상황이 우습기도 했고 다른 한편으로는 그렇게 머리와 마음을 비워주는 것이 여행의 가치일지도 모른다는 생각이 들었다.

나는 자전거 여행을 떠나본 적이 없다. 그렇지만 자전거 여행을 해본 여러 학생들의 글을 읽으면서 간접 체험을 한다. 페달을 밟으면서 계속 옷에 쓸리는 허벅지가 얼마나 아픈지, 내리쬐는 햇볕 아래 오르막길을 가다보면 두 다리가 얼마나 후들거리는지 알게 되었다. 혼자 앞서서 달려가 결국 보이지 않게 된 친구를 힘들게 뒤따르면서 원망했던 마음을 읽으면서 나도 함께 그 친구를 원망하고, 자전거로 제주도를 일주하면서 가장 많이 했던 말이 '제주도 빨리 떠나고 싶다'였다는 얘기를 들으면서는 한참 웃기도 한다.

여행은 감상 에세이에 가장 자주 다뤄지는 소재이다. 요즘 대학생들이 여행을 많이 한다는 의미이기도 하고 여행이 그만큼 인상적인 경험이라는 뜻이기도 하다.

방학이 두 달씩 확보되는 대학시절은 예나 지금이나 여행하기 좋을 때이다. 하지만 동아리 선후배 수십 명이 함께 설악산이나 지리산으로 떠나는 여행을 주로 했던 나와 달리 요즘 학생들은 혼자서도 거침없이 온 사방으로 여행을 떠난다. 어느 여학생은 달랑 혼자서 한 달 동안 터키 곳곳을 누비고 다녔다고 했다. 상점에 들어가 물건을 사고 있으면 창 밖에 터키 남자들이 몰려들어 할리우드 스타를 구경하듯 자기를 지켜보고 따라다녔다나. 파리의 같은 유스호스텔에 묵은 미국 청년과 길동무가 되어 하루 종일 시내를 구경했던 일을 기록한 여학생도, 알에서 갓 깨어난 새끼 거북이가 무사히 바다로 돌아갈 수 있도록 안아 옮겨주는 봉사활동을 하면서 세계 각지에서 온 젊은이들과 어울렸던 경험 이야기를 들려준 남학생도 있었다.

웃지 못할 여행의 사건사고 이야기도 많이 접했다. 여행을 떠나는 길에 인천공항에서 가방을 소매치기 당해 지갑과 여권을 다 잃어버리고 고생했던 일, 공원에서 만난 중년의 외국인 남자가 인상이 좋다며 집으로 초대해 우쭐우쭐 따라갔다가 중국인 청년 애인 이야기를 늘어놓으며 묘한 유혹의 눈길을 던지기에 벌떡 일어나 뒤도 안 돌아보고 도망쳐 나왔던 일, 친구와 단 둘이 여행을 떠났다가 마음이 맞지 않아 결국 남남이 되어 돌아온 일 등등.

부럽게도 예전에 비해 요즘 학생들은 여행의 기회가 훨씬 많다. 7일 동안 무제한 열차 탑승이 가능한 내일로 열차를 타고 남도 곳곳을 누빌 수도 있고 교내 외국어 강좌에서 현지 학습의 기회를 지원 받기도 한다. 기업들이 지원하는 현장 체험 여행도 여럿이다.

여행 에세이 쓰기는 시간이 갈수록 희미해질 여행의 기억을 기록으로 남긴다는 의미도 있고 여행이 내게 남겨준 것을 돌이켜 다시 생각해본다는 의미도 있다. 글쓰기는 여행이라는 경험을 한층 더 풍부하고 인상적으로 만들 수 있는 방법이다. 그래서인지 학생들은 직전 방학 때 다녀왔던 여행을 자주 다룬다. 사진으로, 아니면 기껏해야 메모 몇 줄로만 남은 여행을 잊기 진에 기록하고 싶어서이다.

여행 에세이를 쓸 때 특별한 의도가 아니라면 일자별 동선 순서로 글을 구성하는 것은 썩 좋은 방법이 아니다. 자칫 잘못하면 사실의 단순한 나열이 되어버리고 흥미로운 읽을거리가 되지 못하기 때문이다. 여러 곳을 둘러보았더라도 가장 중요했던 한 곳, 여행하면서 받은 여러 느낌 중에 제일 강렬했던 하나를 선택해 파고드는 편이 좋다. 나를 찾기 위한 여행이었는지, 우리 땅을 다시 발견하기 위한 여행이었는지, 명화들을 감상하기 위한 여행이었는지 등 에세이의 테마를 정하는 것도 좋은 방법이다.

감상 에세이를 함께 읽는 것은 학기의 둘째 달, 중간고사를 전후한 때이다. 한 학기의 7부능선을 넘어가며 나나 학생들 모두 힘겨워하는 시점이라 여행 에세이는 훌륭한 청량제 역할을 한다. 다음 방학의 여행을 위한 정보 교환도 활발하게 이루어진다. 그래서 여행 에세이를 함께 읽을 때에는 여행비용이 얼마나 들었는지, 무엇을 어떻게 준비해야 하는지에 대한 실제적인 질문도 자주 나온다. 그렇게 학생들은 다음번 여행을, 다음번 여행 에세이를 계획한다.

05

영화를 보고 쓰는 글

생각건대, 영화 속 이 법정의 어느 곳에도 제대로 된 정의는 존재하지 않았다. 설령 한나에 대한 유죄 선고가 정당하였다고 하더라도 그 자체만으로 이 법정이 정의를 실현시키는 장이 되었다고 단정하기는 어렵다. 법은 주로 '결과'만을 말해주며 우리가 주목하는 법의 모습은 단지 이것에 불과하다(특히 선험적으로 특정 개인이 유책하다고 확신했을 경우라면 이는 더욱 분명하다). 그러나 행위자의 유무죄 여부, 유죄인 경우 행위자에게 언도된 형량만이 법과 재판의 본질은 아닐 것이다. 유죄 판단이 곧바로 행위자가 악인임을 증명하는 기준이 될 수 없으며, 그 반대의 경우 역시 마찬가지이다. 즉, 법이 사회적으로 제 역할을 수행하기 위해서는 총체적이면서 다각적인 측면에서의 진정한 이해가 마련되어야만 한다. 이해가 바탕이 되지 못한 판단은 섣부른 자기만족에 그칠 뿐이며, 결코 어떠한 의미의 정의도 될 수 없다.

| 학생의 글 '한나의 유책성과 그녀에 대한 진정한 이해' 중에서 |

위에 소개한 글은 〈책 읽어주는 남자The Reader〉라는 영화를 소재로 법과대학생이 쓴 감상 에세이이다. 한나는 2차 세계대전 당시 유대인에 대한 가혹 행위 때문에 사형을 언도 받은 여주인공인데 글쓴이는 그 사형 언도가 정당했는가를 집중적으로 살피고 있다. 법학이라는 전공을 충분히 살린 영화 감상 에세이라 할 만하다.

학생들의 감상 에세이에서 다뤄지는 영화들은 시대와 장르를 넘나든다. 〈사운드 오브 뮤직〉〈라쇼몽〉〈아마데우스〉처럼 꽤 오래된 작품이 있는가 하면 글 쓰는 현재 극장 상영중인 신작도 있다. 따뜻한 가족 영화도, 섬뜩한 컬트 영화도 등장한다. 자기가 좋아하고 아끼는 영화를 글감으로 선택한 학생들은 시간을 내 영화를 다시 한 번 처음부터 끝까지 본 뒤 글을 쓴다. 또 영화 에세이의 지정 독자들도 충실한 비평을 위해 영화를 찾아 감상하곤 한다. 영화 감상 에세이 네 편을 묶어 함께 읽는 날이면 영화 보느라 전날 밤을 꼬박 새웠다고 하는 학생들도 있다.

영화 감상 에세이에서 문제가 되는 것 중 하나는 줄거리 소개이다. 영화를 보지 않은 사람이 대부분일 경우 시시콜콜 줄거리를 밝혀야 할까, 아니면 과감하게 생략하고 넘어가야 할까. 우리 글 놀이판의 감상 에세이는 분량이 3쪽으로 짧은 편이기 때문에 자세한 줄거리 설명은 대개 생략된다. 글을 이해하기 위해 영화 줄거리가 꼭 필요하다면 별도로 참고용 줄거리 파일을 첨부하기도 한다. 그런데 요즘 학생들은 자기가 보지 않은 영화의 줄거리를 미리 아는 것에 질색한다. 특히 영화에 반전이라도 있다면 더욱 더 펄쩍 뛴다. 그래서 글쓴이들은 그런 정보 노출이 없도록 몹시 신경을 쓴다. 누가 범인인지 몰라 가슴 졸이며 깜짝깜짝 놀라는 상황보다는 미리 알고 마음 푹 놓은 채 지켜보기를 더 좋아하는 게으른 성향의 나로서는 잘 이해되지 않는 노릇이다.

영화 감상 에세이의 형식은 참으로 다양하게 시도된다. 주요 대사를 소개하면서 영화를 훑어가기도 한다. 영화를 본 후 두 친구가 카페에서 나누는 대화를 시나리오로 기록하면서 영화 주제에 대한 자기 생각을 전달하기도 한다. 영화의 속편을 구성해보기도 한다. 영화 속 등장인물을 만나 궁금한 것을 묻고 토론을 벌이기도 한다. 숨은그림찾듯 영화의 상징적인 장치들을 분석하고 평가하기도 한다.

영화는 다른 여러 대학의 글쓰기 수업에서도 자주 다뤄지는 글감이다. 대개 같은 영화를 다 함께 보고 학생들 각자가 감상 글을 쓴 뒤 발표하는 과정을 거친다고 한다. 그렇게 되면 한 영화에 대한 다양한 시각과 견해가 드러나면서 논의가 풍부해진다는 것이다. 수긍이 간다. 하지만 이와 달리 우리 글 놀이판에서는 같은 영화에 대해 여러 편의 글이 나오는 경우가 없다. 우연히 서로 다른 두 학생이 같은 영화를 택해 글 계획을 세웠다 해도 계획 발표 시간에 한 쪽이 포기해 교통정리가 되어버린다. 비교당하는 것이 싫어서 그렇다고들 한다. 나로서는 좀 아쉽지만 학생들의 결정을 존중할 수밖에 없다.

같은 영화에 대한 여러 글을 읽지 못하는 한계는 영화 감상 에세이 한 편에 대한 여러 독자들의 비평으로 부분적이나마 극복이 된다. 독자들 중에는 영화를 이미 본 사람도, 보지 않은 사람도 있다. 본 사람은 글쓴이의 감상에 공감하기도 하고 이견을 내기도 한다. 보지 않은 사람은 쉽게 이해되지 않는 글쓴이의 생각을 캐묻고, 그 궁금증에 답하면서 글쓴이는 자기 생각을 한층 구체화한다.

　영화도 취향 따라 보기 나름이어서 학생들이 감상 에세이 글감으로 삼은 영화 중에는 내가 보지 못한 것이 꽤 많다. 학생들 서로도 마찬가지다. 짬이 나면 찾아보고 싶은 영화들이 줄을 선다. 영화 감상 에세이는 그렇게 새로운 체험을 이끌어내는 역할도 한다.

06

야구라는 인생극장

야구에서는 항상 만약을 대비하기 위해 내야 땅볼이 나올 때도 포수가 1루수 뒤쪽으로 부산하게 뛰어가고 외야에서 홈으로 공이 들어올 때 투수가 포수 뒤쪽으로 뛰어간다. 송구실책으로 공이 뒤로 빠진 사이 주자가 한 베이스씩 더 가는 불상사를 막기 위해서이다. 물론 이런 걸 한다고 항상 인정받을 수는 없다. 실수가, 실책이 생겨야 그 가치가 돋보이기 때문이다. 하지만 자기에게 공이 잘 안 온다고 허투루 하면 결정적인 순간에 표가 난다. 이 한 번의 실수에 그 선수가 그동안 수비를 게을리했다는 혹평이 이어진다. 억울하지만 어쩔 수 없다. 반면 묵묵히 하다가 결정적인 순간 주자를 막아내면 그 선수에게는 찬사가 쏟아진다. 역시 성실하고 기본이 잘 되어 있는 선수라고. 언젠가 쏟아질 그 행운을 기다리며 꾸준히 담금질을 해야 할 일이다. 야구도, 인생도.

| 학생의 글 '인생극장에 오신 것을 환영합니다!' 중에서 |

나이 탓인지, 타고난 성향 탓인지, 아니면 그렇게 키워진 탓인지는 모르겠으나 나는 하고 싶은 일보다는 해야 할 일을 주로 하며 산다. 그런 내게 하고 싶은 일을 찾아 시간과 열성을 바치는 학생들의 모습은 신선한 감동을 안겨준다. 요즘 대학생들은 스펙 쌓기에만 골몰해 있다고들 하지만 모두 그렇지는 않다. 아마추어 오케스트라에 소속되어 공연을 앞두고 매일 같이 연습에 매달리는 학생들이 아직도 있다. 연기부터 무대 장치, 관객 동원까지 모두 직접 해야 하는 연극 공연을 준비하느라 수강하던 강의를 하나둘 포기하다 결국 휴학까지 했지만 막상 공연이 끝나면 더 열심히 하지 못한 아쉬움에 눈물을 쏟는 학생도 있다. 날마다 밤샘 회의를 이어가며 학생회장 선거 운동원으로 뛰고 선거 기간에는 교내 곳곳에 마련된 투표소에 종일 앉아 추위에 떨면서 한 표를 호소하는 학생도 있다. 〈대학신문〉이나 〈자치언론〉 기자로 사건 현장을 누비고 결정적인 한 컷을 위해 나무 위에 기어오르기까지 하는, 그러면서도 늘 편집부장 선배에게 깨지며 눈물을 닦는 학생도 있다. 공부방이나 복지관에서 중고생들의 공부를 도와주는 활동을 하면서 시험 기간에도 자원봉사를 거르지 않는 학생도 있다.

초보 수준의 외국어 실력으로 대본을 통째로 외우다시피 하여 공연하는 원어 연극, 1980년대의 영광을 뒤로 하고 이제는 가늘게 명맥을 이어가는 민중가요 공연, 역동적이고 자유로운 표현이 생명이라는 스트릿 댄스 공연에 대한 글을 함께 읽을 때면 독자들의 요청으로 즉석에서 시범이 이루어지기도 한다. 간접 체험이 한층 더 생생해지는 순간이다.

학생들의 취미 활동도 퍽이나 다양하다. 부품을 사 직접 조립해 나만의 자전거를 만들어간다는, 이전에는 듣도 보도 못했던 취미 얘기도 들어보았다. 남학생들은 대부분 축구나 농구를 즐긴다고 한다. 전자기타며 드럼을 연주하며 밴드 활동을 하는 학생들도 남녀를 불문하고 여럿이다. 커피 내리는 것이 취미여서 자취방에 찾아오신 아버지에게 최고의 커피를 대접해드렸다는 학생도 있었다. 제과제빵이 취미라는 학생은 그에 대한 글을 함께 읽는 날 큼지막한 과자를 사람 수대로 구워 예쁘게 포장까지 해왔다.

우리의 글 놀이판에서는 야구를 소재로 삼은 글도 간혹 나온다. 야구라고 하면 우민화 스포츠 정도로만 생각하던 내게는 다소 의외였다. 야구를 인생에 비유하는 학생들이 많다. 그날의 경기가 어떻게 흘러갈지 모른다는 것도, 어제 무명이었던 선수가 하루아침에 에이스가 된다는 것도, 정적과 역동이 쉼 없이 교차한다는 것도 그렇다고 한다.

앞에 소개한 글은 직접 관전한 어느 날의 야구 경기를 잡아 경기 흐름을 짚어가며 야구론을 펼쳤다. 마침 야구장의 질서유지 아르바이트 경험담을 쓴 글이 있어 같은 날 배치했다. 한참 이야기를 나누다보니 재미있게도 두 글에 등장한 야구 경기가 같은 날이었다. 그날 한 학생은 객석에서 경기를 관람하며 야구는 인생극장이라는 생각을 했고 다른 학생은 출입구 근처에서 아르바이트생으로 근무하며 경기 끝날 시간만 기다렸던 것이다. 그리고 다음 학기가 되어 둘 다 인문학 글쓰기를 수강하며 그날의 경험을 바탕으로 감상 에세이를 썼고 같은 날 함께 읽었다. 우연 치고는 신기한 우연이다.

07

패러디

제1장. 서울시신림구동박태화방

돌이켜보면 내가 바다에 떠다니는 해파리마냥 유유자적하며 살기 시작한 때는 이천팔년 여름부터였다. 이천팔년 여름, 당시 나는 남자친구도 없고, 또 늘 살다시피 했던 학교도 방학이고, 그리고 살뜰한 부모며 오빠와도 멀리 떨어져서, 그 어느 여름 밤 녹두거리를 헤매이었다. 나는 습내 나는 덥고, 누긋한 신림동 원룸에서, 낮이나 밤이나 나는 나 혼자도 너무 많은 것 같이 생각하며, 또 문 밖에 나가지도 않고 자리에 누워서, 나는 내 슬픔이며 어리석음이며를 소처럼 연하여 새김질하는 것이었다. 하지만 나는 시인 백석처럼 굳고 정한 갈매나무를 생각하는, 의지에 찬 새로운 삶을 깨우치진 못했다. 대신 이대로 흘러가버리는 스물두 살의 여름 방학이 허망하여 뭐라도 해보려는 심정으로 누긋한 신림동 원룸에서 인터넷 검색을 시작했다.

| 학생의 글 '페스티벌을 순회하는 젊은이들을 위한 안내서' 중에서 |

위의 글은 제목부터 《은하수를 여행하는 히치하이커를 위한 안내서》라는 소설 제목을 본뜨더니 첫 단락에서는 백석의 시 〈남신의주 유동 박시봉방〉을 변형해 가져왔다. 비교를 위해 백석의 시 해당 부분을 소개하면 다음과 같다. '어느 사이에 나는 아내도 없고, 또, / 아내와 같이 살던 집도 없어지고, / 그리고 살뜰한 부모며 동생들과도 멀리 떨어져서, / 그 어느 바람 세인 쓸쓸한 거리 끝에 헤매이었다. / (중략) / 이리하여 나는 이 습내나는 춥고, 누굿한 방에서, / 낮이나 밤이나 나는 나 혼자도 너무 많은 것 같이 생각하며, / (중략) / 또 문 밖에 나가지도 않고 자리에 누워서, / 머리에 손깍지베개를 하고 굴기도 하면서, / 나는 내 슬픔이며 어리석음이며를 소처럼 연하여 새김질하는 것이었다.'

흥미로운 패러디이다. 문학 작품을 비롯해 다른 사람의 글을 차용하는 패러디는 우리 글 놀이판에 심심치 않게 등장한다. 위의 글쓴이는 백석의 시를 차용함으로써 서글프고 쓸쓸한 분위기를 한껏 살려 전달하고 있다. '시인 백석처럼 굳고 정한 갈매나무를 생각하는, 의지에 찬 새로운 삶을 깨우치진 못했다.'라는 문장을 넣으면서 패러디라는 점도 분명히 밝혀주었다.

출처를 밝히지 않고 불쑥 패러디 문장을 집어넣는 경우도 있다. '그 집에는 어려서 내가 깻잎머리 한 아이로 불상하니도 불량학생이 될 뻔한 슬픈 력사歷史가 있다.'라는 문장이 그랬다. 동료 학생들은 패러디라는 것을 눈치채지 못하고 '불상하니도'는 표준어가 아니라고, 또한 '력사'는 두음법칙에 어긋나니 '역사'로 바꿔야 한다고 열심히 답글을 달아주었다. 수업 시간이 되어서야 글쓴이가 '모닥불은 어려서 우리 할아버지가 어미아비 없는 서러운 아이로 불상하니도 몽둥발이가 된 슬픈 력사가 있다'라는 백석의 시 〈모닥불〉 문장을 가져온 것이라 밝혀 한바탕 웃고 상황이 일단락되었다.

패러디는 글쓰기와 글 읽기의 재미를 한층 높이는 장치이다. 좋아하는 작가의 문장이나 문체를 흉내내 써보는 것도, 패러디를 추적하며 읽어 내려가는 것도 재미있다. 여기서 한술 더 떠 학생들은 서로의 글을 패러디하기도 한다. 답글을 달 때 원글의 형식을 흉내내는 것이다. 편지글에 대한 답글은 글쓴이에게 주는 편지글로, 동화글에 대한 답글은 역시나 예쁜 동화글로 붙여준다. 이런 패러디 역시 자기 혼자 생각해내 시도하기는 쉽지 않은, 새로운 방식으로 글을 써볼 기회가 된다.

글쓰기 선생이 된 지 얼마 안 되었을 때, 패러디 때문에 식은땀 흐르는 일을 겪기도 했다. 나를 소개하는 글을 읽어나가는데 초반부에 읽었던 소개글을 패러디한 글이 후반부에 등장했다. 문제는 패러디의 의도가 풍자와 조롱으로 읽혔다는 데 있었다.

원글은 '느리게 가는 사람'이라는 제목으로 대학생이 된 후의 방황과 고민을 담담하게 적어 내려갔다. 빨리 달리는 것에만 익숙했던 삶에 회의를 느끼면서 유교 경전을 공부하고 검도 수련을 하면서 느리게 가는 것의 미덕을 알게 되었다고 했다. 한 부분을 소개하면 다음과 같다.

어떻게 살 것인가

이 질문을 마주하여 답을 얻고자 제일 먼저 유교 경전을 펴들었습니다. 향교에서 전교典校까지 지내신 외할아버지의 영향이 컸습니다. 《논어》와 《맹자》, 그리고 《대학》까지 읽어가면서 처음으로 '인생론'에 빠져들기 시작했습니다. 고등학교 윤리교과서를 떠올리며 개탄한 것도 이 때입니다. 이렇게 실용적이고 중요한 가르침을 그토록 재미없고 이해되지 않게 써놓았다는 사실이 어이없었습니다. 자신의 삶에 비추어 읽어가니 문구마다 고개가 끄덕여졌습니다.

패러디한 글의 제목은 '그저 가는 사람'이었다. 제목부터 원글의 구성과 소재를 그대로 따라가면서 내용을 바꿔넣은 글이었다. 위에 소개한 원글의 한 부분 '어떻게 살 것인가'를 패러디 글에서는 '감히 '어떻게 살 것인가'를 생각하다'라는 소제목을 붙여 다음과 같이 써내려갔다.

감히 '어떻게 살 것인가'를 생각하다

이쯤 되면 슬슬 겉멋이 들기 시작하게 마련입니다. 저도 예외 없이 '서울대 학생' 특유의 지적 사치와 허영의 대명사인 '삶에 대한 고민'을 하기 시작했습니다. 별 까닭도 없이 이런 고민을 하는 내가 우스웠지만 말입니다. 삶에 대한 치열한 고민은 대개가 철학에서 나오게 마련이지요. 저는 무식하기 짝이 없는 녀석이어서 잘 아는 교수님께 동양고전 하나를 추천해달라고 부탁드렸습니다. 나도 누구처럼 《논어》나 《맹자》《대학》

따위의 멋있는 고전을 읽기 바랐지만 교수님이 추천해 주신 것은 바로 《명심보감》이었습니다. 그렇게 읽기 시작한 《명심보감》이었지만 너무나 공허하고 윤리적이며 이상적인 그 외침은 저를 불편하게 했습니다. 하지만 제가 《명심보감》을 읽으면서 깨달은 바가 하나 있다면 그것은 바로 '겸손'입니다. '몸을 낮추는 자만이 남을 다스릴 수 있다'고 하였습니다. 특히 서울대에 들어와 알게 모르게 교만을 쌓아온 우리들에게 중요한 가르침을 줄 수 있다고 생각합니다.

패러디 글의 글쓴이는 원글이 '겉멋 든' 글이라 보고 조롱해주리라 작정했던 것이다. 그래서 '누구처럼' 멋진 고전이 아니라 《명심보감》을 읽었고, 빠져들기는커녕 '공허하고 윤리적이며 이상적'이어서 불편했으며 한 가지 배운 것은 겸손의 중요성이었다고 썼다. 후반부에 등장하는 문단은 그 생각을 더 분명히 보여주고 있다.

물론 '진지함'은 미덕이라고 볼 수 있습니다. 진지한 사고와 태도가 역사와 사회를 발전시켜온 것은 부인할 수 없는 사실이지요. 하지만 쓸데없는 진지함은 사고를 경직시키고, 웃음의 본질을 간과하게 합니다. 유난히 쓸데없는 진지함이 성행하는 곳이 바로 여기 서울대인데요, 가식적이고 공허한 아주 몹쓸 진지함이 학교와 학생들을 쥐고 있습니다. 가뜩이나 머리가 좋으신 분들이 진지함의 못된 맛을 한 번이라도 맛보시게 되면 아주 그냥 정신을 못 차리게 되기가 십상입니다. 항상 경계해야 합니다.

답글을 달기 위해 수업에 앞서 이 패러디 글을 읽은 원글의 글쓴이가 격분할 것은 당연했다. 나는 불안한 마음으로 강의실에 들어갔고 예상대로 두 글쓴이가 충돌했다. 원 글쓴이는 이 정도의 패러디라면 사전 양해를 구해야 했다고 지적했고 패러디 글쓴이는 글쓰기의 자유를 주장했다. 나는 어느 편도 들지 못한 채 애매하게 상황을 봉합했다. 다행히도 이후 패러디 글쓴이는 자기가 왜 그렇게 사악하게 굴었는지 모르겠다며 정식으로 사과했고 원 글쓴이도 사과를 받아들였다.

지금 돌이켜보면 그 사건은 글의 솔직함과 겸손함에 대한 의견 차이를 드러내주었던 것 같다. 패러디 글쓴이는 원글이 겸손하지 못하다고, 솔직함을 넘어 '가식적이고 공허'하다고 판단했다. 더욱이 그런 글이 함께 읽기 과정에서 솔직하고 진지한 글로 받아들여졌다는 데 발끈하여 패러디 소개글을 쓰기로 작정했던 것이다. '진지한' 글과 '겉멋 든' 글은 어떻게 다른 것일까? 아직은 잘 모르겠다. 어쩌면 그건 글 자체가 아니라 글이 읽히고 소통되면서 규명되는 문제가 아닐까 하는 생각도 든다. 겉멋 든 글과 달리 진지한 글은 독자들의 비평과 질문에 대해 나름의 고민과 경험을 바탕으로 성실하게 답변할 준비가 되어 있는 그런 글이 아닐까 싶다.

6장 상세 그림 3
주제 에세이

01

주장과 견해를 쓰기

주제 에세이는 주장과 견해를 쓰기 위한 글이다. 분량은 다섯 쪽 이상으로 한 학기에 쓰는 글 세 편 중에서 가장 길다. 학생들도 이 마지막 글을 가장 부담스러워한다.

앞선 두 글이 그랬듯 글감과 형식은 자유롭다. 천안함 사건, 슈퍼스타K, 등록금 투쟁 등 그 시점의 이슈로 떠오른 문제를 파고들 수도 있고 전공을 반영해 주제를 선정할 수도 있다. 책이나 영화를 글감으로 삼기도 한다. 다만 이 경우 감상 에세이와는 달리 논리성이나 설득력이 더 많이 요구된다. 글의 형식도 다양하게 시도된다. 소설 형식의 주제 에세이도 한 강좌에 한 편 정도 나온다. 1인칭 화자가 수능시험 후 자살한 친구에 대해 생각하는 소설을 통해 입학사정관제가 스펙 평가에 치우쳐버렸다는 비판 의식을 담아내는 식이다.

감상 에세이와 마찬가지로 주제 에세이도 계획 발표와 질의응답을 거쳐 지정독자가 정해진다. 계획 발표를 들으면서 나는 어떤 글 세 편을 함께 묶어볼지 대략 계획을 세워둔다. 예를 들면 남녀 간의 대화 방식 차이에 대한 글, 소셜 네트워크의 인간관계를 분석하는 글, 서로 간의 소통이 단절된 우리 사회를 돌이켜보는 글을 묶어 '소통'이라는 대주제를 만들 수 있다. 정면으로 배치되는 글을 엮기도 한다. 외모지상주의를 조장하는 TV 프로그램을 비판하는 글과 외모도 경쟁력이니 성형수술에 대한 개인의 선택을 존중해야 한다는 글을 함께 읽을 수도, 기업화된 대학 내의 경쟁을 꼬집는 글과 취업 성공을 위해 일찍부터 준비해야 할 필요성을 강조하는 글을 함께 읽을 수도 있다.

이렇게 맥이 닿는 글을 함께 읽고 질의응답하는 수업 시간은 뜨거운 토론 시간이 된다. 글쓴이들은 답글에서 제기된 반론에 답하고 독자들은 다시 그 반론에 이의를 제기한다. 비슷한 주제에서 서로 다른 견해를 보여준 글쓴이들이 나란히 앉아 있다면 서로의 글에 대해 어떻게 생각하는지 물어보기도 한다. 이런 과정을 통해 글쓴이는 자기 의견을 다시 점검하고 논리성을 보강할 수 있다. 독자들 또한 생각의 폭을 조금 더 넓히게 된다.

주장과 견해를 밝히는 글을 쓰려면 고민하는 시간이 많이 필요하다. 고민할 시간을 얼마나 확보할 수 있는지 사전에 시간 계획을 세우면 좋다. 마감 기한을 기준으로 거꾸로 계산해 언제까지 계획을 세우고, 언제부터 쓰기 시작하며, 언제부터 검토와 수정을 할 것인지 결정하는 것이다.

글쓰기 구상을 위한 메모지를 만들어 늘 지니고 다니는 방법도 추천할 만하다. 주제가 정해졌다면 메모지에 써놓는다. 짬이 날 때마다 메모지를 꺼내보며 어떻게 주제를 좁혀나가면 좋을지, 주제와 관련해 어떤 내용을 쓰면 좋을지 생각해보고 머릿속에 떠오른 것을 간략하게 기록한다.

일상생활의 순간순간에 이렇게 글쓰기를 끼워넣으면 놀라운 일이 일어난다. 지하철에 붙은 광고, 버스 옆으로 스쳐 지나가는 풍경, 우연히 귀에 들어온 라디오 뉴스 등등이 구상 중인 글과 연결되기 시작하는 것이다. 글에 집어넣으면 좋을 내용과 마주치기도 하고 글을 풀어나갈 형식에 대한 영감을 얻을 수도 있다. 어떻게 글을 쓰면 좋을까 하는 생각이 머릿속에 가득하다면 기사 하나, 광고 글 하나도 무심히 보아 넘기게 되지 않는다. 주변의 온 세상이 내 글과 관련을 가지게 되는, 그야말로 마법 같은 상황이다.

메모지에 끼적거린 양이 제법 된다면 이제 그 생각들을 검토하며 배열해볼 차례이다. 서로 통하는 생각들은 무엇이고 대립되는 생각들은 무엇인지 선으로 연결해본다. 또 글의 서두에 사용하면 좋을 듯한 부분, 마무리에 어울리는 부분도 골라낸다. 배열하면서도 얼마든지 새로운 생각을 더 넣을 수 있다. 어느 정도 배열이 되면 글로 완성하기 위해 필요한 것이 무엇인지 보다 확실히 드러날 것이고, 그럼 한층 더 구체적으로 생각하거나 자료를 찾아볼 수 있다.

자, 이제 컴퓨터 앞에 앉을 시간이다. 초고를 쓸 때는 완벽한 문장을 만드느라 애쓸 필요가 없다. 어차피 나중에 뜯어고칠 공산이 크기 때문이다. 집을 지을 때 먼저 기둥을 세우는 것처럼 뼈대부터 잡아주고 이어 뼈대 사이를 채워나간다. 이때에도 다시 메모지를 꺼내 들여다보며 생각을 정리할 시간이 필요할 것이다. 이런 과정을 거쳐 힘들게 글을 완성하고 나면 일단 한숨 돌려도 좋다. 이제 공은 독자들에게 넘어갔기 때문이다. 독자들은 내 글이 얼마나 힘 있게 다가갔는지, 어떤 영향력을 발휘했는지 알려줄 것이다.

02

남의 글을
참고해달라는 부탁

이전 글들과 달리 주제 에세이에서는 참고문헌을 넣는 것이 권장사항이다. 즉 같은 글감에 대해 남들이 어떻게 써놓았는지 한번 찾아 읽어달라는 부탁이다.

　내가 잡은 문제, 내가 전달하고 싶은 메시지와 관련해 남들이 쓴 글을 읽는 것은 내 생각을 한층 정돈하고 발전시키는 기회가 된다. 원자력공학과 학생이 원자력 발전은 여전히 포기할 수 없는 에너지원이라고 주장하는 글을 쓴다고 하자. 그러면 원자력 발전을 옹호하는 글뿐 아니라 비판하고 반대하는 글도 참고해야 한다. 그 비판과 반대의 근거를 살펴보고 의미를 짚은 후 어떻게 그 논리에 맞설 수 있을지 생각할 필요가 있다. 그럴 경우 원자력 발전의 장점만 나열하는 것보다는 훨씬 풍성하고 설득력 있는 글이 나오게 된다.

　내 글과 제대로 연결되는 남의 글을 찾고 읽고 생각하는 것은 적잖은 품이 든다. 과거보다는 자료 검색 환경이 훨씬 좋아졌는데도 그렇다. 그래서인지 우리 글 놀이판에서도 모든 학생이 권장사항을 따라 참고문헌을 넣지는 않는다. 못 찾아서 못 넣었다고 하기도 하고 소설 형식을 택하는 경우는 글 특성상 어렵다고도 한다. 그런가 하면 계획 발표 때 학생들이 글쓴이에게 참고문헌을 추천해주는 일도 있다. 그 주제와 관련된 이러이러한 책을 읽은 적이 있는데 도움이 될 것 같다고 말해주는 것이다.

이 힘든 작업을 요구하는 이유는 무엇일까? 인문학 글쓰기라는 한 강좌에서 만난 25명을 넘어서 인류 전체가 글쓰기 공동체라는 것을 확인하기 위함이다. 내가 하는 생각을 앞서 했던 사람이 있고 또 그보다 더 앞서서 했던 사람이 있다. 내 앞 사람은 글을 쓰면서 그 앞 사람의 생각을 확인하고 자기 나름의 생각을 덧붙인다. 나는 다시 내 앞 사람의 그 생각을 읽은 후 고민하고 내 생각을 덧붙인다. 이런 과정이 끝없이 이어지면서 인류의 사고思考가 조금씩 앞으로 나아간다. 나 개인의 기여는 어쩌면 눈곱만큼 작을지도 모른다. 하지만 절망할 필요는 없다. 그 흐름에 동참한다는 사실만으로도 짜릿하니까 말이다. 글쓰기 수업에서 쓰는 글은 내부에서만 공개되니 그 짜릿한 경험의 모의연습 격이다. 하지만 적어도 24명의 독자들은 글쓴이의 눈곱만한 기여를 인정하고 기억해준다.

남의 글을 참고할 때 조심해야 하는 것이 '함부로 베끼지 않는 일'이다. 최근 몇 년 새 부쩍 자주 듣게 되는 글쓰기 윤리도 결국 이것이다. 통째로 베끼는 일, 심지어 인터넷에서 판매되는 리포트를 구입해 과제로 제출하는 일이 잘못이라는 건 누구나 안다. 문제는 남의 글 일부분을 가져올 때이다. 어디서부터 어디까지가 남의 글을 가져온 것인지, 누가 언제 어디에 공개한 글을 가져온 것인지 분명하게 드러나도록 해줘야 한다. 그렇게 하지 않으면 함부로 베꼈다는 혐의를 벗을 수 없다.

남의 글과 관련해 또 하나 신경을 써야 하는 것은 '내 논지에 맞게 제대로 녹이는 일'이다. 제대로 출처를 밝혔다 해도 줄줄이 남의 글을 늘어놓는 것으로는 내 글이 되지 않는다. 내가 내 글에서 하고자 하는 말과 어떻게 관련되는지를 독자들이 이해할 수 있도록 해줘야 한다. 어렵고 복잡한 글, 소위 '있어 보이는 글'을 가져와 내 글에 마구 끼워 넣으면 멋진 글이 될 것이라 착각하는 사람들이 아직도 많다.

우리 글 놀이판에서는 글쓴이가 남의 글을 함부로 베끼지 않았는지, 제대로 녹여냈는지를 독자들이 자연스럽게 확인해간다. 열심히 글을 읽어주는 독자들은 어디까지가 인용한 내용이고 어디부터가 글쓴이의 생각인지 궁금해한다. 인용 이유가 납득이 가지 않으면 왜 그 부분을 가져온 것인지 묻는다. 인용은 많은데 글쓴이의 견해가 뚜렷하지 않다면 그래서 도대체 무슨 말을 하고 싶은 것이냐고 질문을 던지기도 한다. 글쓴이나 독자 모두가 남의 글을 참고하는 방법을 체험적으로 익히는 셈이다.

03

함께 배우는 시간

아니 신참례가 대체 뭐길래 궁금해 하시는 분들이 많을 줄로 생각되오. 궁금하지 않다고? 아니 되오. 들어보면 매우 재밌을… 것이오! 조선의 모든 관리들은 과거에 합격하거나 혹은 새로운 관직을 제수 받았을 때 신참례를 치러야만 했다오. 만약 이것을 제대로 치르지 않는다면 앞으로의 관직 생활이 매우 고달퍼지기에, 그리고 출세 또한 어려워지기에 대부분의 신진 관리들은 울며겨자먹기로 이 의례를 치러야 했다오. 여기 소과를 거쳐 대과까지 합격한 한 신진관리가 있소. 우리는 이 관리의 대화를 통해 신참례의 모습을 살펴보고자 하오. 그럼 아래에서 다시 보도록 합시다. 아 참, 잊을 뻔하였오. 밑의 대화는 51퍼센트의 사실과 49퍼센트의 상상을 섞어 재구성한 것이오. 혹시 조상 모독이라며 나에게 따지면 아니 되오. 나 울지도 모르오. 그럼 이만 총총.

내이통음內二通音●

이이(율곡 아싸 대과 합격)님이 입장했습니다.

홍귀상(율곡 친척 부럽다)님이 입장했습니다.

이이(율곡 아싸 대과 합격) : 왜 불렀는가?

홍귀상(율곡 친척 부럽다) : 자네 이번에 대과에 합격했다지? 허허 참말로 부럽구려. 자네는 정말 우리 집안의 자랑일세 자랑! 정말 부친께서 기뻐하셨겠군.

이이(율곡 아싸 대과 합격) : 허허, 무슨 그런 소리를 하는가? 내가 과거에 합격하는 건 당연한 일 아니겠는가. 이번에도 역시 장원으로 합격했네. 내겐 너무 쉬운 일이었네.

홍귀상(율곡 친척 부럽다) : 헐! 자네는 항상 그게 문제일세. 왜 그렇게 교만한 것인가? 선비의 덕목은 겸손 아니겠는가?

| 하생의 글 '조선시대 신참례와 유교 문화의 관련성' 중에서 |

조금 길게 소개한 위의 글은 '신참례'라는 조선시대의 풍속을 소재로 삼은 글이다. 역사를 다루는 글이 고리타분하게 받아들여질 것을 염려해서인지 채팅 형식을 취했다. '네이트온'을 조선시대라는 시대 배경에 맞춰 한자어 '내이통음'으로 재탄생시켰고 대과에 합격한 이이는 '아싸 대과 합격'으로, 부러워하는 친척 홍귀상은 '부럽다'로 대

● 조선시대의 선비 통신을 가리킴. 둘이서 함께 음성으로 통하며 대화를 나누는 장소라는 뜻.

화명까지 넣어준 것이 기발하다. 덕분에 나와 학생들은 난생 처음 들어보는 신참례라는 관행에 대해 흥미진진하게 배울 수 있었다. 이 글 쓴이는 국사학과 학생이었다.

주제 에세이의 글감은 이처럼 전공을 반영하는 일이 많다. 정치적 사회적 쟁점이 걸핏하면 법원이나 헌법재판소로 넘어가는 상황에 문제의식을 느낀 법대생은 법원은 어디까지나 최후의 심판기관일 뿐이며 판결은 결코 만능이 아니라는 점, 갈등을 해결할 실마리를 찾아내려는 적극적 노력이 필요하다는 점을 강조하는 글을 쓴다. 사범대학 학생은 학교 교육 정상화 방안이 무엇일지, 다문화 사회의 교육은 어떻게 해야 하는 것인지에 대한 고민을 글로 풀어낸다. 경제학부 학생은 금융위기에 대해, 환율 전쟁에 대해 설명한다. 성악과 학생은 어떻게 하면 지금보다 조금 더 노래를 잘 부를 수 있을지 알려주는 글을 쓰고 함께 읽기 차례가 되었을 때 〈오 솔레미오〉 한 구절을 우렁차게 불러주기도 한다. 종합대학에 적을 두고 있다는 것이 얼마나 즐거운 일인지 깨닫는 순간이다.

최신 정보통신 기술이 주제 에세이에서 소개되기도 한다. 스마트폰이나 전자책, 트위터가 무엇이고 어떤 장점과 단점이 있는지, 왜 각광을 받는지를 나는 학생들의 주제 에세이를 통해 배웠다. 시대 흐름에 재빨리 따라가는 대학생들인 만큼 단순 소개에 그치지 않고 사용 경험담까지 곁들이는 덕에 더욱 생생하다.

채식주의, 여성주의, 환경운동 등 자기가 견지하는 생각을 밝히는 글도 나온다. 서로 다른 가치관과 삶의 방식을 확인하는 기회이다. 그런 글을 읽고 채식주의자나 여성주의자, 환경보호론자로 변신해야 하는 것은 아니다. 하지만 마음을 열고 귀를 기울이다보면 최소한 그렇게 주장하는 이들을 이해할 수 있게 된다. 그것만 해도 큰 성과가 아닐 수 없다.

주제 에세이를 읽다보면 내가 글쓴이보다 더 많이 안다고, 혹은 더 많이 생각해보았다고 자부할 수 있는 글감이 거의 없다. 학생들 각자가 가장 쓰고 싶은 글감, 그리고 대개의 경우 가장 잘 아는 글감을 택하는 상황인 만큼 어쩌면 당연한 일이다. 그래서 나는 더더욱 여러 독자 중 한 명에 그치는 존재가 된다. 고개를 끄덕이거나 갸웃거리며 열심히 글을 읽고 궁금한 것을 질문할 뿐이다.

자기는 어느 정도 알고 있지만 독자들은 거의 모르는 내용으로 글을 쓰다보면 어느새 불친절한 글이 될 수 있다. 글쓴이가 사용한 용어나 표현을 독자가 이해하지 못하기도 한다. 사례를 들어 설명한다고 했는데도 납득이 안 간다는 독자들도 나온다. 그런 경우에는 온라인 강의실이나 수업 시간에 질문이 빗발친다. 어떻게 '친절한 글'로 변신시킬 수 있을지에 대한 제언도 나온다.

'친절한 글'이 늘 정답이라는 얘기는 아니다. 전략적으로 불친절하게 쓴 글이라면 괜찮다. 독자를 혼란에 빠뜨림으로써 모종의 효과를 노린 것이라면 말이다. 하지만 의도와 달리 불친절해졌다면 문제이다. 주장과 견해를 밝히고 독자를 설득한다는 목적을 달성하기 어렵기 때문이다. 이는 글쓴이가 독자 입장에서 충분히 생각해보지 않았다는 뜻이 된다.

관심사가 뚜렷한 학생들은 나를 소개하는 글, 감상 에세이, 주제 에세이라는 글 세 편을 하나의 글감으로 관통시키기도 한다. 영화감독이 되고 싶다는 학생은 자기 꿈을 설명하는 소개글을 쓰고, 좋아하는 감독의 영화를 분석하는 감상 에세이를 쓴 뒤 좋은 영화란 과연 무엇인지를 탐구하는 주제 에세이를 썼다. 미식축구 동아리에서 맹활약 중이라는 학생은 소개글과 감상 에세이에서도 미식축구 이야기를 하더니 주제 에세이는 미식축구가 얼마나 좋은 운동인지 주장하고 설명하는 글을 썼다. 고대 서사시 형식을 차용하여 '필기구들과 한 남학생을 나는 노래하노라. 그는 운명에 따라 험준한 산자락에 닿았으나 도시에서나 시골에서나 인간을 강제로 끔찍한 죽음과 맺어주길 즐기는 자의 미움을 받아 어려서부터 하데스의 문턱을 수시로 넘나들었다. 그는 잔혹한 경쟁 속에서도 많은 고통을 당했으나 마침내 공부할 곳을 얻고 진리와 빛을 섬기게 되었다.'라고 시작되는 소개글을 쓰고, 베르길리우스의 〈아이아네스〉에 대한 감상 에세이로 가더니, 호메로스의 《일리아스》에서 드러나는 운명을 주제로 마지막 글을 쓴 학생도 있었다. 글쓴이가 오랜 시간과 노력을 들여 알게 된 것을 집중적으로 전해듣게 된 독자 입장에서는 그 역시 즐거운 일이 아닐 수 없다.

04

다이어트도 인문학

> 천고마비의 계절. 3끼는 꼬박꼬박 다 먹고 저녁이면 집에서 여러 과일들을 먹고 있고. 살이 안 찌려야 안 찔 수가 없더라고요. 그래서 시작한 것이 바로 아침에는 바나나와 물을 마시고 점심, 저녁은 소식하는 것입니다. 모 연예인이 했다고 해서 아주 아주 유명해졌죠. 달고 맛있는 바나나도 먹고 어차피 아침식사 거르는 경우가 많았는데 점심은 밥 양만 적게 먹고 저녁을 채식으로 해야 하는 힘든 점이 있었지만 그래도 효과는 꽤 있는 거 같아요. 단지 효과가 장기적으로 실천했을 때만 나타난다는 단점이 있지만. 채소 값이 비싸서 채식을 하려는 것도 돈의 상당한 부담이지만 이 정도쯤은 투자의 개념이죠.
>
> | 학생의 글 '건강? VS 살들과의 전쟁?' 중에서 |

주제 에세이라고 해서 진지하고 어려운 글만 있는 것은 아니다. 고등학교 때부터 늘 다이어트를 해왔다는 여학생은 자기가 해본 각종 다이어트 방식을 소개하는 글을 썼다. 피부관리 방법, 자외선 차단제의 필요성, 몸짱이 되기 위한 운동법 등도 글감으로 선택된다. 학생들의 반응은 폭발적이다. 글을 읽고 당장 자외선 차단제를 구입했다는 독자도, 다시금 마음을 잡고 다이어트에 돌입했다는 독자도 나온다.

일상적인 먹을거리를 관심사로 정하는 학생들도 있다. 오렌지주스를 광적으로 좋아한다는 학생은 여러 종류의 오렌지주스를 먹어보고 체험기를 쓴다. 초코 과자를 종류별로 비교한 글을 쓴 학생은 실험 후 남은 초코 과자를 강의실에 들고와 독자들에게 나눠주기도 했다. 어느 학생은 맛있게 먹은 고등어를 소재로 소설을 쓰기도 했다. 어느 날 아침 소설가인 내가 고등어 배달부 갈매기의 방문을 받고 대화를 나눈다는 설정이었다.

아이돌 걸 그룹도 종종 글에 등장한다. 나 같은 독자에게는 생소한 분야와 접할 수 있는 또 다른 기회이다. 걸 그룹 서너 팀을 비교한 글을 읽을 때에는 나도 인터넷에서 각 그룹의 뮤직 비디오를 찾아 보며 공부를 했다. 화려한 춤과 신나는 멜로디가 인상적이었지만 마음에 들어 거듭 듣게 되는 음악은 아니었다. 그래도 나와 같은 시대를 사는 사람들이 환호를 보내는 음악이라면 최소한 한 번은 들어보아야 한다고 생각했다.

나는 이렇게 다양한 종류의 글이 쓰이는 상황이 좋다. 심각한 글만 읽는 것은 지루하지 않은가. 25편의 글을 함께 읽는데 모두 비슷한 유형이라면 하품이 나올 것이다. 머리를 싸매고 읽어야 하는 글, 미소를 지으며 재미있게 페이지를 넘길 수 있는 글, 눈물을 글썽이게 하는 글, 도서관이나 전산실에서 옆 사람 눈치를 보면서 터져나오는 웃음을 억눌러야 하는 글, 이 모든 글이 서로 다른 퍼즐 조각처럼 합쳐져 우리 글 놀이판을 만든다.

다이어트도, 오렌지주스도, 걸 그룹도 인문학이다. 이 모두가 사람과 인생살이라는 범주에 포함된다. 전부는 아니라 해도 수많은 사람들의 지대한 관심사이다. 그러니 왜 그런지, 어떻게 그렇게 되었는지, 그에 대해 나는 어떻게 생각하는지 짚어볼 필요가 있다.

대학의 글쓰기 수업이라는 거창한 이름을 달고 그렇게 가벼운 글을 허용해도 되느냐는 꾸지람을 듣게 될지도 모르겠다. 논문 형식의 글을 잘 쓰도록 한다는 강좌 개설 취지를 떠올리면 더욱 그렇다. 하지만 나는 무거운 글과 가벼운 글의 구분이 필요한지 의문이다. 극소수의 독자만이 이해할 수 있도록 작성된 어렵고 딱딱한 글이 더 좋다고 생각하지 않는다.

나는 행복한 글쓰기를 꿈꾼다. 좋아하는 드라마를 분석해 글을 쓴 학생은 "드라마를 처음부터 끝까지 다시 돌려보고 형광펜으로 여기저기 줄을 그어놓은 드라마 대본 종이쪽들에 둘러싸여 왜 좋아하는지에 대해 글을 쓰는 시간이 참 행복했어요."라고 말해주었다. 그렇게 하라고 시켰다면 불가능했을 일이다. 행복한 글쓰기를 경험한 학생은 다른 글을 쓰게 될 때도 나름의 행복을 찾을 수 있지 않을까.

05

가족이라는 것

가족에 대한 기억의 시발점으로 돌아가 그때의 모습을 떠올리자면 허구헌 날 싸워대는 부모님과 그것을 따라 하기라도 하듯이 독기를 품고 싸워대는 형과 나의 모습이다. 가족 넷 다 정말 '한 성질' 하는 사람들이라 절대로 양보, 물러남이 없다. 어떤 경우, 어떤 상황에서도 자기 할 말은 다 한다. 성향을 얘기하자면 극과 극인데 가족이 네 명인만큼 우리는 네 방향에서의 극을 담당하는 독특한 가족이다. 들은 얘기를 정리해서 내 나름대로의 기억과 접붙여보니, 본격적으로 불화가 시작된 것은 사람이라면 무조건 좋아라 하는 우리 아버지가 대뜸 보증을 서주고 말아먹게 되면서 운영하던 자그만 회사가 도산이 되고 나서부터일까. 믿었던 사람으로부터의 배신과 갑자기 나락으로 떨어진 충격으로 인해서인지 아버지는 그날부터 주구장창 술을 드시기 시작했고 술을 드시고 나면 어김없이 집에 들어와서는 집을 거나하게 한번 휘저었다……

| 학생의 글 '가족이야기 ― 태양, 금성, 그리고 화성과 명왕성' 중에서 |

가족은 학생들의 글에서 자주 등장하는 소재이다. 세 편의 글을 통틀어 그렇다. 20대 대학생이 된다는 것은 가족에서 어느 정도 독립성을 인정받고 관계를 재설정하는 시기, 어릴 때는 세상의 전부였던 가족을 한 발짝 떨어져 바라보게 되는 시기여서 그런가보다. 특히 지방의 집을 떠나 서울에서 홀로 공부하는 상황이라면 가족 생각은 더 각별할 수밖에 없다.

학생들의 글을 읽다보면 따뜻한 가족 이야기가 참 많다. 해마다 생일이면 사랑과 격려의 편지를 보내주는 부모님, 좋아하는 연예인 이야기를 친구처럼 함께 나누는 할머니, 철마다 잘 먹는 음식을 마련해 자취집으로 부치고 잘 챙겨먹으라고 잔소리하는 어머니, 부모님 계신 고향을 떠나 서울로 유학 온 형제 혹은 남매가 새로 공동체를 이루어 서로를 살뜰하게 배려하며 살아가는 모습, 학교 행사로 타게 된 대절 버스가 아버지 계신 공장에서 나왔다는 것을 알아보고 저 문짝은 우리 아버지가 만들었다고 자랑하는 모습 등능. 세상에서 부모님을 가장 존경한다고 말하는 학생들이 아직도 여럿이다.

다른 한편 애증을 노출하는 글들도 나온다. 서로 불화하는 부모님을 바라보며 고통스러워하다가 당장 이혼하라고 소리를 질렀다는 학생도 있었다. 작가의 꿈, NGO 활동가의 꿈을 키우고 있지만 어서 고시 공부를 시작하라는 부모님의 기대와 압박 때문에 괴로워하기도 한다. 형제자매와의 관계도 쉽지 않다. 막상 생각해보면 따뜻한 기억도 많다면서도 어릴 때부터 늘 누나를 미워해왔다는 남동생, 걸핏하면 형과 아옹다옹 부딪히는 동생, 고등학교를 그만두고 음악을 하겠다고 나선 남동생을 지켜보는 누나, 세 어절이 넘는 말은 하지도 이해하지도 못하는 지적 장애 1급인 오빠를 바라보면서 자기가 공부하는 인문학의 의미를 고민하는 여동생이 그 관계를 글에 풀어놓는다.

　가족이라는 것만큼 우리에게 큰 고민과 성찰을 안겨주는 대상이 또 있을까 싶다. 보기 싫다고 보지 않을 수도 없고, 밉다고 그저 미워할 수만도 없다. 그 와중에 친구 집은, 친구 부모님은, 친구 형제자매는 다 좋고 다정해만 보인다.

　가족은 따뜻해야 하고 언제든 서로를 이해하며 사랑해야 한다는 건 우리에게 뿌리 깊은 신화이다. 사실 그런 가족은 드라마에나 있다. 일상을 공유하는 가족은 그만큼 서로의 단점, 약점과 자주 마주칠 수밖에 없고 당연히 짜증과 미움이 생겨난다. 무뚝뚝하지만 성실하고 따뜻한 아버지, 희생정신으로 무장한 어머니, 동생을 보살피고 기회를 양보하는 형과 누나, 귀엽고 재주 많은 동생 등으로 이루어진 가족 신화를 깨는 것은 어른이 되는 과정에서 누구나 이뤄내야 할 과업인지도 모른다. 가족에 대해 글을 쓰는 대학생들은 바로 그런 과업을 해내고 있다.

　앞서 소개한 학생의 글처럼 자기 가족의 아픈 이야기를 솔직히 털어놓는 글을 만나면 당혹스러우면서도 고맙다. 열심히 읽고 공감하며 눈물 흘리는 것외에는 해줄 게 없어서 당혹스럽고 자기 안의 상처를 대면하고 공개하는 용기가 고맙다. 문제를 털어놓는 것이 곧 치유의 시작이라고 하니 학생들은 이미 치유의 단계에 들어선 모양이다.

　가족을 글감으로 삼지 않은 학생들도 그런 글을 읽으면서 자기 가족에 대해 생각하게 된다. 부모님과 편지를 주고받는다는 사실을 부러워하다가 자기도 한번 편지를 써봐야겠다고 결심한다. 한 지붕 아래 살면서도 며칠 가야 몇 마디 말을 나눌까 말까 하다는, 이른바 '그저 생사확인만 하는 사이'라는 고백도 나온다. 서울대생이 된 자기를 자랑스러워하면서도 못난 부모라고 주눅 들어 계시는 모습이 가슴 아프다고도 한다. 그렇게 하여 모두가 가족을 돌이켜볼 기회를 얻는 것이다.

06

대학생과 돈

지금부터 투자를 준비하는 것이 유리합니다. 우선, 시간적인 측면에서 본다면 지금 당장 시작하는 것이 복리 효과를 최대한 누릴 수 있습니다. 두 번째 수익률 측면에서도 지금 나이에 실수와 성공을 반복하며 투자에 대해 배워나가는 것이, 앞으로 좋은 기회를 잡을 수 있는 안목을 길러내고 이를 통해 수익률을 극대화하는 데 도움이 될 것입니다. 뒤에 서술하겠지만 개인 투자자의 입장에서 투자를 직접 하는 것이 저는 절대로 불리하지 않다고 생각합니다. 따라서 수익률 측면은 이 글을 읽는 분들이 후에 직접 투자를 한다는 사실을 가정한 것입니다. 세 번째로, 종자돈 측면에서도 유리합니다. 보통 재테크의 성공은 50퍼센트가 종자돈을 모으는 것이라고 합니다. 종자돈을 모으는 것이 그만큼 어렵다는 것인데, 이는 소득 및 소비에 관한 올바른 자세가 형성되어 있지 않기 때문입니다. 올바른 소비 및 저축에 대한 자세를 확립하는 데에는 어떻게 행동해야 하는지에 대한 단순한 지식보다는, 직접 투자를 하면서 종자돈의 소중함을 느껴보는 것이 더욱 효과적이라고 생각합니다.

| 학생의 글 '투자에 대한 나의 견해' 중에서 |

내가 만나본 학생들 대부분은 돈을 벌고 있었다. 교내외 장학금을 타기도 하고 도서관이나 과사무실에서 일을 하기도 한다. 과외를 비롯해 카페, 마트, 휴대폰 판매 등 다양한 아르바이트로도 돈을 번다. 택배 상하차, 공사장 막노동 등 한 학기 걸러 휴학하다시피 하면서 안 해본 일이 없다는 학생도 보았다.

글쓰기 선생이 되어 다시 대학생들과 만나게 된 후 가장 놀랐던 건 과외 아르바이트 보수가 20여 년 전 내가 대학생일 때와 비교해 거의 오르지 않았다는 사실이었다. 아마 그때 우리 세대가 터무니없이 많은 보수를 받았던 모양이다. 그리고 어느새 학부모가 된 지금은 우리 세대가 지갑을 열지 않는 모양이다. 어떻든 이제는 대학생이 과외 아르바이트를 두 개씩 해도 자립이 안 되는 상황이다.

나는 젊은이에게 돈 따위는 중요하지 않다고, 꿈을 키워야 한다고 말할 자신이 없다. 나 자신을 돌이켜봐도 돈 생각을 하며 보내는 시간이 얼마나 많은가. 물건 사는 데 돈을 써야 할지 말아야 할지, 물건 가격이 가치에 비해 적당한지 아닌지, 들어오는 돈과 나가는 돈의 아귀를 어떻게 맞출지 등등. 게다가 컴퓨터며 휴대폰이며 커피전문점이며 대학생들이 돈 쓸 곳은 예전에 비해 얼마나 늘었나. 옷이나 신발 같은 생필품을 살 때도 싼 값에 해결하면 그만이었던 과거와 달리 패션에 관심이 많은 요즘 학생들은 취향이 뚜렷하고 까다로운 소비

자이다. 후배들에게 멋진 곳에서 밥 한 끼, 술 한 번 사야 하는 때도 있다.

그래서 학생들은 돈벌이에 관련된 글을 쓴다. 위에 소개한 글은 주식 투자를 주제로 삼아 왜 투자가 필요한지, 자신은 어떻게 투자를 해 왔는지 써내려갔다. 이외에도 코스닥에서만 투자를 한다는 학생, 휴학까지 하고 주식 투자에 전념하다가 일단 접었다는 학생, 실적이 좋아 부모님 돈까지 맡아 운용한다는 학생 등 투자자들이 적지 않다. 돈에 대한 대화조차 일종의 금기였던 예전과 비교하면 격세지감이다.

미래의 돈벌이도 글감이 된다. 원하는 방향대로 취업하려면 어떻게 준비해야 하는지, 왜 그쪽 취업을 원하는지를 쓰는 것이다. 주로 졸업을 앞둔 복학생들의 글이 그렇다. 그런 글을 함께 읽을 때는 분위기가 조금 비장해진다. '나는 무엇을 어떻게 준비하고 있지? 너무 현실을 외면하고 사는 것은 아닐까?'라고 생각하는 독자들이 많아서이다.

그래도 학생들은 장하게도 꿈을 키운다. 그 꿈의 기반을 어떻게 마련해야 할지까지 고민한다. 영화 일을 하고 싶은 학생은 일단 방송국에 들어가 경험을 쌓고 돈도 벌겠다고 한다. 글을 쓰고 싶은 학생은 금융 분야에 취업해 일을 한 뒤 50대쯤부터 꿈을 실현하겠다고 한다. 대학생이 되어 춤의 세계를 접한 뒤 푹 빠져 평생 춤을 추겠다고 결심했고 이를 위해 다니던 학교를 그만두고 다시 대입 시험을 치른 후 전공을 바꿔 우리 학교에 들어왔다는 학생도 만났다.

'인문학 글쓰기'라는 우리 글 놀이판의 제목은 얼핏 현실과 동떨어져 보인다. 대학생들이 피할 수 없이 당면한 삶의 치열함을 외면한 채

한낱 말과 글의 유희에 그친다면 그것이 어떤 의미일까를 한때 나도 고민했다. 하지만 돈벌이 얘기까지도 솔직하게 털어놓는 학생들 덕분에 그 고민은 어느 정도 해결된 것 같다.

07

글 고쳐 쓰기

1. 소셜 네트워크 서비스SNS의 정의를 참고한 부분에 대해 각주를 달아 출처를 밝혔습니다.
2. 본문에서 SNS에서 드러나는 현대인의 심리 중 2(허세의식), 3(개인의 스타화), 4(노출과 관음의 심리)가 겹치는 것 같다는 지적에 따라 2와 3을 통합하고자 하였으나, '허세의식'이 사실은 고독한 현대인의 심리라는 부분을 생각하니, 오히려 2와 3은 다른 범주라는 생각이 들어서 그대로 놔두었습니다. 4에서 '노출'보다는 '관음'에 대한 설명이 주가 되는 것 같아서 4의 제목을 '관음의 심리'로 바꿔보았습니다.
조교님께서는 본문에 하위항목을 없애고 본문을 유기적으로 연결시키는 것이 좋을 것 같다고 조언해주셨지만, 그렇게 하면 글이 한눈에 딱 들어오지 않을 것 같아서 제 의도에 맞게 그대로 놔두었습니다.
3. 결론 부분이 아쉽다는 의견이 많았습니다. 결론 일부를 삭제하고, SNS의 긍정적 부분과 부정적 부분을 각각 강조하여 SNS에 대해 중립적으로 바

라보는 저의 시각을 확고히 하였습니다. 제 자신이 SNS에 대해 중립적인 입장을 고수하고 있기 때문에, 글 속에서 찬반의 입장을 밝혀달라는 많은 분들의 의견을 수정글에 반영할 수 없었습니다. 글의 완성도를 높이기 위해서 거짓 입장을 만들어내는 것은 오히려 제가 제 글을 떳떳하게 느끼지 못하게 만들 것 같았습니다.

| '소셜 네트워크 서비스에서 드러나는 현대인의 심리 — 싸이월드를 중심으로'
수정본에 대한 글쓴이의 수정 사항 설명 |

    글 놀이판에서 학생들이 쓰는 글 세 편은 모두 고쳐 쓰기 과정을 거친다. 자기 글에 붙은 답글, 수업 시간 중의 질의 응답과 토론, 그리고 감상 에세이와 주제 에세이의 경우에는 조교 선생님의 총평까지 참고해 수정본을 만드는 것이다.

    위에 소개한 글쓴이의 설명에서 드러나듯 고쳐 쓴 글에 독자들의 의견을 다 반영할 수는 없다. 독자들 간에 서로 상반된 의견이 나온다는 것도 문제지만 그보다 더 중요하게는 독자의 의견에 글쓴이가 동의하지 못하는 경우가 있기 때문이다. 글쓴이는 자기 글에 대한 여러 독자들의 다양한 반응을 충분히 검토하고 선별적으로 반영하면 된다. 독자들의 조언이 자기 글을 더 좋게 만드는 데 기여하지 못한다고 생각한다면 위의 글쓴이처럼 그 이유를 설명할 수 있다.

    수정본을 언제까지 올릴 것인지는 한 종류의 글 함께 읽기가 끝날 때 학생들과 의논하여 결정한다. 개강 첫 달에 나를 소개하는 글의 함께 읽기가 끝나니 소개글 수정본은 둘째 달에 쓰게 된다. 혹시 둘째 달에 공휴일이 겹쳐 수업을 하지 못하는 때가 있다면 그날을 소개글 수정 및 수정글 답글 달기에 할애한다. 감상 에세이 수정본은 셋째 달, 주제 에세이를 읽는 중에 만들게 되고 주제 에세이 수정본은 학생들의 기말고사가 대충 끝나는 시점으로 마감이 정해진다.

수정본을 올릴 때에는 어디를 어떻게 왜 고쳤는지에 대한 간략한 설명을 덧붙여야 한다. 그래야 나나 다른 학생들이 쉽게 수정 내용을 파악할 수 있다. 글쓴이 자신에게도 생각을 정리할 기회가 될 것이다.

수정본은 또다시 모두에게 공개되어 피드백을 받는다. 독자가 없는 글쓰기는 의미가 없기 때문이다. 다만 수정본에도 다 답글을 달도록 하기는 어려워서 지정독자를 맡았던 글과 관심 있게 읽었던 글을 자유롭게 2~3편 선택하도록 한다. 지정독자는 열심히 읽고 비평했던 본래 글을 잘 기억하고 있으므로 수정본에서 무엇이 얼마나 좋아졌는지 금방 알아봐준다.

몇 년 전까지는 함께 읽기가 진행되는 상황에서 고쳐 쓰기까지 하라고 요구하기가 왠지 미안해서 학기 말에 세 편 글의 수정본을 한꺼번에 올리게 했다. 바쁜 학기 말이므로 수정본에 대한 답글도 생략했다. 그랬더니 학생들은 대충대충 수정본을 만들었다. 아예 수정하지 않고 그냥 올리는 일도 많았다. 세 편을 한꺼번에 고쳐 쓰는 것이 시간적으로도 부담스러운 일일뿐더러 독자가 없는 글이라는 느슨함도 작용했을 것이다. 그래서 결국은 함께 읽기와 이전 글 고쳐 쓰기를 동시에 진행하는, 학생들을 보다 괴롭히는 방향으로 가게 되었다.

고쳐 쓰기는 글쓰기가 한 번 쓰는 것으로, 더 나아가 쓴 글에 대해 질의응답을 하고 토론하는 것으로 끝나지 않음을 알려준다. 글쓴이는 독자들과의 소통을 통해 자기 생각을 조정하고 때로는 바꾼다. 그리고 이를 고쳐 쓴 글에 반영한다. 우리 글 놀이판에서는 고쳐 쓴 글에 대한 독자들의 의견을 다시 한 번 더 듣는 것으로 글쓰기가 일단락되지만 현실에서는 그 과정이 끝없이 반복될 수도 있다. 그 과정에서 글쓴이는 본래의 주장과 견해를 완전히 바꿀지도 모른다. 어차피 첫 번째 글쓰기가 모든 것을 다 알고 고려한 상태에서 이루어지지는 않기 때문이다. 글쓰기와 고쳐 쓰기는 이렇듯 소통을 통해 생각을 발전시키는 과정이다.

✚ 번외판 ― 함께 놀기

우리 글 놀이판에서는 노는 일이 많다. 점심시간에 맞춰 수업이 끝나는 강좌라면 학기 중반쯤부터 점모(점심 모임)가 생긴다. 함께 우르르 식당으로 몰려가 수업 시간에 못다한 이야기를 나누며 떠들썩하게 점심을 먹는 것이다. 날씨가 좋다면 자장면이나 도시락을 배달시켜 야외에서 오순도순 앉아 먹기도 한다.

아예 야외에서 수업을 하는 때도 있다. 학교 꼭대기의 너른 잔디밭인 버들골이 강의실이 된다. 학생들은 야외수업을 퍽이나 낭만적인 경험으로 생각하는지 틈만 나면 "야외 수업 해요!"라고 외치지만 실제로는 여러 선결 조건이 있다. 해가 난다 해도 봄이나 가을의 잔디밭은 춥기 때문에 야외 수업은 날이 충분히 따뜻해야 가능하다. 또 책상 없는 잔디밭에서 글을 뒤적이며 넘겨보기는 어려우므로 계획 발표와 질의응답을 하는 시간이 적당하다. 둥글게 원을 그리고 앉아 한 사람씩 글 계획을 말하고 질문을 받는다. 누군가 매점에 달려가 사온 과자도 집어먹는다. 학생들에게는 낭만적일지 모르겠지만 그리 낭만적이지 못한 선생은 30분만 지나면 엉덩이가 아프고 불편하다. 책걸상 멀쩡히 갖춰진 강의실이 그리워진다.

연주나 연극, 춤 등의 공연을 하게 된 학생이 온라인 강의실의 '하고 싶은 말 쓰는 곳' 게시판에 글을 올려 모두를 초대하기도 한다. 시간 맞는 사람들은 함께 몰려가 즐겁게 구경해준다. 나는 본래 교내 각종 행사나 전시를 챙겨 보는 것으로 문화생활을 해결하는 편인데 아는 학생까지 참여한 행사라면 금상첨화여서 더 재미있게 관람하곤 한다. 스트릿 댄스 동아리 회원 둘이 함께 수업을 들었던 학기에는 글을 통해 스트릿 댄스를 접하고 이후 동아리 공연장에 가서 팝핀이니 클럽프니, 이름조차 생소한 춤들을 생생하게 접해보기도 했다.

한 학기가 막을 내리면 뒤풀이 자리가 마련된다. 술자리이다. 요즘은 저녁을 먹고 2차로 이동하기보다 저녁은 각자 해결하고 아예 처음부터 술집에서 모이는 일이 더 많다. 실험을 끝내느라, 과외 아르바이트를 하느라, 공연 준비를 하느라 늦게 오는 학생들이 합류하기도 쉽고 다른 약속이 있는 학생은 먼저 일어나기도 쉽다. 몇몇 글쓴이들이 주인공이 되어 나머지 독자들과 대화하는 형태인 수업과 달리 뒤풀이에서는 서너 명씩 이야기를 나눌 수 있다. 그래도 학 학기 동안 서로의 글을 읽어준 덕분에 누구와 어울려 앉아도 어색하지 않다. 화제가 말라버리는 일도 드물다.

엠티도 있다. 아예 방 잡고 하룻밤 노는 것이다. 매학기 네 강좌 중 한두 개는 엠티를 가는 것 같다. 엠티라고 하면 예전에는 가평이나 청평 같은 근교로 갔었지만 요즘은 시내 레지던스나 파티 전용 공간에서 엠티를 연다. 오가는 시간도 줄이고 참석자들의 일정 조정에도 유연성을 주기 위해서이다. 방바닥에 둘러앉아 과자며 과일을 집어먹으며 이야기꽃을 피우는 재미가 쏠쏠하다. 사실 학과도 동아리도 아닌, 같은 수업을 들으면서 만난 학생들이 엠티를 간다는 건 흔치 않은 일이다. 2008년인가, 한 학생이 잘 아는 분의 강화도 시골집을 빌릴 수 있다면서 엠티를 제안해 다녀온 것이 처음이었다. 그게 입소문이 났고 묘한 경쟁심리가 발동한 학생들이 "우리도 갑시다!"를 외치기 시작하더니 이제는 학기 첫 시간에 돌아가며 자기소개를 할 때 "엠티도 가는 강좌라고 해서 힘들게 수강신청 했습니다."라거나 "이 강좌에서는 제가 책임지고 엠티를 추진하겠습니다."라고 말하기까지 하는 지경에 이르렀다.

나는 학기 중과 종강 직후까지 열리는 글쓰기 반 모임에는 빠짐없이 참석하려 애쓴다. 술자리나 엠티 역시 글 놀이판의 일부분이라 생각하기 때문이다. 종강 모임은 기말고사가 다 끝난 후, 하지만 계절수업은 아직 시작되지 않은 며칠 사이에 집중된다. 하루에 두 군데를 오가는 일도 많다. 신림동 녹두거리에서 놀다가 바삐 서울대 입구 쪽으로 이동하기도 하고 낙성대에서 모임에 참여하다가 강남역 근처 엠티 장소로 뛰어가기도 한다. 드물게 다음 학기까지 만남이 이어지는 경우도 있지만 대부분은 종강 뒤풀이가 글 놀이판의 마지막을 장식한다. 우리는 그렇게 한 학기 동안 함께 울고 웃었던 시간에 경의를 표하고 글쓰기 공동체의 해체를 기념한다.

점모, 술자리, 엠티 같은 행사를 내가 주관하는 일은 없다. 그건 글 놀이판 참여자 중 한 명이 되는 것으로 역할을 제한한다는 내 나름의 원칙에 어긋난다. 온라인 강의실에 공지를 올려 모임 시간을 정하고 연락을 돌리고 장소를 잡는 수고는 학생 중 한두 명이 맡아준다. 모임이 잡히면 나는 즐겁게 어울리다가 밤 11시쯤 되면 먼저 일어선다. 밤 12시가 되면 졸음을 참지 못하는 내 생활습관 때문이기도 하고(학생들은 이걸 농담 삼아 신데렐라 병이라고 부른다) 학생들끼리 보내는 시간도 확보되어야 한다는 생각 때문이기도 하다. 함께 노는 비용은 다 같이 나눠 낸다. 나는 한 사람 몫에 조금 더 얹어 회비를 내는 정도이지 소위 '쏘지는' 않는다. 이 또한 참여자 중 한 명이 되기 위해서이다.

모여 공부하라는데 엉뚱한 짓만 한다고, 놀려고 모인 게 아니냐고 핀잔주는 사람이 있다면 이렇게 대답하겠다. 사람을 알고 가까워지는 것, 좋아하는 것도 인문학이라고. 서로의 눈물과 웃음을 이해하게 되면 자연스레 함께 놀게 되지 않느냐. 나를 비롯한 모두가 흔쾌히 시간을 내어 강의실 바깥에서 만나 함께 놀고 싶어하는 것, 이 또한 글의 힘이 아니냐고.

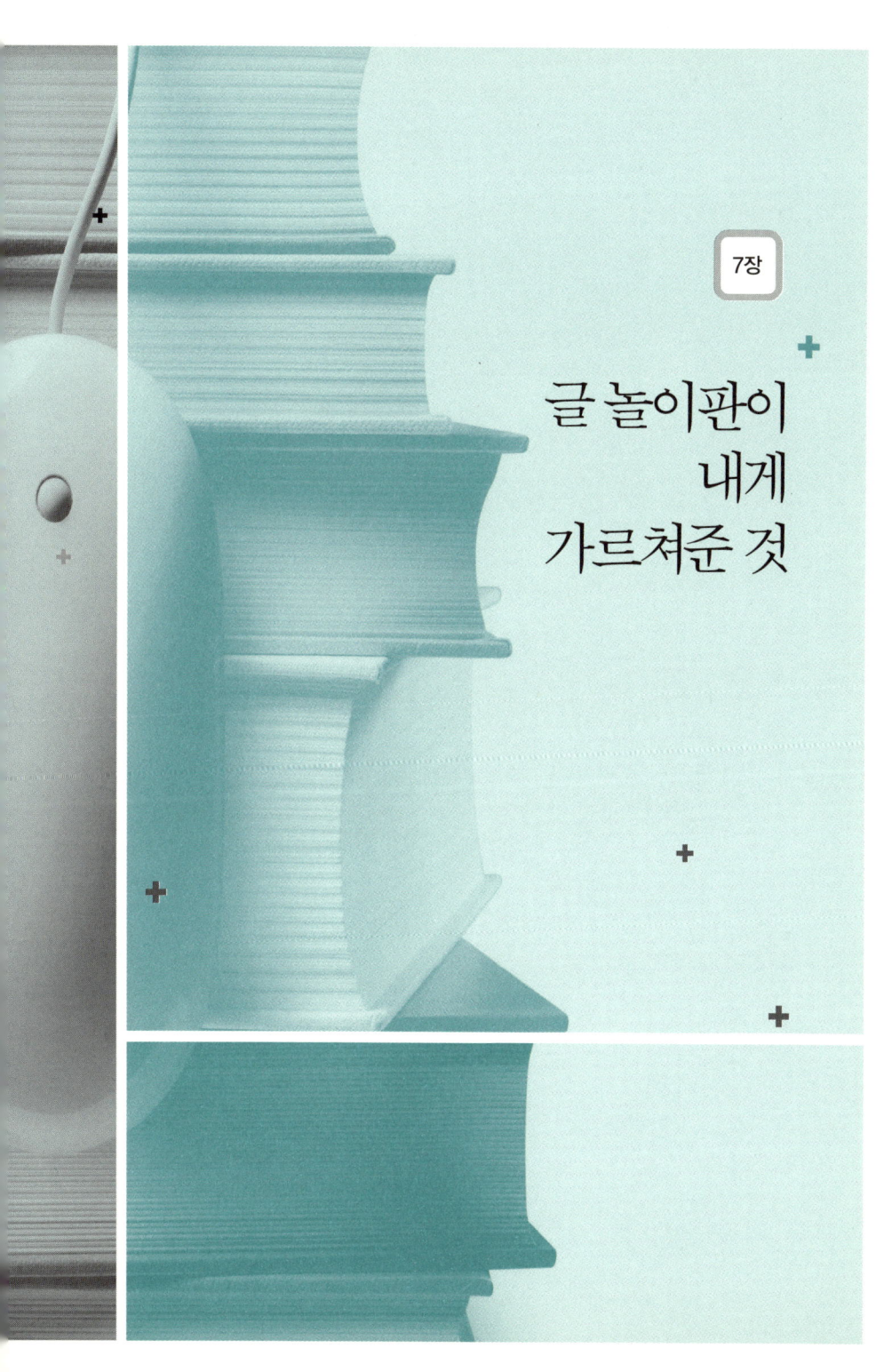

7장

글 놀이판이
내게
가르쳐준 것

01

모든 글은 귀하다

글쓰기 선생을 하면서 내가 가장 크게 배운 것은 글을 존중하는 태도이다. 이제 나는 모든 글이 무수한 고민과 고통의 산물이라는 걸 안다. 그리하여 이 글은 이런 점이 잘못되었고 저 글은 저런 면이 문제라고 쉽게 떠들어대지 못하게 되었다.

어쩌면 이건 글쓰기 선생으로서는 낙제점을 받을 만한 일일 수도 있다. 글의 단점, 개선할 점을 가차 없이 지적하고 해결책을 제시하는 것이 글쓰기 선생의 업이라고 생각한다면 말이다.

그런데 단점이 하나도 없는 글, 또는 장점이 하나도 없는 글이 과연 존재할까? 제아무리 빼어난 글이라도 그 형식이나 내용, 표현 등에서 누군가는 흠을 잡게 마련이다. 구성이 엉성하기 짝이 없는 글도 누군가에게는 영감을 주고 공감을 불러일으킬 수 있다. 같은 글을 바라보는 여러 독자의 기준과 취향이 모두 다르기 때문이다. 결국 100퍼센트 훌륭한 글도, 100퍼센트 쓰레기 글도 없는 셈이다.

　글쓰기 선생을 하다보니 글 순위를 매기는 일도 간혹 해보았다. 우수한 글을 선발해 1, 2, 3등을 가리는 일 말이다. 그때마다 자신이 없었다. 내가 적용하는 선발 기준이 얼마나 객관적이고 설득력 있는지 알 수 없었던 것이다. 여기 더해 심사위원들끼리 기준이 충돌하는 경우도 빈번했다. 논리적 구조를 중시하는 심사위원은 아무리 창의력이 번득이는 글이라 해도 합격점을 주지 않았다. 심사위원마다 서로 다른 글을 1등으로 생각하니 합의에 이르기가 무척 어려웠다. 역설적이게도 그런 선발 심사 경험을 통해 나는 역시 글은 평가하거나 순위를 매기기에 적당하지 않은 대상이라는 생각을 한층 굳혔다.

　여러 대학에서 글쓰기를 담당하는 선생님들과 만나 우리 글쓰기 강좌 운영에 대해 소개하면 어떻게 모범이 되는 좋은 글을 읽지 않느냐며 의아한 표정들을 짓는다. 모범이 되는 글을 읽고 그 장점을 자기 글에 반영하도록 만드는 것이 중요한 글쓰기 교육 방법인가보다. 나는 학생들 서로의 글이 모범이 된다고 생각한다. 표현이 좋은 글에서는 표현을, 짜임이 좋은 글에서는 짜임을, 논리적인 글에서는 논리를, 독창적인 생각이 톡톡 튀는 글에서는 독창성을 배울 수 있다. 표현이나 논리 등 어느 한 부분이 아쉬운 글도 그 나름대로 모범이 된다. 그 부분을 어떻게 보강할 수 있을까 고민하도록 만들기 때문이다. 세상살이에서 만나는 사람 모두가 스승이라고 한다. 살면서 읽게 되는 글 역시 모두가 스승이리라. 자기 글이 존중받는 경험을 한 사람은 남의 글도 존중하게 될 것이다. 그리고 함부로 쓰거나 함부로 깎아내리지 못하게 될 것이다.

02

쓰기와 읽기라는 아름다운 행동

쓰기와 읽기는 소통이기 때문에 아름답다. 말하기와 듣기 또한 소통이지만 쓰기와 읽기를 통한 소통은 그보다 한층 더 깊다. 쓰고 읽을 때는 아무래도 생각을 모으는 시간이 훨씬 더 길기 때문이다.

나는 준비된 글쓰기 선생이 아니었다. 즉 글쓰기 선생이 될 것을 애초부터 염두에 두고 필요한 준비과정을 거치지 못했다. 통번역학 박사과정에서 공부하고 번역 일을 계속하면서 텍스트를 읽는 방법, 분석하는 방법, 한국어로 번역하는 방법에 대해 생각과 고민이 많았지만 글쓰기 선생이 되리라고는 미처 생각지 못했다. 어쩌면 이건 나뿐 아니라 대학에서 일하는 동료 글쓰기 선생님들도 비슷하게 처한 상황인지 모른다. 글쓰기 교육론이나 교육 방법론은 최근까지도 제대로 확립된 전공이 아니었기 때문이다.

그러므로 우연히, 그리고 지금 돌이켜보면 참으로 운 좋게도 글쓰기 선생이 된 이후 내가 진행했던 글쓰기 수업은 일종의 실험이라고 할 수 있다. 앞서 언급했듯 나는 충분한 자율권을 부여받았고 내가 원하는 대로 수업을 설계할 수 있었다. 그리고 그 과정에서 나 역시 학생들과 마찬가지로 글의 힘을, 쓰기와 읽기의 아름다움을 배울 수 있었다.

내 느낌과 생각, 주장을 정리해 성의껏 글로 써내려가는 것, 동료가 쓴 글을 집중하여 읽고 잠시 고개 들어 글쓴이의 감정과 의견을 곱씹어보는 것, 질문과 제언, 이견을 담아 답글을 쓰는 것, 그 답글을 읽으면서 자기 글에 대해 다시 생각하는 것 등은 상대를 이해하는 소통이자 자신과 만나는 소통이다.

매일 만나 얼굴을 보고 이야기를 나누는 사이에서도 쓰기와 읽기는 새로운 소통의 가능성을 열어준다. 돌이켜보면 내 대학시절에도 글쓰기 수업은 아니었지만 글쓰기와 글 읽기, 답글 달기를 통한 소통이 있었다. 대학생이 된 후 나는 고전기타 동아리와 영어회화 동아리에 가입했다. 두 곳 동아리 방 책상에는 똑같이 두툼한 공책이 놓여 있었다. 동아리 방에 들른 사람이면 누구든 글을 남겨놓을 수 있는 공책이었다. 질문도, 신세한탄도, 공지도 뭐든 좋았다. 낙서도 많았다. 그렇게 쓰인 글을 읽은 사람은 거기에 자기 생각을 몇 줄 덧붙여두었다. 답글이었다. 고민을 털어놓은 글에는 위로나 조언의 답글이, 질문에는 답변이, 신세한탄에는 공감이 덧붙었다. 그 공책 덕분에 우리는 서로의 속 얘기를 더 잘 알 수 있었고 더 친해졌다.

그 공책 때문이었는지는 몰라도 남자친구와 연애를 시작한 후 나는

'함께 쓰는 일기장'을 만들기도 했다. 내가 일주일 동안 갖고다니며 일기를 쓰다가 남자친구에게 넘겨주면 남자친구가 다시 일주일 동안 일기를 쓰고 내게 넘겨주는 식이었다. 세상 돌아가는 일에 대한 생각, 경험과 사건, 서로에게 화가 나거나 섭섭했던 일 등을 시시콜콜 적었다. 일주일 만에 일기장을 받으면 상대가 어떤 글을 썼는지 열심히 읽어보고 몇 줄 덧붙여주곤 했다. 그 역시 답글이었다.

　인문학 글쓰기 종강 뒤풀이에서 한 학생이 "연애를 하게 되면 꼭 글을 써보게 해야겠어요!"라고 말한 적이 있다. 나는 남자친구와 함께 썼던 일기장을 떠올리며 수긍했다. 더 깊이 알고 이해하고 공감하는 데 글쓰기와 글 읽기만한 것은 없으니 말이다.

03

삶은 역시 감동적이다

그해 겨울에 어머니는 날 데리고 강원도 단칸방으로 가셨다. 강원도 겨울이면 엄청나게 많은 눈이 내려 집 밖으로 못 나간다. 그걸 아셨던 어머니는 그 집에서 나에게 발성법과 독순술을 가르치셨다. 나는 집 문이 열리지 않기에 도망도 못 가고 그렇게 한 계절 동안 울면서 소리 내는 법을 배워야 했다. 단어의 발음과 단어의 뜻까지 익혀야 했다. 배에서 소리를 내야 했기에 날마다 20킬로그램짜리 쌀가마니를 배 위에 올리면서 소리를 내는 연습을 했다. 거기서 나오는 울음 섞인 비명이 내 최초의 발음이었다. 창문 밖으로 비쳐드는 반짝이는 눈은 날 조롱하는 것만 같았다. 내가 하얀 감옥에 갇혀서 평생 노래를 불러야 하는 형벌을 받은 것마냥 느껴졌다. 발음뿐 아니라 청각장애인은 기본적으로 문장 구조를 배열하는 것에도 어려움을 느낀다. 사람들은 자라면서 소리의 홍수에 둘러싸여 있기에 문장을 배열하는 일을 본능적으로 해낼 수 있다. 그랬다. 비장애인들은 바닷가에 살고 있었으며 그들은 수많은 물을 떠다가 성을 쉬이 만들 수 있었다. 그에 비해 청각장애인인 나는 사막에 있었다. 결국 나는 모래 위에 눈물을 흘리면서 그 눈물로 그 위에다 글을 썼다. 수많은 눈물은 모래를 조금이나마 변화시킬 수 있었다. 지금의 나는 모래성을 쌓아올릴 수 있게 되었고 사람들은 그 모래를 쳐다보면서 그게 성으로 보인다고들 한다. 이렇게 기본적인 활동을 하는 데에도 많은 노력을 기울였는데 '애자'란 욕은 지금까지의 노력을 얼마나 허사로 만드는 단어인가. 만날 시를 외웠다. 만날 문장을 외웠다. 만날 단어를 외웠다. 그런데 그걸 웃음거리로 만들었다.

| 학생의 글 '차라리 바보로 태어나라' 중에서 |

위의 글을 쓴 청각장애인 학생은 우리 글 놀이판에 충분히 참여할 수 없었다. 온라인 강의실은 그나마 괜찮았지만 오프라인 강의실은 문제였다. 누가 언제 입을 여는지 알 수 없는 상황이므로 독순술이 불가능했던 것이다. 옆자리에 앉은 봉사 장학생이 오가는 대화를 노트북에 쳐서 보여준다고 해도 그것만으로는 분위기를 파악하기 어려웠다. 그래도 그 학생은 즐겁게 글을 쓰고 자기 이야기를 솔직히 털어놓았다.

휠체어를 타고 들어오는 학생도 있었다. 강의동 엘리베이터가 고장으로 멈추면 강의실에 올라오지 못한 채 엘리베이터가 고쳐지기만을 하염없이 기다리기도 했다. 어릴 때 축구 선수를 꿈꿨다는 그 학생은 태어나서 처음으로 경기장에서 관전한 축구 시합에 대해 감상 에세이를 썼다. 언젠가 휠체어를 벗어날 날이 온다면 제일 먼저 축구화를 신고 축구장에서 달리고 싶다고 했다.

학생들의 글을 통해 나는 감동적인 삶과 만난다. 장애를 딛고 일어선 삶만 감동적인 것도 아니다. 어느 누가 쓴 글에서든 그 나름대로 삶의 감동이 있다.

우리 각자가 주어진 상황과 조건에서 최선을 다하고 있다는 것, 나는 그것을 발견할 때마다 감동한다. 오늘날 대학생들은 치열한 학점 경쟁, 경제적 어려움, 미래의 불안에 시달리지만 그럼에도 좋아하는 일을 찾고 열중한다. 꿈을 실현할 방법을 모색한다. 더 나은 세상이 무엇일지 생각한다. 무한경쟁 사회를 비판하기도 하고 학생공동체가 제대로 기능하도록 만들 방법을 찾으려 머리를 싸매기도 한다.

지금의 대학생들도 예전 내가 대학생이던 때처럼 연애를 하고 공부를 하고 또 인생을 어떻게 살아야 할지 고민한다. 그렇게 세상은 돌고 도는 모양이다. 세대마다 사는 겉모습이나 처한 조건은 조금씩 달라진다 해도 머릿속 생각은 같은 흐름이다. 그때나 지금이나 대학생은 청소년기에 주입받았던 것과는 다른 생각을 해볼 자유를 누린다. 그 다른 생각을 거쳐 결국 주입받았던 사고로 되돌아갈 수도 있다. 1980년대에 민주화 운동, 노동 운동에 앞장섰던 이들이 나중에는 신랄하게 비판하던 바로 그 모습으로 사는 것을 보면서 허탈해하던 때가 있었다. 하지만 이제는 그래도 괜찮다고 생각한다. 다른 생각, 다른 믿음을 가져보았다는 것만으로도 가치가 있다. 서로 다른 시대를 사는 사람들이 결국은 비슷한 단계를 거치며 살고 성장한다는 깨달음, 이것 또한 감동적이다.

04

내 폭 좁은 인생

학생들보다 20여 년을 더 산 선생이라고 하면 훨씬 더 많은 것을 경험하고 더 아는 존재여야 할 것 같은데 정작 학생들의 글을 읽다보면 나는 경험도, 생각도 참 짧은 존재임을 깨닫게 된다.

    나는 큰 고통이나 굴곡 없이 지금껏 살아왔다. 대입 재수도 안 했고, 등록금 마련하느라 피눈물 흘려보지도 않았고, 서울 출신인 탓에 자취방 구하러 이리저리 뛰어다녀본 일도 없다. 여행 경험도, 취미생활의 경험도 학생들보다 적다.
    심지어 자기 주장과 견해라는 측면에서까지도 나을 것이 없다. 무엇이 옳은 방향이고 어떻게 살아야 하는가 하는 문제 앞에서는 대학 시절에도 확고할 수 없더니 지금은 더더욱 불분명하다. 그래서 꼬리를 물고 등장하는 사회적 논쟁거리들과 마주해서도 이쪽 얘기를 들으면 그 말이 맞는 것 같고 저쪽 주장을 들으면 또 그게 맞는 것 같다는 생각을 한다. 아니, 살기 바쁘다는 핑계로 그 양쪽의 의견을 제대로 알아보는 일조차 게을리 한다. 그러니 나만의 주장과 견해를 세우기는 더 어려울 수밖에 없다.

　내가 좀더 심한 경우이겠지만 어쩌면 누구나 폭 좁은 삶을 사는지 모른다. 한 사람이 거치는 경험의 폭과 깊이는 하는 일에 따라, 만나는 사람들에 따라 어차피 한정되는 것이 아닐까. 그러면서도 나이를 먹어가면서 아는 만큼이 삶의 전부라고, 세상의 전부라고 착각하는 것은 아닐까. 자기가 중요하다고 생각하지 않는 것은 하나같이 중요하지 않은 일이라고 치부해버리면서 말이다.

　학생들의 글은 그렇게 내 삶이 폭 좁고 편협한 것이었음을 알려준다. 그리고 온갖 간접 경험을 통해 조금이나마 내 삶의 폭과 깊이가 넓어지도록 돕는다. 채찍과 당근을 동시에 준다고나 할까.

　이렇게 경험과 생각의 폭이 좁은 선생이다보니 선생의 권위는 애초부터 포기할 수밖에 없었는지도 모른다. 스스로 선생 자격이 있는가 하는 회의도 간혹 들지만 선생에는 다양한 종류가 있다고, 나처럼 그저 멍석만 까는 선생도 존재할 의미는 있는 것이라고 애써 생각한다.

05

선생 역시 학생이다

"가르치는 일을 직업으로 삼을 수 있다는 건 크나큰 축복입니다. 가르치면서 더 많이 배울 수 있기 때문입니다." 어느 선생님께서 해주신 말씀이 기억에 남아 있다. 그 말씀은 아마도 본래 잘 알고 있던 전공 분야의 지식이라해도 가르치면서 더 깊이 생각하고 배우게 된다는 뜻이었을 것이다.

내가 맡은 인문학 글쓰기는 전공 지식을 전달하기 위한 수업이 아니지만 나 또한 가르치면서 더 많이 배운다는 말에 십분 공감한다. 내가 몰랐던 삶과 세상의 여러 부분을 학생들의 글을 통해 말 그대로 배우고 있기 때문이다.

나는 세상살이가 곧 공부라고 생각한다. 우리는 죽을 때까지 세상을 배우다가 떠나는 것이리라. 다 배웠다고 생각하는 순간 어느새 세상은 다시 새로워져 있고 또 다른 공부거리를 던져준다. 글쓰기 선생이 된 것, 학생들의 글을 열심히 읽는 것으로 밥벌이를 하게 된 것은 그 세상 공부를 한층 더 풍부하게 만들어주었다.

학생들 앞에서 내가 87학번이라고 소개하면 모두들 눈이 휘둥그레 커진다. 자기들이 태어나기도 전인 그때에도 대학생이라는 게 있었나 하는 표정이다. 나도 예전에는 그랬다. 10년은커녕 3~4년 위인 선배만 봐도 나와는 다른 세상에 사는 것 같았다. 하지만 살다보니 그게 아니었다. 지금의 나도, 20대 학생들도, 더 나아가 60대 인생 선배님들도 삶을 고민하고 배워나가는 것은 똑같다. 우리 모두가 동료 학생들이다.

8장

학생들의 글

인문학 글쓰기 강좌에서 글쓰기보다 오히려 더 많이 이루어지는 것이 글 읽기이다. 서로의 글을 읽고 내가 따라하고 싶은 좋은 부분, 나라면 다르게 썼을 것 같은 아쉬운 부분을 찾아보는 것, 그리고 내가 다음에 글을 쓰게 될 때 그 기억을 떠올리며 참고하는 것이 더 좋은 글을 쓰는 지름길이라 생각하기 때문이다.

이 책을 읽는 여러분에게도 그러한 글 읽기 경험을 선사하기 위해 여기 학생들이 쓴 글을 몇 편 모아보았다. 나를 소개하는 글 네 편, 감상 에세이 세 편, 주제 에세이 네 편이다. 2010년과 2011년에 내가 운영했던 강좌에서 나온 글들이고 온라인 및 강의실 토론을 거쳐 수정된 상태이다.

여기 공개된 글이 "뭐, 잘 썼군." 정도의 반응을 이끌어내는 데 그치지 않으면 좋겠다. 함께 읽기의 즐거움과 감동을 체험할 수 있길 바란다. 펜을 들고 좋았던 부분에 줄도 긋고 더 고쳤으면 하는 문장이나 표현에 대해 대안도 생각해주었으면 한다. "아, 나도 내 삶에 대해, 내 경험에 대해 글을 써야겠다."라고 중얼거리면서 공책을 펼친다면 더욱 반가울 것이다.

글 사용을 허락해준 학생들에게 고맙다는 인사를 전한다. 그리고 역시 글 사용을 허락해주었지만, 여기 싣지 못한 수많은 글의 글쓴이들에게는 미안하고 또 고맙다.

나를 소개하는 글

01 25세의 나

02 먹을 것에 관한 단상

03 철없는 스틸러스, 글을 시작하다

04 나의 뇌구조 탐구

01 25세의 나

경쟁과 고뇌 속에서 찾은 '자신'

소비자아동학부 06학번

많은 사람들이 자신을 소개할 때 범하는 잘못이 있다. 지난날을 회고하는 과정에서, 잘못된 행동을 애써 합리화하려 하고 별로 의도 없이 한 행동에 거창한 의미를 부여하는 것이다. 극단적으로 말하자면 이런 종류의 글은 모두 얼마간 자기 미화의 굴레에서 자유로울 수가 없다. 하지만 그것을 염려하여 자서전을 객관적인 사실로만 나열한다면 그것은 자서전과 이력서를 혼동함에 지나지 않을 것이다. 필자는 위와 같은 점을 직시하여 앞으로의 서술에 있어서 사실과 개인적인 의미 부여를 구분하기로 하였다. 따라서 앞 문단은 객관적인 기록이나 주위 사람의 진술에 의하여 뒷받침되는 사실로 작성하였고, 이어서 뒤 문단에 해당 사건에 대한 개인적인 평가를 담았다. 이로써 독자는 객관적인 사실을 먼저 읽고, 필자의 주관적인 해석이 타당한지 아니면 합리화, 정당화를 하고 있는지 나름의 판단을 내릴 수 있을 것이다.

★ 독자의 편의를 위해 개인적인 평가 부분은 다른 색으로 표시하였다.

나에게는 정확히 일년 하고도 8일 차이가 나는 형이 있다. 우리 형제가 갓난아기일 때 어머니는 항상 두 아들을 나란히 눕혀서 우유를 먹였다. 그때 형은 매일 밤마다 칭얼대며 부모님을 힘들게 했었다. 반면에 나는 대부분의 시간을 쌕쌕거리며 자거나 아니면 젖병을 빨아대는 것으로 보냈는데, 특히 젖병을 빨 때 꿀꺽꿀꺽 우유를 삼키는 소리가 크게 들릴 만큼 아주 건강한 모습을 보였다고 한다. 재미있는 점은 젖병 한 병을 다 먹고 나면 항상 젖병을 옆으로 던지며 더 달라고 울음을 터뜨렸다고 하는데 막상 우유를 한 병 더 물려주면 10분의 1도 채 안 먹고 잠이 들었다는 것이다.

위 사례는 아주 어린 시절부터 가지고 있었던 나의 경쟁심리를 보여준다. 형은 태어나자마자 몸이 약해서 인큐베이터 신세를 졌다. 어머니는 형을 돌보느라 고생을 많이 하셨고 이에 내가 우유를 잘 먹으면 항상 칭찬을 해주셨다고 한다. 이를 인지한 나는 어머니로부터 주목을 받고 칭찬을 얻기 위해 배가 충분히 부름에도 불구하고 우유를 더 달라고 울었던 것 같다. 임상심리학자 프랭크 설로웨이Frank Sulloway는 형제는 출생 순서에 따라 각기 다른 성장 전략을 꾀한다고 주장하였는데, 둘째는 출생 때부터 존재한 필생의 라이벌인 형을 이기기 위해서 실험적이고experimental, 모험적인adventurous 전략을 택하는 경우가 많다고 설명하였다. 위 설명은 이후 내가 다른 이에게 보였던 경쟁심을 볼 때 충분한 설득력을 가진다.

초등학교 4학년 때 학교 선생님의 권유로 육상을 시작하였다. 그리고 울산광역시 육상대회 100미터, 200미터, 400미터 부문에서 1등을 하여 대회 MVP를 수상하였다. 이 때문에 나는 평범한 초등학교 생활을 보내지 못했는데, 거의 매년 울산광역시 선수단에서 합숙훈련을 하였던 것이 주된 이유였다. 그렇게 초등학교 시절을 보내면서 5학년과 6학년 때 맞이하였던 육상대회 역시 100미터, 200미터, 400미터 부문에서 1등을 하며 MVP를 수상하였다.

  이 시절을 반추해보면 형을 대상으로 하였던 경쟁심이 주변 사람들에게로 확대된 것을 확인할 수 있다. 당시 나는 스타트에 약점을 가지고 있었다. 이에 매일 늦게까지 남아서 스타트 연습에 몰두하였는데 친구들은 매일 혼자 달리기 연습을 하는 내게 바람돌이 쏘닉이라는 별명을 붙여주었다. 중요한 것은 운동을 하면서 한 번도 즐겁다고 생각해본 적이 없었다는 것이다. 내가 원했던 보상은 1등을 하고 난 뒤 수여되는 메달과 트로피, 그리고 무엇보다도 학교 선생님들과 부모님의 칭찬이었다. 더 솔직해지자면, 1등을 놓치는 것에 대한 두려움이 가장 강력한 동기였다.

  초등학교에서 중학교로 진학하는 과정에서 집안에 많은 잡음이 있었다. 경상남도의 유명 야구부, 축구부에서 집으로 찾아와 본격적으로 운동을 시작할 것을 권유하였다. 이때 메이저리그의 박찬호 선수가 한창 주가를 올리던 시절이라 어머니는 운동선수에 대해 환상을 가지고 있었던 반면, 아버지는 부정적인 입장을 보이셨다. 나는 그제야 육상이 즐거웠던 적이 한 번도 없었다고 부모님께 털어놓았고 결국 집 근처의 중학교로 진학하였다. 그후 공부에 대한 기초가 전혀 없던 나는 학업에 어려움을 겪었고 석차가 공개되는 성적표, 그리고 성적 우수자를 복도에 게시하던 학교의 전통은 나에게 극심한 압박감과 수치심을 주었다.

처음에는 형편없는 성적표를 친구 몰래 서랍 속에 숨기듯, 단지 공부를 못한다는 사실을 다른 사람에게 감추고 싶었다. 그 후 나는 '왜 재미도 없었던 운동으로 시간을 낭비했나.'라는 후회와 고뇌를 시작하였고 곧 그 고뇌는 '운동도 못하는 약골들한테 질 수 없다'는 또 다른 경쟁심을 낳았다. 운동에 국한되었던 경쟁심이 공부로 확장된 것이다.

중고등학교 시절 나는 점심시간, 저녁시간, 딱 2번 책상에서 일어나는 것으로 유명하였다. 주말, 휴일을 가리지 않고 아버지가 공부를 하시는 커다란 책상에 앉아서 남들은 초등학교 때 배웠을 공부의 기초를 다졌다. 노력은 결실을 맺어서, 나는 중학교 3학년 때부터 만족할 만한 성적을 거두었고 그 성적을 고등학교 3학년 때까지 유지하였다.

이 시절 역시 나를 그렇게 독하게 만들 수 있었던 것은 경쟁심이었다. 일례로 중학교 때 나보다 공부를 잘했던 친구와 그의 어머니가 은연중에 나를 무시하는 말을 자주 하였는데 나는 공부가 지겨워질 때마다 그 친구의 얼굴을 상상하였다. 이후 내가 계속하여 좋은 성적을 받자 그 친구의 어머니가 우리 집에 전화해서 "○○이 정말 대단하다"

고 칭찬을 하셨는데, 그 소식을 전해듣고 느꼈던 달콤한 성취감을 나는 아직도 생생하게 기억하고 있다.

하지만 나는 대학수학능력시험에서 매우 실망스러운 점수를 받았고 결국 재수를 하게 되었다. 그때는 심적으로 매우 외롭고 고통스러운 시기였는데, 중고등학교 때 너무 독하게 공부만 해서인지 주변에 마음을 털어놓고 의지할 친구가 남아 있지 않았다. 다행히 재수를 하며 사귄 친구들과 서로 위로를 하며 공부에 열중하였고 다음 대학수학능력시험에서 만족할 만한 성적을 거두어 서울대학교 소비자아동학부에 입학하였다.

결과는 좋았지만 중학교, 고등학교 6년의 시간 동안 마음을 터놓을 친구를 만들지 못했다는 것은 큰 충격이었다. 나는 너무 친구들을 경쟁자로만 본 것이 아닌지, 그런 내가 비인간적인 사람으로 비추어진 것은 아닌지 고민하였고 후회하였다. 그리고 내가 지금 이룬 것이 속이 텅 빈 성공에 불과하다는 것을 깨달았고 인간관계를 보는 시각에 있어서 변화가 필요하다는 것을 인식하였다. 그때 강한 자아를 조금 누르고 다른 사람에 맞추어 더불어 살아가야 한다는 교훈을 얻었다.

대학생활에서 나는 몇몇 친한 친구를 만들었고, 수차례 연애도 해 보았다. 갈 수 있는 모임은 빠지지 않고 나갔고 친한 친구들과 여자친구에게 충실했다. 하지만 학업에는 충실하지 못해 성적은 좋지 않았고 나를 가득 채우고 있던 경쟁심과 승부욕도 사라져갔다.

하루아침에 사람이 바뀔 수는 없겠지만 나는 비교적 대학생활에 쉽게 적응했다. 서울대학교에 들어왔다는 사실로 나는 목표를 상실하였고 이로 인해 더 이상 내 주변에 경쟁자는 없었다. 공부를 해야 한다는 동기는 희미해졌고 주변의 유흥거리는 넘쳐났다. 무언가를 반드시 해내고 말겠다, 저 사람을 반드시 꺾고 말겠다는 승부욕은 사라지고 "이 정도면 잘한 거야."와 같이 변명을 하는 일이 늘어났다. 하지만 사실 입대하기 전까지의 생활이 실제로 즐겁지만은 않았다. 늘 나 자신이 사라진 것 같다는 생각이 들었고 언제나 마음 한 구석에는 막연한 불안감이 자리잡고 있었다.

2학년 1학기를 마치고 군대에 입대하였다. 1년 11개월 간의 복무 후 제대를 하였다. 제대 후 수첩의 일정이 빡빡해지도록 계획을 짰다. 끊임없는 채찍질은 좋은 성적으로 보답하였고 몇몇 부수적인 목표도 달성하게 해주었다. 그렇게 1년 3개월 동인 빡빡한 생활을 보냈다. 하지만 바쁜 삶을 보냈음에도 불구하고 중고등학교 시절과 달리 내 옆엔 여전히 대학시절에 얻은 친한 친구들이 남아있다.

군대에서 얻은 가장 큰 수확은 목표를 향해 노력하고 있을 때, 마음이 편안해진다는 것을 깨달은 것이다. 사법고시를 잠깐 준비하다 그 시험이 폐지된다는 소식을 듣고 별 생각 없이 들어간 군대에서 나는 미래에 대한 불안감에 시달렸고 그것을 순간에 충실함으로써 극복하는 방법을 터득하였다. 이때 중학교, 고등학교 학창시절에 보여왔던 내 성실한 일상과 제대 후의 내 모습은 큰 차이가 있었는데, 바로 경쟁심을 느끼는 대상에 변화가 생겼다는 것이다. 학창시절에는 나보다 뛰어나거나 비슷한 사람을 경쟁 상대로 여기고 그들을 이기기 위해 노력했던 것에 반하여, 이번에는 나태한 나 자신을 경쟁상대로 여길 수 있게 되었다.

이러한 변화에는 시험을 치면 성적이 등수대로 나열되던 고등학교와, 등수는 알 수 없고 A, B, C로 등급이 나오는 대학교의 성적 산출 방식의 차이도 한 몫을 한 듯싶다. 나는 중고등학교 때 시험이 끝나면 각 과목별로 나보다 뛰어난 친구를 찾아내 경쟁심을 불태우는 등 집착에 가까운 경쟁심을 보이곤 했었다. 하지만 대학에서의 성적은 '정말 열심히 했다'고 인정할 수 있을 때만 나에게 좋은 성적으로 보답해 주었다. 물론 등수는 알 수 없었다. 하지만 이보다 더 강력하며 지속력이 있었던 동인은 좋은 대학만 보고 필사적으로 공부를 하던 모습에서, 나태한 자신에게 화를 내고 강해지는 자신을 자랑스러워하며 노력하는 것, 즉 자신의 존재감을 느끼기 위해 최선을 다하는 방법을 터득하였다는 것이다. 그리고 이것은 비단 학업 성적에만 적용되는 것이 아니라 부모님과의 관계, 친구와의 관계, 그외의 삶을 대하는 자세를 건전하게 한다는 점에서 더욱 가치가 있다. 나쁜 결과를 상황이나, 주변 사람의 탓으로 돌리기보다는 자기 자신으로부터 그 원인을 찾으려하고, 그 과정에서 자신의 지난 상처와 그 아문 흔적을 보듬어 자신을 더욱 사랑할 수 있게 된다는 점에서 그렇다.

25년이라는 세월 속에 자신을 돌이켜보면, 남들이 가지고 싶어하는 재능을 가졌던 반면, 대부분의 사람들이 가지고 의지하는 것을 잃은 채 살았다. 어쩌면 남다른 경쟁의식의 대가가 그것이었는지도 모른다. 하지만 끊임없이 내 문제점을 고뇌하였고 문제점을 찾아 고치려고 노력하였다. 이에 늦깎이로 친구 사귀는 법을 배웠고 그만큼 곁에 있는 사람을 소중히 생각하게 되었다. 그리고 스스로와의 경쟁 속에서 자기 자신을 찾는 법을 배웠다. 이렇게 찾은 '자신'이 25년 간의 세월 동안 배운 핵심이다.

02 먹을 것에 관한 단상

사회과학계열 10학번

달그락달그락, 지글지글, 보글보글, 치이익…….
우리 집에서는 식사 시간이면 언제나 음식하는 소리와 냄새가 난다. 아침을 깨우는 소리도 엄마의 도마질하는 소리와 된장찌개 냄새였고, 학교시절 저녁에 집에 들어갔을 때 나를 먼저 맞아주는 것도 이 소리와 냄새들이었다. 밥심이 최고라고 여겼던 우리 엄마의 철학 덕분에 지금까지 아침에 밥이 차려져 있지 않은 적은 한 번도 없었고, 요리에 관한 엄마의 호기심 덕분에 나는 다양한 음식을 맛보고 또 요리할 기회도 있었다. 아버지 또한 대단한 미식가이셔서 여행을 다닐 때면 그 지역의 전통음식들을 사먹고 특이한 요리들은 언제나 먹어봤다. 이러한 부모님의 먹을 것에 대한 각별한(?) 사랑 탓인지 나에게 음식은 인생의 큰 부분을 이루고 있다.
나는 음식을 다른 무엇보다도 좋아한다. 우선, 음식은 나에게 있어 스트레스 해소제일 뿐 아니라 인생의 활력소이고 영양제이다. 맛있는 요리를 입에 넣고 씹을 때 재료들 각각이 어우러져 맛을 이뤄낼 때 희열을 느낄 정도로, 맛있는 음식은 나에게는 언제나 감동 그 이상의 무언가를 제공해주는, 엔돌핀 생성제였다. 고등학교 때 스트레스를 해소하는 최고의 방법도 다양한 음식으로 미각을 자극하여주는 것이었다. 시험이 끝나고 친구들이랑 노래방을 가거나 쇼핑을 가는 것보다는, 그날 하루는 학교 급식 말고 밖으로 나가 학교 근처에 있는 맛있는 음식을 먹고 기분전환을 하고 돌아와 다시 공부를 했다. 고등학교 때 가장 맛있어했던 분식은 버섯칼국수였다. 여의도에 위치한 학교라 주변에 직장인을 위한, 가격에 비해 맛있는 식당이 여럿 있었는데, 버섯칼국수집도 그중 하나였다. 기분이 꿀꿀할 때면 야자를 땡땡이 치고 뛰쳐나와 칼칼한 칼국수를 먹고 거기에 밥을 볶아먹고, 후식으로 아이스크림 하나를 입에 물고 걸어갈 때, 다시 공부할 맛이 생기는 그런 시간이었다. 비 내리는 우중충한 날에는 우울해서 외식(?)하고, 햇빛 쨍쨍한 날에는 날씨 좋은데 나가 놀지 못해 우울해서 또 외식하고, 그 한 끼의 쾌락으로 풀어져서 다시 학교로 기어들어 갈 수 있었던, 먹을 것은 거의 유일한 스트레스 해소구였다.

대학에 들어와서는 만들어진 음식을 즐기는 것 말고도 내가 직접 요리를 하는 데 재미를 붙이게 되었다. 요리란 생각보다 단순했지만, 생각보다 어려웠다. 레시피를 언제나 그대로 따라할 필요는 없었다. 요리란 내가 넣고 싶은 것을 넣고, 간 보고 이상하면 다시 양념을 이것저것 넣어보면서 맛을 만들어가는 과정이었다. 하나의 레시피가 존재할 것이라고 믿었던 나에게 요리는 다른 길을 가는 방법을 가르쳐주었다. 또한 요리는 생각보다 작은 재료의 차이, 불 세기의 차이, 요리 시간의 차이에 따라 그 맛이 매우 다르게 나타나서, 처음에는 멋모르고 엄청난 변화를 추구했던 나의 음식들은 거의 매일 무언가 잘못되었다. 거의 폭탄 맞은 수준! 예를 들어 단순한 파스타도 토마토, 크림 등 소스에 따라 구분될 뿐 아니라 들어가는 재료에 따라 맛이 확 달라진다. 그리고 어떤 순서로 넣느냐, 어느 정도의 시간 동안 요리하느냐에 따라서도 맛이 달라진다. 토마토 파스타의 경우 조금만 조리하면 산뜻하고 토마토의 약간 시큼한 맛이 더 느껴지는 반면 뭉근하게 오래 끓이면 토마토 고유의 맛이 줄어들고 마늘과 양파, 그리고 다른 재료의 맛이 더 난다. 각각으로는 단순한 맛밖에 나지 않던 재료들이 볶고 지지고 굽는 과정을 통해 서로 합쳐져 하나를 이룬다는 것, 그 조화로움은 나에게 언제나 감명을 주었다.

음식은 또한 나에게 새로운 것에 대한 노출의 기회를 주었다. 아버지가 해운업에 종사하셔서 외국을 자주 나갈 기회가 있었는데, 그때마다 대부분의 여정이 식도락이 되어버렸다. 여행을 자주 다니면서 그 지역의 전통음식을 맛볼 때, 때로는 정말 이상하게 보이는 음식들이 있다. 제비집, 개구리, 전갈 등등 그 재료부터 무시무시한 것들이나 굽지도 않은 생生요리들을 접할 때마다 그것을 하나하나 시도(?)해 보면서 얻는 신선한 충격이나 즐거움은 여행의 가장 큰 묘미였다. 처음 중국에 갔을 때가 4학년이었는데, 아버지가 이상한 음식이 나오는 집에 데려가셔서 거무스름한 튀김을 먹어보라고, 맛있다면서 건네셨다. 처음에 정말 뭐가 뭔지 모르고 씹고 있는데, 앞에서 아버지가 나지막이 "그거 전갈이야." 말씀하시던 순간 정말 토하는 줄 알았다. 남들 앞이라 뱉지도 못하고 그냥 씹는데, 좀 지나고 나니 그냥 그런 맛이었다. 딱딱하기도 하고 기름 냄새가 나기도 하는 뭔가 그냥 짭잘한 듯한 그런 맛. 전갈 먹어본 뒤로는 내가 자처해서 다른 것도 먹어보고, 프랑스 가서 남들은 달팽이 징그럽다고 못 먹는다고 손 놓고 있을 때 양념이 잘 되었다며 옆에서 쩝쩝거리다가 야만인 취급받기도 하였다. 그후로는 새로운 것이 있으면 시도해봐야 직성이 풀린다. 아기들이 뭔가 새로운 물건이 있으면 입으로 가져가서 빨기부터 하듯이, 음식이 있으면 먹어보고 마는, 그런 도전정신(?)이 지금 돌아보면 소심하던 나에게 약간의 진취성을 주지 않았나 하는 생각이 든다(그래도 아직 바퀴벌레는 정말…… 못 먹겠다).

"다 먹고 살자고 하는 짓이다." 다른 사람들이(특히 나를 잘 아는 주위 지인들) 너는 뭐 그렇게 음식에 집착하냐고 놀릴 때마다 하는 말이다. '내가 지금 뭘 하고 있지.'라며 힘들어할 때에 음식은 기분 전환제였다. 마치 누군가와 헤어지고 나면 여자들이 머리를 바꾸듯이, 우울하면 맛있는 걸로 꿀꿀한 기분을 달래는, 음식에 살고 음식에 죽던 한 사람이다. 또한, 음식도 요리도 사람 사는 것의 한 단면을 보여주는 것 같다. 난 음식을 먹거나 요리하면서 나도 모르는 새에 하나하나 뭔가를 배웠고, 그것이 쌓이고 쌓여 나중에는 더 큰 가르침으로 나타나길 상상해본다.

오늘 저녁에는 또 뭘 먹을까.

03 철없는 스틸러스, 글을 시작하다

인문계열2 06학번

　나를 돌아보는 일은 정말이지 오랜만에 하는 것 같다. 눈 깜짝할 새에 코 베가는 한양 땅에서 수학하는 20대 젊은이들의 공통점이 아닐까 싶다. 배가 어디로 가는지도 모르면서, 혹시 다른 이들에 뒤처질세라 허리가 끊어져라 노질만 반복하는 어리석음은 아닐까 하는 두려움이 문득 팔을 잡아붙들긴 하지만, 이내 곧 다시 노질을 반복하는 요즘이다. 이게 다 부질없는 짓이면 어떡하지. 부단하던 팔과 어깨가 흠칫 놀라겠다.

　'지피지기면 백전백승이다', '너 자신을 알라' 는 식의 진부한 격언들이 수천년 동안 인류 후세들에게 이야기하였듯이, 나를 돌아보아 잘 아는 일은 중요하고 그만큼 존재에게 힘을 부여하는 모양이다. 백전백승이라지 않는가. 평소에 나를 소개하라 하면, 오래도록 몸에 붙은 '세 살 버릇'처럼 "공육학번 ○○학과 ○○○입니다"라고 소개하고 자리에 다시 앉는 일이 많았다. 그런데 이번 인문학 글쓰기 시간에 나를 소개하는 글을 쓰라는 임무 아닌 임무를 주시니, '백전백승의 힘이 내게도 혹시 오지 않을까' 하는 막연한 기대와 함께 나를 소개해 보겠다.

나는 1986년생 호랑이띠다. 생일은 10월 2일. 어려서부터 10월 1일 국군의 날과 10월 3일 개천절 사이에 끼어 있는 나의 생일이 무척 좋았다. 예전에는 국군의 날도 빨간 날이라 10월이 되면 적어도 3일 간은 내게 행복의 연휴였다. 나이가 들어 뒤늦게 안 사실이지만 10월 2일은 '노인의 날'이라고 했다. 그 때문인지 아님 인생의 무게 때문인지, 중학교 어느 때부터인가 나의 이마에는 내 천川자가 그려져 있다. 슬프다. 이런게 숙명이라는 것일까. 친구에게 주워들은 말인데, 사람들에겐 날 때부터 타고난 명命과 스스로 살아가면서 부딪히고 마주하게 되는 운運이 합쳐져 그 사람의 운명이 이루어진단다. 명이 노인의 날 태생이라면, 운으로 최대한 cover-up하기 위해 갖은 노력을 하는 중이다. 어제는 여자친구와 난생 처음으로 피부관리를 받으러 다녀왔다. 동안 소리 들을 날이 멀지 않았다.

　나의 고향은 포항시 남구, 한반도를 호랑이라고 보았을 때 호랑이 꼬리가 시작되는 척추 끝자락 정도에 위치한 곳이다(참고로 호미虎尾가 꺾어지는 곳은 '호미곶' 구룡포라고 겨울철 영양만점 안주 과메기의 산지이다). 다들 쉽게 포항하면 POSCO를 떠올린다. 예전 이름은 포항제철. 누군가 나의 이력서를 죽 내려가며 읽는다면, 굳이 나의 고향이 어디냐며 물을 필요가 없을 거 같다. 포항은 내게 Home, sweet home 그 자체이며, POSCO는 내게 은혜로운 기업이다. 포항제철지곡초등학교, 포항제철중학교, 포항제철고등학교를 졸업했고, 군대도 포항에서 보내기 위해 해병대에 지원하였으나, 포항 해병 1사단에 배치받는 데에는 실패해, 꽃 피고 눈 '안' 내리는 진해 육상경비대에서 해병海兵

1043기期로 2년 만기 전역했다. 물론 눈 치우는 고생은 한껏 덜었겠지만, 일생의 옥의 티라 하겠다. 포항에 못 갈 줄 알았더라면, 해병에 자원하는 일은 없었을 텐데……. 자랑스러운 해병대이지만 가끔 생각해보면 후회가 들긴 한다. 하하.

재수학원 다닐 때, 친구들이 한번은 내 출신학교들을 듣고는 "니가 포항 스틸러스냐?"고 농담을 한 적이 있다. 그 때문이었을까. 지금 난 진짜 스틸러스다. 내 왼쪽 다리에는 30센티가 훌쩍 넘는 철 구조물이 들어 있다. 수술한 지 일년도 더 지났건만 아직도 이물감이 있다. '철심'이 내 왼 다리로 들어오게 된 사연은 이렇다. 전역하고 나서 미식축구부 활동을 열심히 하였다. 부산서 해양대학교와의 전국대회 12강전을 마치고 서울로 돌아온 날 밤, '만취 in melody'에 정신줄을 놓았는지 씽씽 달리는 12인승 승합차 스타렉스랑 태클•을 했다. 한 발만 더 앞섰으면 스물넷에 묘비 세울 뻔했으나, 갓 블레스 미, 가까스로 목숨부지 병원 신세를 졌다. 다시 태어난 기분이라 하느님께 감사드리긴 했지만, 좋아하는 운동을 못하고 지내는 지도 일년이 넘어가니 몸이 근질근질하다. 스틸러스 그만하고 싶다.

사고 이야기 하니 생각나는데, MBTI로 정확히 진단받은 건 아니지만 내 성격은 ENTP Extraversion, Intuition, Thinking, Perceiving 인 것 같다. 친구들과도 가끔 이야기해 내린 추측인데 대충 잘 들어맞는 것 같다. 내 성격의 취약요소는 경험한 다음에 이해하는 '단순 멍청함'에 있다. 좌

• 미식축구에서, 공을 가진 공격수를 저지하기 위하여 수비수가 공격수의 아랫도리를 잡아 쓰러뜨리거나 공을 뺏는 일.

우명을 '돌다리도 두드려보고 건너라'로 바꿀 요양도 있다. 침착하지 못하고 덤벙대는 게 항상 많은 실수들을 몰고다닌다. 핸드폰과 지갑을 잃어버리는 일은 다반사였다. 미리 계획하고 그대로 실행하기보다는 그때그때 기분대로 상황 맞춰 일을 처리하는 습관이 손발을 고생시키는 게 한둘이 아니다. 장점이라면 뭐가 있을까. 사람 냄새 나는 것을 굳이 꼽으라면 꼽겠다. 어릴 때 엄마 사랑을 충분히 받지 못한 것도 아닌데 외로움이 유독 많은 나는 사람들을 만나야 힘을 얻는다. 사람들 사이에 있으면 피곤하고 신경 쓰이는 게 많아 힘이 되레 빠진다는 지인들도 보았지만, 나는 그 부류는 아닌 듯해서 항상 사람들 속에 나를 던진다. 사람은 사람 사이에 있어야 사람다운 것이라 믿기에, 사람 냄새 나는 나의 모습은 꼭 장점이 되리라 또 한 번 믿는다.

두서없이 나에 대해서 몇 가지 적어보았는데, 소위 '취준생'들이 공채철만 되면 수십 장씩 적는 그저 진부한 자기소개서랑 별 다르지 않다. 나 스스로도 많은 사람들과 다른 특별하다 할 것이 별로 없는 모양이다. 인문대학생으로서 글을 써본 것이 물론 처음은 아니지만, 매번 글 쓴 뒤에 하는 일은, 나의 글 솜씨에 부족함을 느끼는 일이다. 이번 인문학 글쓰기를 수강하게 된 이유는 여러 가지가 있겠지만 그 중 가장 큰 것은, 글 잘 쓰는 사람들에게서 느껴지는 강한 매력과 그에 대한 나의 질투, 로망이라 하겠다. 우리는 하루에도 여러 번 '갖고 싶다'는 욕구를 느끼지만, 그중 편의점에서 담배 한 대 사서 피우거나, 시원한 이온음료를 사서 들이키면 해결되는 것처럼 간단하지 않은, 그런 어떤 각자의 목마름들이 다들 있을 것 같다. 나에게는 '글쓰기'가 그렇다. '기-승-전-병'●일 때가 많지만, 개중 걸작을 찾을 수 있는, 나의 친구 시크남의 글들을 보며 언젠가 글 솜씨를 가다듬겠노라 다짐했던 기억이 있다.

  글은 사람의 마음을 밖으로 드러내는 몇 가지 방식 중에서 말과는 다른 묘한 매력이 있는 것 같다. 멀지 않은 훗날, 내가 아들내미, 딸내미를 갖게 된다면 이름을 '김 글'로 짓고 싶다는 생각도 해봤다. 아들, 딸 생각 않고 제 생각만 하는 못난 철부지 아비라 욕할지 몰라 생각만 하고 있다. 스물여섯에 아직 철이 안 들어 고민 많은 남자이지만, 대신 왼 다리에 묵직한 철이 들어 있어 또 마음만은 든든한 남자다. 하하. 이번 인문학 글쓰기 시간을 통해서 각자의 글 솜씨를 다듬어 가는 것도 좋겠지만, 다들 함께 늙어가는 처지에 친하게 지내어 백아절현의 지음을 함께 찾아봤으면 더욱이나 좋겠다.

● '결' 대신 '병'을 쓴 것은 웹툰 작가 이말년 씨의 결말이 항상 병맛인 것에 기인한 것인데, 네티즌들이 그의 작품에 별명을 붙였다고 한다. 내 친구의 글도 그럴 때가 많다.

04 나의 뇌구조 탐구

법학부 07학번

1순위: 잠
2순위: 미드
3순위: 전공(법)
4순위: 여자친구
5순위: 영어
6순위: 축구
7순위: 바둑
8순위: 친구

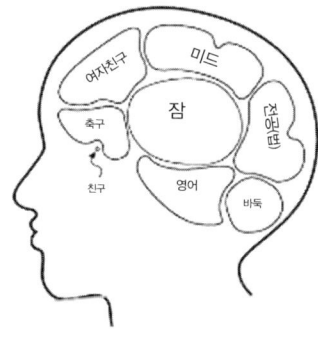

[그림] 나의 뇌구조

위에서 뇌구조 그림을 통해 저의 관심사들을 순위별로 간략히 소개해보았다면, 지금부터는 각각의 주제에 대해서 좀더 자세히 설명해보면서 자연스럽게 저를 소개해보고자 합니다. 뇌구조의 가운데 가장 큰 부분을 차지하고 있는 것은 '잠'입니다. 올해 1~2월은 주 5일 간 영어학원을 다니기 위해 아침 5시 50분에 일어나다보니 잠이 많이 부족했습니다. 성실하게 살기 위해 일찍 일어나려고 노력하는 편이지만 생각과는 달리 여러 이유로 잠자리에 늦게 들기 때문에 언제나 잠이 고픕니다.

　두 번째로 큰 부분을 차지하는 것은 미드입니다. 부끄러운 부분이지만 잠 부족 현상의 일등 공신으로는 미드를 꼽을 수 있습니다. 약 8,000분 분량을 단 일주일 만에 소화했던 적도 있습니다. 〈24시〉라는 미드였는데 모든 친구들에게 추천해줄 만큼 재미있는 액션미드였습니다. 사실 미드뿐만이 아니라 하고자 하는 일에서는 악착같은 끈기를 보이곤 하는데 이것이 저의 큰 무기라고 생각합니다.

　세 번째로 큰 부분을 차지하는 것은 제 전공인 법입니다. 학교 수업도 주로 전공을 듣기 때문에 큰 부분을 차지하지 않을 수 없습니다. 계속해서 외우고 또 외워도 잊어버리기 때문에 늘 걱정거리지만 그래도 가끔은 재미를 느끼기도 합니다. 저의 장래희망은 법조계에서 활동하는 것이며 구체적으로는 세법을 다루는 것입니다. 세금이라는 것이 때로는 국가의 주요한 이슈가 되기도 하기 때문에 이러한 부분에서 활약하고 싶은 로망이 있습니다.

　네 번째로 큰 부분을 차지하는 것은 2년 동안 한결같은 모습으로 옆에 있어준 여자친구입니다. 제게 여자친구란 학교에서 공부도 함께하고 밥도 같이 먹으면서 거의 모든 일상을 함께 나누는 없어서는 안 되는 단짝 친구입니다. 여자친구와 교제하기 위해 7전 8기의 역경을 겪기도 했지만 그런 만큼 제게 있어 빼놓을 수 없는 중요한 부분입니다.

　다섯 번째 큰 부분은 영어입니다. 문과임에도 불구하고 영어를 잘하지 못해서 걱정이 많았기에 이번 겨울방학 동안에 영어학원도 열심히 다니고 미드도 정말 많이 보았습니다. 결국 좋은 점수는 아닐지라도 원하는 점수를 달성하기는 했지만 아직 많이 부족하고 언제나처럼 영어에 완전히 손을 놓아서는 안 될 것 같아서 스터디를 계획하고 있습니다.

여섯 번째와 일곱 번째 부분인 축구와 바둑은 제 취미입니다. 초등학교 저학년 시절부터 부모님께서 형과 제가 운동장에서 뛰어노는 것을 좋아하셨고 저 역시 다양한 사람들과 축구하는 것을 즐겼었습니다. 바둑도 초등학교 시절 3년 동안 학원에서 또래 아이들과 즐겁게 배웠던 추억이 있습니다. 대학생이 되어서도 새내기 시절에는 축구부와 바둑부에 가입하여 활동을 할 정도로 많은 관심을 가지고 있었으나 지금은 시간이 많지 않아 즐기지는 못합니다. 하지만 다시 여건이 된다면 언제든지 취미활동을 다시 시작할 생각입니다.

끝으로 아주 조그마한 부분을 차지하고 있는 것이 친구입니다. 제게 친구가 없는 것은 아닙니다. 초중고를 서울의 양천구라는 한 지역에서 나왔고 어려서부터 단체 운동인 축구를 좋아했기 때문에 정말 많은 친구들과 친하게 지냈었습니다. 그러나 대학생이 되고서는 서울의 반대편인 강동구로 이사를 하게 되어서 친구들과 만나는 것이 쉽지 않았던 것 같습니다. 또한 막역한 대학 친구들은 2년 동안 군대에 있었기 때문에 친구가 뇌구조의 아주 작은 부분을 차지하게 되었습니다.

뇌구조를 통해 소개한 8가지 이외에도 제 뇌에는 많은 것들이 담겨있습니다. 그 중에는 가장 소중한 부모님도 계시고 가장 좋아하는 과일인 포도도 있을 것입니다. 위의 8가지는 제 자신을 효과적으로 소개하기 위해 뽑아보았던 것일 뿐입니다. 그 순위에도 큰 의미는 없고 오히려 이런 것들이 용광로에 녹아 뭉쳐지듯이 제 자신을 구성하고 있다고 생각합니다. 이처럼 독특한 자기소개서를 써보는 것은 제 자신이 누구인지 되돌아볼 수 있는 뜻 깊은 일이었습니다.

감상 에세이

01 내가 아는 어떤 공간

02 엄마의 상자

03 무대 뒤에서 무대에 올라 무대를 바라보다

01 내가 아는 어떤 공간

사회학과 08학번

시인 황인숙은 말한다. 고양이들은 영혼을 장소에 저장(?)해둔다고. 그렇담 그들에게 공간이란 그것을 점유한 존재와 다르지 않을 것이며, 따라서 우리는 하나의 공간에 켜켜이 쌓여 있는 존재들을 볼 수 있을 것이다. 같은 강의실 같은 자리도 내가 사랑하는 훈남 오빠가 앉았던 공간이 어떤 여학우가 앉아 수업시간에 헤드뱅잉함으로써 이미 다른 공간이 되는 그런 얘기.

이 글은 그 켜를 여행하는 기행문이다. 그 공간을 점유했던 존재들에 관한 이야기이다.

내가 주로 강을 따라 이동하는 전근대인의 공간 인식을 가진 건지, 아니면 옛 사람들의 '배산임수' 지형 선택의 결과인 건지, 고향으로 향하는 여정은 강에서 시작해서 강에서 끝난다. 그렇게 '강둑' 혹은 '강변'에 이르면 비로소 고향의 시작이다. 버스에서 내리면 바로 보이는 곳에 홈플러스에 밀려난 왕년의 록스타 '드림 마트'가 있다. 그 마트 유리창에서 미소 짓는 빛바랜 여배우들 쪽으로 가면 '이○○ 산부

인과'가 있는 오래된 병원 건물이 나타난다. 지금은 낡아빠진 건물에 불과하지만 잘 나갈 무렵엔 짐작건대 친구들 중 몇몇은 여기 신생아실에서 첫 만남을 가졌을 것이 분명한 그런 곳이었다.

　바로 보이는 첫 번째 횡단보도를 지나 동네가 훤히 보이는 큰 길 앞쯤 나만의 횡단보도로 간다. 물론 거긴 신호등도 표시도 없다. '나만의'라고 했잖은가. 건너려는데 중앙선에 무단횡단 방지책이 보인다. 심지어 사이로 지나갈 공간도 없다. 뛰어서 넘기엔 나는 너무도 건전한 시민이다. 하, 생각지도 못했던 일이다. 이때껏 국가가 나에게 해준 게 뭐가 있는가 하는 생각을 하면서 패닉에 빠진 채 다음 횡단보도를 찾아 터덜터덜 걸었다.

　몇 년 전 동네에 페인트칠 붐이 불었다. 하긴 동네 사람들도 변화에 대한 갈망이 생길 만했다. 어쩌면 페인트집에서 단체 할인을 해준 걸지도 모른다. 노란색, 이끼색, 하늘색, 분홍색까지 멀리서보면 모자이크 같기도 하다. 특히 연노랑색 벽 위로 자그만 한옥 지붕이 보이는 집이 좋다. 그 집에서 한 블록 더 가면 우리 집이 있고 그 건너편에는 정원만 30평은 되는 집이 있다. 어릴 적 열린 대문 사이로 훔쳐본 그 집은 책에서 본 술탄의 정원 같아서 나는 알리바바처럼 설레었다. 다시 한 블록을 더 가기 전에 멈추면 큰 길에서는 입구가 보이지 않는 큰 집이 있다.

　그 집에는 어려서 내가 깻잎머리 한 아이로 불상하니도 불량학생이 될 뻔한 슬픈 력사歷史가 있다. 나는 초등학교 때 당시 유행하던

S.E.S.의 깻잎머리를 시도한 적이 있다. 나는 전연 무스도 젤도 바르지 않았고 단지 실핀 하나 꽂았을 따름이었다. 그 집엔 당시 인기 많았던 내 동창생이 살았었다. 그 집의 위엄 있어 뵈는 까만 차를 모는 아빠, 끝이 똑 떨어지는 단발에 호리한 몸매로 긴치마를 입고 장을 보러가는 엄마는 중산층의 전형이었다. 특히나 그 집 엄마는 만날 때마다 항상 교양 있는 사람들이 두루 쓰는 현대 서울말로 놀러오라며 미소 지었는데, 나는 뭇 엄마들과 다르게 약간 새침한 듯 사근하고 날씬한 그 아줌마를 꽤 좋아해서 만날 때마다 밝게 인사하곤 했던 기억이 난다.

그런데 한날 동네 친구가 고백(?)하기를, 그 아줌마가 내가 깻잎머리를 했다는 근거로 내가 불량학생이니 친구 엄마에게 나와 놀지 말게 하라고 했단 거였다. 다행히 친구 엄마가 내 편을 들어줬지만 근거의 부당함에 대한 분노와 그 아줌마의 이중성에 경멸을 느끼며 그 다음부터 못 본 척 인사 안 하는 소심한 복수를 했다.

그 집은 내가 대학 입학할 때 이사를 갔다. 그 아줌마가 지금 내 머릴 보면 어떻게 생각할지 좀 궁금하다.

길 두 개가 T자형으로 만나는 곳에 이름이 본질을 잘 드러내는 '미니슈퍼'가 있다. 가히 동네의 중심이라 할 수 있는 이 슈퍼는 동네 아이들 사이에서 '5분 뒤 미니슈퍼'라는 관용어구를 가능케 한 곳이다. 비공식적 만남의 광장답게 큰 마루가 있어 기다리는 이의 머쓱함을 배려한다. 그 마루와 함께 여러 마음으로 여러 사람을 기다렸던 것과 나를 기다렸을 이들을 생각했다. 다시 한 번 거기서 기다리고 싶어졌다.

T자형의 왼쪽 날개 끄트머리는 조금은 특별한 곳이다. 엄마라는 말을 들었을 때에 엄마가 자동적으로 떠오르는 것처럼 친구라는 단어를 들었을 때 아직도 떠올리는 얼굴이 있다. 우리는 말하자면은 초중고 동창이다. 사실 여기선 이 정도 인연은 흔한 것은 아니나 희귀한 것도 아니다. 그보단 우리는 친구다. 아무 수식이 붙지 않은 친구라는 말을 쓸 때 나는 신중하다. 그애는 내게 가장 깊이 들어왔고 썰물처럼 빠져나간 지금, 아직도 그 공허를 메우진 못했어도 나는 그 공허를 자랑 삼고 있다.

말이 거창해져서 우리 사이에 뭔가 스펙타클한 일이 있었을 것으로 예상한다면 죄송하지만 없다. 게다가 우리는 한 번도 베프라거나 절친이라는 말로 우리를 규정한 적이 없다. 우린 그저 만나면 괜히 즐겁고 무슨 일이 생기면 서로에게 먼저 말하는 것이 그냥 당연한, 비밀 공유의 철칙을 가진 그런 사이였다.

개네 집엔 개가 한 마리 있었다. '진이'라고 불렀는데 풀네임은 '황진이'였다. 이름답게 도도한 황구여서 첨엔 가까이만 가도 물듯이 짖었다. 그렇다고 그녀를 오해하진 말아 달라. 단지 친해지는 데 시간이 좀 걸리는 타입이어서 그랬지 나중엔 미간을 쓰다듬는 것을 허락해주는 관계로 발전했다. 아직도 그 모습이 선한데 지금은 그곳에도 다른 어디에도 진이는 없을 것이다.

그 집은 고등학교 때 그 친구가 이사 가고 한동안 비어 있더니 무당이 이사 왔다. 요상한 장식들이 문에 주렁주렁 세워진 것을 보고야 그

애가 이사 갔다는 것을 실감했다. 내가 대학을 간 지 얼마 안 되어 새 주인이 그 집을 헐고 잠시 공터상태가 되었다. 그래서 나는 추억으로만 그 위에 집을 세울 수가 있었다. 곧 묘하게 알프스 풍의 흰 울타리를 가진 집이 들어섰고, 그제야 진실로 그 집이 사라지고 말았음을 인정했다. 사실 우리가 놀던 그 집은 그 애가 이사를 간 그 시점에서 사라진 것이었으니, 진실을 인정하는 과정은 언제나 이랬다.

그 집 바로 앞엔 성인 한 사람 겨우 지나갈 샛길이 있다. 왜 있는지 조차 알 수 없는 그 길은 큰 길에서는 보이지 않다가 친구 집 앞에 다다라서 옆을 봐야 보인다.

하루는 그 친구와 하교하는 도중이었다. 그애 집앞에 다 왔는데 무언가 느낌이 이상해서 무심코 옆을 쳐다보았다. 우리 둘 다 무의식중에 그랬는데 '바바리맨'이 그 대낮에, 것도 동네에서, 사람 한 명 겨우 지나갈 그 샛길 입구에 서 있었다. 순간 놀라서 소릴지르며 각자 자기 집으로 내빼긴 했는데 생각해보니 너무 웃겨서 둘 다 전화통을 붙잡고 한 10분을 끅끅 웃기만 했더랬다. 그 뒤로는 왠지 모를 찜찜함에 샛길로는 더 안 가게 되었다. 지금 다시 생각해보면 뭔 배짱으로 사람들 많이 다니는 데서 그러고 있었나 싶기도 하고 절묘한 자리 선정에 감탄도 든다. 그날은 여중생 두 명을 놀래켰으니 그로서는 꽤나 수확이 있는 날이었을 것이다.

이제 초등학교로 가려면 철길 건널목을 지나야 한다. 거길 건널 땐

비틀즈 앨범 재킷처럼 0.5초 멈추어야 한다. 곧 기차가 올 것 같은 묘한 긴장감과 함께 끝에 하늘이 걸려 있는 쭉 뻗은 철길은 멈출 만한 가치가 있다. 물론 남들이 내 낭만을 눈치채지 못하도록 자연스럽게 멈춰야 한다. 시간은 엄수. 잠시 딴생각을 하다보면 금방 영일초등학교다.

초등학교 때는 그렇게 넓던 운동장이 커서 보니 매우 조그맣더라 하는 말은 클리셰다. 산천은 유구한데 인걸은 간 데 없네 하는 말도 그렇다. 초등학교 앞 내가 걸핏하면 빠져먹던 피아노 학원은 추석이라 휴업인가보다. 간판이 없는 걸 보니 아예 닫아버렸는지도 모르겠다. 피아노보다는 쉬는 시간에 보라고 한쪽 벽에 꽂아두었던 온갖 책과 만화책에 관심이 더 많았던 나는 항상 피아노 지진아였다. 하긴 옛날부터 몸 쓰는 일에는 별 재능이 없었으니 피아노라고 예외는 아니었을 거다. 그 시절 멀리서부터 들리는 '하농' 소리는 내겐 지옥의 서곡과 같았다. 지금도 이 학원이 성업 중이라면 아마 한 명쯤 나와 같은 심정으로 저 문턱을 넘는 애기 있을 사다. 화이팅.

다시 들쑥날쑥한 건물들 사이로 보이는 철길 방음벽을 따라가자.

언젠가 여기 온다면 당신은 볼 수 있을 것이다. 조용한 소도시의 그 옛날, 어린 오타쿠들을 양산했던 책방이 사라지고 철물점이 들어선 것을. 당신은 철물점을 보겠으나 거기에 낡아 잘 열리지 않는 책방의 유리문이 있었음을 기억해달라. 나는 그 유리문에 노을이 져 아쉬운 모습을 볼 것이다. 망설이지 말고 발길을 돌려 고약한 주인장이 있는 새 책방에서 오른쪽으로 꺾으면, 벽에서 윤이 나는 새 원룸 건물이 있다.

전에는 군데군데 파헤쳐진 텃밭 구석에 판잣집이 있었다. 이 집은 내가 전학 와서 처음 사귄 친구의 집이다. 처음 놀러갔을 때 이 집에 놀라면서도 그 마음이 미안했다. 그러나 까만 피부에 순하게 생긴 친구는 조금 들떠 있을 뿐, 그 얼굴에 부끄러움은 없었기에 이번엔 부끄러웠다. 그녀의 손에 이끌려 집에 들어갔다. 당신이 상상력을 발휘하면 부엌과 방 사이의 문지방에 앉아서 그녀가 능숙하게 가스레인지를 켜고 프라이팬에 식용유를 두르는 모습을 볼 수 있다. 이 광경을 가스레인지 손잡이를 돌리는 것이 아직 허락되지 않은 꼬꼬마가 봤다고 생각하면 좋다. 절로 '오오' 소리가 나올 광경이다. 계란과 밥만으로 이루어진 볶음밥을 상에 놓고 둘이서 먹는다. 의외로 정말 정말 맛있었다. 생각해보면 그건 나만큼 어렸던 그 친구가 매일 동생들에게 해주던 음식이었기 때문이란 생각이 든다. 어린 주인장이 의젓하게 나를 위한 볶음밥에 집중하는 모습은 왠지 잊을 수 없다.

나는 실로 발굴하는 기분으로 이 켜들을 들춰내고 먼지를 후후 불고 탈탈 털어내 여기에 옮겼다. 해서, 그저 옛날 얘기처럼 읽고 잠깐 끄덕해주시면 나로서는 가장 고맙겠다.

02 엄마의 상자

법학부 06학번

　엄마가 상자를 보내는 날은, 내가 수업을 마치자마자 서둘러 집에 돌아가야 하는 날이다. 이른 아침부터 엄마는 전화선을 통해 신신당부를 한다. "오늘 택배 보냈으니까 학교 끝나고 집에 일찍 들어가서 받아라. 날씨 추우니까 옷 따뜻하게 입고, 감기 걸리니까 마스크 꼭 하고 나가고. 저번에 보낸 된장국 아직 남았지? 얼른 일어나서 아침 꼭 챙겨먹어라." 나는 비몽사몽하는 와중에 대충 응, 응, 응, 네, 대답을 한다. 전화를 끊고 다시 선잠에 들었는데, 꿈에 엄마의 모습이 두둥실 떠오른다. 새벽부터 부엌에서 썰고, 끓이고, 부치는 분주한 뒷모습. 조금이라도 더 넣어볼까 상자를 꾹꾹 누르는 두 손. 짜르륵, 상자를 감싸는 노란 테이프가 뜯어지는 소리. 꿈은 양심을 담당하고 있을 나의 뇌 어느 부분을 벅벅 긁어댄다. 나는 침대에서 벌떡 일어나 씻고, 입고, 집을 나와 도서관으로 향한다. 된장국은 먹지 않았고 마스크도 하지 않았다. 정말 청개구리가 따로 없다.

　청개구리는 상자를 받아들면 부지런해진다. 식품 택배는 원래 안 맡아준다는 경비 아저씨의 볼멘소리에 죄송합니다! 씩씩하게 대답하고 상자를 끌어안은 채 엘리베이터에 척! 탄다. 덜컹거리는 화물칸 안에서 열 시간을 견뎠을 상자는 많이 늙어 있다. 그래도 상자가 필사적으로 품고 있는 것들의 묵직함은 내 두 손으로 전해진다. 띵, 엘리베이터가 7층에 도착하면 나는 상자와 함께 어두운 집으로 들어간다. 상자를 식탁에 내려놓고 나는 팔을 걷어붙인다. 이번엔 뭐가 들어 있을까, 설레는 마음으로 테이프를 뜯고 상자를 열어본다.

제일 먼저 보이는 건 한 자리를 차지하고 있는 전복 무더기다. 내가 아픈 뒤로는 항상 빠지지 않고 들어 있는 것이 전복이다. 그것도 꼭 자연산 전복으로만. 엄마는 음식으로 병을 낫게 할 수 있다고 믿는다. 특히 전복은 엄마가 내게 처방하는 특효약이다. 내가 먹을 밥과 국과 반찬에는 꼭 전복을 넣는다. 심지어 나는 시험장에서도 전복이 들어간 도시락을 까먹어야 했다. 그런 이유로 밥에도 국에도 반찬에도 넣으라는 지령과 함께, 전복은 남쪽바다에서 서울까지 오게 된 것이었다. 여섯 장의 비닐봉지에 전복을 다섯 개씩 나눠넣고 냉동실 문을 연다. 으악, 냉동실은 이미 한 달 전에 도착한 전복들로 가득 차 있다. 사실 전복은 손질하기가 귀찮아 잘 먹지 않게 된다. 그래서 냉동실에 쌓아놓다가 엄마의 불시 검문에 걸리면, 된통 혼이 난 후 전복찜 한 솥을 먹어야 하는 형에 처해진다.

새 전복을 헌 전복 사이에 우겨넣고, 호박전과 깍두기가 든 그릇들과 딸기바구니를 냉장실에 집어넣는다. 입 속에서는 아까 얼른 하나 집어먹은 깍두기가 아삭아삭 돌아다니고 있다. 엄마는 상자를 보내기 전에 항상 먹고 싶은 것이 없냐고 물어본다. 나는 속으로 엄마가 만든 온갖 요리들을 부르짖지만, 겉으로는 별로 먹고 싶은 것이 없다고 착한 딸인 양 대답한다. 그러면 엄마는 평소에 내가 잘 먹는 음식을 해서 보낸다. 봄에는 내가 봄에 잘 먹는 음식을, 겨울에는 내가 겨울에 잘 먹는 음식을……. 그래서 이번에는 딸기와 호박전과 깍두기다. 나는 그 음식들을 받아 냉장고에 도토리처럼 쌓아두고 먹는다.

　엄마는 끊임없이 만들고, 나는 끊임없이 받아먹는다. 엄마가 만들고 내가 받아먹은 그것들은 내 속으로 들어가 내 살이 되고, 머리카락이 되고, 피가 된다. 부끄러운 과거지만, 한때의 나는 이 사실을 온전히 받아들이지 못했다. 아마 고시공부에 대한 스트레스가 극에 달했을 때부터였던 것 같다. 기미를 본 후에만 수라상을 받는 임금처럼 나는 엄마가 만든 것들을 의심했다. 엄마가 만들고 담고 보내는 행위에는 반드시 나에 대한 기대감이 쓴 양념같이 얹혀 있을 거라 생각했다. 의심에는 항상 가정이 따라 붙었다. 내가 공부를 못했더라면? 서울대에 합격하지 못했더라면? 고시를 본다고 하지 않았더라면? 가정은 나쁜 상상을 불렀고 나쁜 결론에 도달했다. 합격에 실패한 나에게서 등 돌리는 엄마의 모습이 내 머릿속을 온종일 둥둥 떠다녔다. 그러자 상자 속 음식들은 더 이상 목구멍으로 넘어가지 못했다. 상자는 나를 체하게 했고, 그 육중한 무게로 나를 짓눌렀다.
　한동안은 엄마의 전화도 일부러 받지 않았다. 엄마는 문자로 제발 전화 좀 받으라고 화를 내고, 나를 달래도 보고, 울었다. 그러는 동안에도 상자는 착실히 배달되었다. 어느 겨울엔가 받아본 상자 속에는 푹신한 겨울 코트가 들어 있었다. 그 코트를 꺼내들고 나는 펑펑 울었던 것 같다. 그리고 며칠 뒤 코트를 입고 집으로 내려갔다. 이상하게도 나를 본 엄마는 화를 내지 않았다. 우리는 아무 일도 없었던 다정한 모녀인 양 시간을 보냈다. 내가 "엄마, 내 라면은 웰던으로 끓여줘." 하면, 엄마는 라면그릇을 턱 놓으며 "옛다, 웰던으로 끓였다." 했다. 엄마 무릎을 베고 누워 〈무한도전〉을 보며 낄낄거리며 웃기도 했다. 어쩌면 엄마는 나의 못된 행동에 대한 이유를 이미 다 알고 있을지도 모른다는 생각이 들었다. 어렸을 적부터 엄마는 나에 대해 모르는 게 없었으니까. 중학교 때 독서실에 간다고 거짓말을 하고 사실은 서울에 콘서트를 보러 간 적이 있었다. 완전범죄라고 생각했는데, 나중에 은근슬쩍 물어보니 엄마는 다 알고 있었던 것이다. 나는 너무 놀라서 멍해 있었는데, 엄마는 의미심장하게 눈을 흘기더니 "엄마는 너에 대해서 모르는 게 없다."라고 했다. 그러니까, 엄마는 분명 알고 있을 거라고 생각하며 나는 속으로 조그맣게 용서를 빌었다.

서울로 올라가기 전날, 엄마는 이번엔 상자 속에 한약을 채워넣을 요량으로 내 손을 잡고 고모부가 하는 한의원으로 향했다. 그런데 고모부는 한약을 지어주는 대신에 병원에 가서 검사를 받아보라고 했다. 검사 결과는 좋지 않았다. 수술을 해야 한다고 했다. 덤덤했던 나와 달리 엄마는 새파랗게 질려 길 잃은 아이처럼 당황해했다. 나는 학교도 다녀야 하고 공부도 해야 하니까 수술은 나중에 하겠다고 했다. 엄마는 내가 집에 내려온 이후에 처음으로 화를 냈다. 혼은 났지만 내심 기뻤다. 나를 이해할 수 없을지도 모르겠지만, 그 순간 엄마가 공부보다 나를 먼저 생각해줬다는 것을 확인하고 안도했다. 사실 수술을 나중에 하겠다고 말한 것은 그걸 확인하고 싶었던 일종의 배짱이었다.

  5인 병실에선 내가 제일 젊은 사람이었다. 나 말고는 모두 할머니거나 엄마 또래의 아주머니셨다. 다른 병상은 모두 젊은 딸이 나이 든 엄마를 간호했는데, 내 병상만 나이 든 엄마가 젊은 딸을 간호했다. 고생하는 엄마에게 미안하면서도 한편으론 엄마의 사랑을 오롯이 받고 있다는 사실에 조금은 우쭐했다. 수술을 하고 병실로 실려왔는데, 엄마는 나보다 더 지쳐보였고 눈이 부어 있었다. 그럼에도 내 옆에서 수건으로 얼굴을 닦아주고 저린 다리를 주물렀다. 나는 약 기운 때문에 속이 메슥거리고 수술 부위가 아파서 누워 있을 수 없었다. 내가 병상에서 안절부절 못하자, 엄마는 나를 품에 꼭 안아줬다. 엄마 품은 당신이 항상 보내는 스티로폼 상자 속처럼 따뜻했다. 문득, 나를 위해 최초로 울어준 사람은 엄마가 아닐까 하는 생각이 들었다. 그리고 나는 모든 의심들을 버렸다.

  그 이후로 나는 더 이상 엄마의 상자에 체하지 않는다. 감사하고 즐거운 마음으로 상자를 열어, 엄마가 보내준 음식들을 열심히 먹고 열심히 소화시킨다. 음식들은 내 속으로 들어와 살이 되고, 머리카락이 되고, 피가 되서 나를 건강하게 만들고 있다. 더 이상 의심하지 않게 되자 마음은 그 어떤 때보다도 가볍다.

엄마와 자식은 함께 태어나는 것 같다. 엄마가 만들고 낳아서 우리는 자식이 되었고, 자식을 만들고 낳음으로써 엄마는 어미가 되었다. 어미와 자식은 한 몸에서 탯줄로 연결되어 시작된 운명공동체인 것이다. 배 속에서 자식과 어미의 생명을 이어주던 탯줄은 10개월이 지나면 잘리지만, 그 탯줄의 기억은 10개월을 지나서도 존재한다. 그런데 엄마들의 탯줄의 기억은 선명하지만, 우리 자식들은 잘 기억하지 못하는 것 같다. 그래서 나와 같이 순간 엄마의 사랑을 의심하기도 한다. 《탈무드》에서는 아기가 태어나기 직전에 천사가 전생의 모든 일을 잊게 하기 위해 쉿, 하고 손가락을 윗입술과 코 사이에 얹어서 인중이 생겼다고 하는데, 우리는 인중이 생겨난 그때 탯줄의 기억마저 잊어버린 것일까. 이건 자식들의 일종의, 숙명인 것 같다. 영화 〈마더〉에선 엄마 김혜자의 아들인 원빈이 바보로 등장한다. 이 단순해 보이는 캐릭터는 우리 자식들의 숙명을 비유한다. 〈마더〉의 자식은 '바보'다. 우리는 정말 바보 같은 마더의 자식들인 것이다.

예전에 잠깐 강아지를 키운 적이 있다. 태어난 지 한 달밖에 안 되는 강아지가 꼬물거리는 걸 보며 이런 생각을 했다. '얘는 책도 못 읽고 텔레비전도 안 보니까 내가 안 데려가면 평생 바다가 있다는 것도 모르고, 초콜릿 먹으면 안 되니까 초콜릿 맛도 모르겠네.' 겨우 내 나이밖에 안 되었던 과거의 엄마도 갓 태어난 아기였던 나를 보며 그런 생각들을 하지 않았을까. 더 많은 세상들을 경험시켜주고 싶고, 더 맛있는 음식들을 맛보게 해주고 싶다고. 그리고 세상의 많은 엄마들 역시 나의 엄마와 같은 생각들을 했을 것이다. 그렇다면 자식들도 언제까지 바보인 채로 있을 순 없다. 우리 자식들은 우리 몸 곳곳에 조용히 존재하는 탯줄의 기억을 살려내도록 노력해야 한다. 나는 이제 막 그 탯줄의 기억을 발견한 것 같다. 그래서 나는 엄마가 내게 해주고 싶었던 일들은 당신에게 고스란히 해주리라 다짐을 했다. 아직 내 힘으로는 해주지 못하는 일이 더 많고 엄마가 내게 준 수미산 같이 쌓여 있는 것들에는 못 미칠지도 모르지만 바보에 머무르지 않기 위해, 노력하기로 했다.

 이런저런 생각을 하면서 상자를 정리하다보니 벌써 날이 어둑어둑하다. 치약이랑 화장품을 정리해 넣고, 어깨 찜질기를 시험해본다. 수술한 곳이 아직 아프다고 했더니 엄마가 사서 넣었나보다. 이제 엄마에게 전화를 걸 차례다. 원래 순서는 전화를 걸어서 정리하는 법을 엄마한테 배운 다음에 상자를 여는 것이지만, 상자를 정리한 지도 어언 6년! 이제는 눈 감고도 이건 냉동실 저건 냉장실 그건 베란다, 척척이다. 다 정리했다는데도 여전히 엄마는 정리하는 법을 꼭꼭 알려주고 확인한다. 나는 응, 응, 응, 네, 대답한다. 저기 현관에서 텅텅 빈 채로 속을 보이고 있는 상자를 보니 마음이 조금 따끔하다. 전화를 끊고, 하트 모양을 열 개쯤 써넣은 다음 '감사하고고맙고사랑하고잘먹겠다'라는 문자를 전송한다. 말로는 쑥스러워서 못하고 꼭 문자로 보내야 한다. 얼마 지나지 않아 엄마한테서도 하트를 스무 개쯤 써넣은 문자가 도착한다. 나는 문자를 확인하고 밥상을 차린다. 오늘 저녁식사는 평소보다 더 푸짐할 예정이다.

03 무대 뒤에서 무대에 올라 무대를 바라보다
인생이 한 편의 연극이라면

컴퓨터공학부 09학번

1. 인생은 한 편의 연극이다?

삶은 종종 각본 없는 연극에 비유되곤 한다. 셰익스피어가 그의 작품 〈뜻대로 하세요〉에서 썼듯이 '온 세상은 무대이고, 모든 여자와 남자는 배우일 뿐이다. 그들은 등장했다가 퇴장한다.' 그렇다면 우리들은 모든 게 애드리브인 즉흥극을 벌이고 있는 것일까. 내가 참여한 세 차례의 연극 경험이 내 인생이라는 연극에 의미 있는 무엇이기를 바라면서 과거를 회상해본다.

2. 배역 이해하기

작년 봄, 서울대의 한 연극 동아리에서 연극 한 편을 무대에 올렸다. 〈유토피아 23〉이라는 연극이었고 나는 그 공연의 배우였다. 시작은 선배의 권유였으나 결정은 내가 하였다. 어쩌자고 힘든 배우를 한 번 더 하게 되었는지는 아직도 알 수 없다.

멸망한 지구를 배경으로 하는 이 극은 흡사 영화 〈더 로드〉를 연상시킨다. 극에서 살아남은 몇 안 되는 사람들•은 인류의 희망이다. 그러나 생명이 소멸된 삭막한 폐허에서 죽지 못해 살아남은 그들은 살아야 할 희망조차 잃어간다. 그 속에서 매서운 추위와 지독한 허기로 지친 생존자들은 어느 날 폐허 한 가운데에 덩그러니 놓인 표지판을 발견한다.

'유토피아 23. 생존한 자들이여 마지막 안전지대로 오라.'

그들은 인류공동체가 있을 것이라는 마지막 희망에 불을 지핀다. 그러나 걷고 또 걸어도 이들이 발견하는 것은 끝없이 펼쳐진 폐허와 눈앞을 가로막는 흙먼지뿐이다. 이렇게 생존자 6쌍은 서로를 만나지 못한 채 유토피아 23을 찾아 무대를 돌아다닌다.

그들 중 '방랑자'는 내게 주어진 배역이었다. 인류 멸망이라는 재앙은 방랑자를 미치광이로 만들어버렸고 이를 증명해주듯이 광기의 소산인 '환영'은 끊임없이 그를 괴롭힌다. 너무 지쳐 힘이 없으면서도 때론 히스테릭한 예민함을, 때론 추악한 광기를 보인다. 환영에 시달려 점점 미쳐가는 이 남자는 도무지 이해할 수 없는 녀석이었다. 그래도 이 배역에 있어서는 전문가가 되고 싶었다. 대사를 어떻게 말해야 할지 고민하고 또 고민해보았다. 이 대사는 슬프게, 저 대사는 히스테릭하게.

- 〈유토피아23〉에 등장하는 생존자 6쌍은 각각 아버지와 딸, 남편과 아내, 언니와 동생, 여인과 소년, 사형수와 신부, 방랑자와 환영이다. 이들 6쌍은 서로를 한 번도 만나지 못하다가 공연 막바지에야 조우한다.

"뭐가 헛것이고 뭐가 진짜인지 분간이 가지 않아. 결국 나는 길을 잃고 헤매고 있지. 그리고 죽을 때까지 헤매기만 하겠지. 그러다가 길바닥에 쓰레기처럼 널브러진 채 혀를 늘어뜨리고 있으면 입 속에서 벌레들이 기어나올 거야."

"그만. 방랑자가 이 말을 왜 하지?"

내 연기를 끊더니 어느 선배가 한 질문이다.

"히스테릭해져서요."

"아니야. 그건 '어떻게'지. 왜 할까?"

나는 우물거렸다. 어떤 감정을 표현할 줄만 알았지 감정의 이유에 대해 말을 하려니 말문이 막혔던 것이다. 감정을 끌어낸다기보다 인위적인 감정에 끌려다닌다고 했던, 그 선배의 아리송한 지적이 아직도 기억난다. 배역을 이해한다는 것이 무엇인지 조금은 알 것도 같았다.

배역 이해의 출발점은 배역이 어떠한 감정으로 대사를 구사해야 하는지 아는 것이 아니다. 오히려 감정을 분석하는 것은 배역을 이해하려는 피상적인 시도이다. 사실 배역이 왜 그 대사를 말하는지를 아는 것이 선행되어야 한다. 이것을 대사의 목적성이라고 하는데 이는 배역이 모든 대사를 말하는 데에는 그만한 이유가 있을 것이라는 배우들의 신념에서 기인한다. 대사의 목적성을 파악하기 위해 시도하는 것이 배역의 캐릭터 구축이다. 배역의 성격뿐만 아니라 자세, 습관, 욕망, 역사, 인생관 등을 망라하는, 배역의 총체적인 특징들을 구상한다.

결국 캐릭터는 내가 창조하면 그만이다. 그러나 말이 쉽지, 대본에 부합하면서도 모순 없는 구상을 한다는 건 지난한 작업이었다. 그래서 배역에 대한 이해도는 전적으로 배역에 대한 관심과 애정에 비례한다. 배역 입장이 되어 일기를 써보고 끊임없이 상대 배역과 얘기하면서 환영으로 인해 파멸해가는 방랑자의 모습을 내 것으로 만들어야 했다. 그러다 문득 이런 생각이 들었다.

'나는 그동안 내 스스로를 이해하려고 과연 얼마나 노력했을까.'

3. 배우에 충실하기

재작년 가을, 이 연극 동아리에서 연극 한 편을 무대에 올렸다. 〈과학하는 마음 3: 발칸동물원〉이라는 연극이었고 나는 그 공연의 배우였다.

연습 첫날이었다. 배우들 간의 어색함이 공기를 채우고 있을 무렵 우리가 나눈 최초의 대화는 대본이었다. 초면에 대본읽기라니. 우리들 사이의 무거운 공기 덩어리가 살을 짓누를 줄만 알았다. 그러나 오히려 그 반대였다. 각자 자신에게 주어진 배역의 대사에 자연스럽게 감정이 실리면서 어느새 친밀한 '극중 대화'를 나누고 있었던 것이다.

"앞으로 7주 간의 주 5일 강행군은 힘들 것입니다. 그러나 배우 여러분들이 연습에 불참하는 날이 생겼을 때 '연습 빠져서 좋다.'라고 느끼는 것이 아니라 '연습 빠져서 아쉽다.'라고 느낄 만큼 즐거운 시간이 될 것입니다."

첫 연습을 마치며 연출이 했던 말이다. 연습에 대한 해방감이 아닌, 연습 불참에 대한 아쉬움이 앞서게 만들 것이라는 연출의 포부는 지금 생각해보면 대단한 것이었다. 연기 감독을 해본 이제야 이러한 일이 얼마나 어려운 것인지 새삼 느낀다.

7주 간의 연습이 순탄치만은 않았다. 만성 피로는 배우들의 어깨를 무겁게 했으며 연습 초반의 총기 있는 눈들은 힘을 잃어갔다. 그리고 연습 8주째가 되던 어느 날 공연은 시작되었다.

숨을 고르고 무대에 올랐다. 조명의 따사로운 빛이 얼굴을 붉게 달궜다. 어쩌면 긴장한 탓이었는지도 모른다. 산소 공급이 안 되었는지 숨이 가빠졌다. 머릿속이 하얘지고 눈앞에 아무것도 보이지 않았다. 내 대사는 저 멀리 증발해버렸고 순간 정적이 감돌았다. 잠깐의 정적이 10분처럼 느껴졌다. 정신을 차리고 가까스로 대사를 토한 뒤, 뒤도 안 돌아보고 황망하게 무대를 빠져나왔다. 관객의 따가운 시선이 뒤통수를 찌르는 것 같았기 때문이다.

그러나 공연을 거듭해갈수록 무대에 오르는 것이 익숙해지자 점차 호흡이 편해졌다. 관객들이 시시각각 변하는 내 표정과 행동을 주시하고 대사에 반응할 때 짜릿한 전율을 느꼈다. 게다가 그 순간은 나의 것이기도 했지만 관객의 것이기도 했다. 그래서 공연을 보러온 그들의 시선이 나를 향할 때 관객들이 할애한 시간까지도 짊어져야 할 모종의 책임감마저 느껴졌다. 그 짧은 시간 동안만큼은 매 순간이 공연팀과 관객들 모두의 시간을 합한 것 이상의 가치를 지녔던 것 같다. 이것은 무대에 서본 사람만이 만끽할 수 있는 소중한 특권이었다. 그 특권은 묘하게 사람을 기분 좋게 하다가도, 이러한 특권을 무대에서야 느꼈던 내 자신에게 의문이 들었다.

'나는 그동안 내게 주어진 현실을 책임감 없이 살아오진 않았을까.'

4. 관객으로 바라보기

얼마 전, 이 연극 동아리에서 공연 한 편을 올렸다. 〈블랙코미디〉라는 희극이었고 나는 그 공연의 연기 감독이었다. 연기 감독은 배우들의 연기 지도에 있어서 연출 다음의 영향력을 가지는 스태프지만 그렇다고 해서 내가 연기 면에서 타고난 재능의 소유자는 아니다.

그러나 배우들의 연기를 지도해주는 일은 어렵지만은 않았다. 가랑잎이 솔잎더러 바스락거린다고, 내 허물은 안 보여도 남의 허물은 잘 보이는 법. 공연이 임박할수록 배우들의 허물이 도드라져 보였던 나는 어느새 그들의 연기를 능동적으로 이끌어내기보다는 그들의 결점을 지적하고 있었던 것이다.

"배우들에게 연출은 아빠고 연기 감독은 엄마야."

한 선배의 농담이었지만 그저 넘겨들을 말도 아니었다. 연출은 공연의 실권자로서 공연 내부의 모든 일을 통솔하는 가장인 반면 연기 감독은 연출이 관여하지 못하는 배우들의 개인적인 문제들까지도 보듬어주는 어머니라는 말이었다. 그 말에 문득 이런 생각이 들었다.

'배우들이 과연 연기를 즐기고 있을까.'

공연이 임박한 시점에서야 깨달은 중차대한 문제였다. 배우들의 심리 상태는 컨디션에 적잖은 영향을 주고 나아가서 이것이 공연의 완성도를 결정한다. 하지만 보다 근본적인 문제는 나에게 있었다. 적어도 연기 감독 제안을 처음 수락했을 때는, 내가 배우로서 느꼈던 것을 지금의 배우들이 느끼길 바랐다. 그리고 '해봐요.'가 아닌 '하지 말아요.'를 남발하는 나를 발견하고 나서야, 초심을 잃었다는 것을 깨달았다.

　게다가 관객은 쉽게 웃지 않는다. 두 번의 배우 경험을 통해 그 사실을 잘 알고 있었다. 공연은 다가오고, 완성도가 기대에 못 미칠지도 모른다는 나의 불안감은 커져만 갔다. 배우들의 만성 피로는 여느 공연과 다름없이 그들을 지치게 했다. 결국 야속한 시간은 내 불안감이 없어질 때까지 날 기다려주지 않았고 공연은 시작되었다.

　평온한 정적과 어둠 속에서 나는 알 수 없는 긴장감을 느꼈다. 아무 소리도 들리지 않았고 아무것도 보이지 않았다. 이것은 배우들의 상기된 표정과 그들의 초조한 숨소리마저 삼켜버렸다. 빈틈 없는 어둠을 한 줄기 굵은 빛이 비집고 나왔다. 텅 빈 무대가 무안해하기도 전에 두 개의 불규칙한 발소리가 공허한 정적에 마침표를 찍었다. 긴장한 발소리가 멈춘 곳은 다름 아닌 무대였다. 두 배우는 자신을 엿보는 수많은 시선들이 안중에도 없다는 듯 연기했고, 객석은 쥐죽은 듯 조용했다. 내 이마에선 식은땀이 흘렀다.

　이윽고 배우들이 모두 등장했고 관객들은 희극에 즐거워했고 충격적인 반전에 경악했으며 배우들에게 박수갈채를 보냈다. 그렇게 시간은 순식간에 흘렀고 연극은 끝이 났다. 이마를 쓸어내리면서, 배우만으로는 연극을 완성할 수 없다는 것을 깨달았다. 연극은 관객이 완성했다.

연극이 완성되는 과정을 보면서 새삼 느꼈던 것이 있는데, 배우에게는 최종적으로 무대에 오른 자신을 봐줄 사람이 필요하다는 점이었다. 배우는 자신의 연기를 볼 수 없기 때문에 연기를 평가해줄 제 3자의 눈이 필요하다. 연기 감독이 필요한 이유이다. 그러나 연기 감독마저도 온전히 객관적일 수 없다. 배우들의 연기 패턴이 7주 동안 축적되어 연기에 대한 느낌이 신선하게 다가오지 않기 때문이다. 반면 대다수의 관객이 연극을 한 번 본다는 점을 감안하면 관객에게 연극은 '첫인상'이다. 어떠한 선입견 없이 있는 그대로 무대를 바라본다. 그들은 그늘진 객석에서 세상 그 누구보다도 솔직하다. 억지로 웃을 필요도, 억지로 웃음을 참을 필요도 없는 것이다. 예측 불가능한 그들이 최종평가자들이므로 극의 완성도를 함부로 짐작할 수 없는 것은 아닐까. 그래서 지금 생각해보면 극의 완성도를 걱정했던 건 기우였을지도 모른다.

5. 인생이 한 편의 연극이라면

자기계발에 방학을 투자하는 미래지향적 대학생이 되기를 마다하고 8주 간의 시간을 고작 연극하는 데 소모했다는 건 어찌 보면 어리석은 선택이었는지도 모른다. 그래도 부질없는 합리화를 해보자면, 나는 세 번의 8주 동안 누군가를 이해하려고 노력했다. 그리고 이제와서 자문해본다. 내 인생이라는 무대에서 내가 주인공이라면 나는 그동안 바쁘다는 핑계를 방패 삼아 '나'라는 배역에 무관심하진 않았을까. 내가 아닌 타인, 즉 배역을 이해하면서 나에 대한 몰이해를 실감했던 경험은 지금 생각해도 신기한 일이다.

　나를 이해하려는 시도를 하면서도 한편으로는 내 과거를 있는 그대로 바라보아야 할 것이다. 내 삶을 객관적으로 평가하는 것은 어렵지만 불가능한 일은 아니다. 적어도, 연기 감독이었던 내가 관객의 입장에서 공연을 평가하고 관객으로 인해 공연이 완성되는 과정을 보았으니 말이다. 그렇다면 나는 그동안 내 인생의 관객이기를 소홀히 하지는 않았을까.

　그리고 무대에 올라서야 관객을 위해 배우에 충실해야 한다는 책임감을 느꼈다면 그동안 나는 '나'라는 관객의 평가를 외면한 채 내 삶의 조연쯤으로 살았는지도 모른다. 어쩌면 주연배우에게 따르는 책임을 피하기 위해 무대의 그늘진 곳에서 쪼그려 앉아 있었는지도 모른다. 그렇다면 그동안 나는 관객 앞에서 떳떳해야 할, 내 인생의 주연배우였지만 정작 '주체적 인생'이라는 무대에 오르는 특권을 포기하고 있진 않았을까.

　이런 합리화가 나에게 의미 있는 무엇인가를 선사했다면, 세 번의 8주가 영 부질없지는 않았나보다. 그 경험으로부터 미래지향적인 의미를 찾았다면 참으로 다행스러운 일이 아닐 수 없다. 인생이 한 편의 연극이라면, 이제는 무대 뒤에서 배역을 이해하고 무대에 서서 배우에 충실하고 무대를 바라보며 과거의 '나'를 있는 그대로 관조하며 웃음 짓는 관객이고 싶다. 무대 뒤에서, 무대에 올라, 무대를 바라보는 사람이고 싶다.

주제 에세이

01 몇 가지 잡지학적 질문들

02 나이와 권력

03 CODE NAME 010.065.004.

04 가족 이야기

01 몇 가지 잡지학적 질문들
어느 자치언론 편집위원의 이야기

사회학과 07학번

1. 어떤 자치언론 편집위원의 이야기

매주 월요일이 회의라고 가정했을 때, 자치언론 편집위원의 일주일은 대략 다음과 같이 구성된다. 화요일, 기획거리를 찾는다. 수요일, 기획거리를 찾는다. 목요일, 기획거리를 찾는다. 금요일, 드디어 기획거리를 찾아내고 기획 구상을 한다. 토요일, 예능을 본다. 일요일, 예능을 보고 기획안을 쓴다. 월요일, 애써 들고 간 기획안을 읽은 편집장이 인상을 찌푸리며 '이건 이래서 안 되고 저건 저래서 안 됩니다'라고 말하거나, 더 나쁜 경우에는 와하하하하하 웃고 나서 '이건 기획으로 못 만들어요'라고 말한다. 까칠한 편집위원은 '이 이야기가 별 의미가 있을지 모르겠다'라고 하고 싫은 소리 못 하는 편집위원은 '잘 쓰면 재미있을 것 같긴 한데……'라며 말끝을 흐린다. 지적을 다 듣고 기획안을 읽어보면 내가 대체 뭘 써온 건가 싶다. 어제까지만 해도 좋은 소재를 찾았다고 뿌듯해했는데 지금 보니 이건 그냥 내 싸이 다이어리에 끼적거리면 충분할 이야기다. 혼자 생각할 때는 모른다. 이래서 역시 사람은 협동 작업을 해야 한다는 깨달음을 얻는다…는 건 거짓말이고 애써 찾은 소재가 별게 아니라고 판명되고 나면 어쩔 수 없이 자괴감이 몰려온다. 편집장이 원망스럽지만 생각해보면 다 맞는 소리다. 그래서 더 밉다. 그리고 다시 화요일이 된다. 다시 새로운 기획거리를 찾는다. 그 다음 화요일도, 또 그 다음 화요일도, 운이 나쁘다면 마감 일주일 전 화요일까지도. 미칠 노릇이다. 물론 이것은 서울시내 어떤 대학의 어떤 자치언론의 어떤 편집위원의 이야기를 어디까지나 가상으로 꾸며본 것이니 절대 오해 마시길. 어쨌거나 중요한 것은 저 가상의 편집장이 성격파탄자도 아니고 저 가상의 편집위원이 호구도 아니라는 사실이다. 아마 이것은 모든 잡지쟁이들의 회의에서 펼쳐지는 광경일 것이다.

요컨대 잡지를 만든다는 것은 엄청난 정신력과 체력을 요구하는 일이다. 한 권밖에 안 만들어본 젖비린내 나는 애송이라도 이건 알 수 있다. 그 한권을 만들던 지난 학기에 나는 버틸 수가 없어서 결국 휴학을 했다. 시험과 과제와 취재와 글쓰기와 편집을 도저히 병행할 자신이 없었다. 리포트라면 발로 써도 보통 교수님과 나만 아는 비밀이 되지만 〈포트레이츠〉는 2,000부 인쇄되어 학교에 쫙 깔린다. 나중에 정말 이불 뚫고 하이킥 날리며 전량 리콜하고 싶지 않다면 제때 제때 치밀하게 생각하고 고칠 수 있을 때 고쳐야 한다. 쓸 때 벌써 약간이라도 미심쩍은 기획이라면 미리 알아서 폭파해버리는 것이 낫다. 그깟 글 나부랭이 몇 명이나 신경 쓴다고 그 고생을 하고들 앉았냐, 하고 누가 묻는다면 딱히 할 말이 없다. 예상되는 다음 질문에 미리 답하자면, 자치언론 한다고 밥이 나오지도 돈이 나오지도 않는다. 처음 자치언론 편집위원의 칭호를 달고 처음으로 내 이름 석 자가 박힌 명함을 받았을 때는 간지라도 있었다. 그러나 그것도 하루 이틀이다. "너 요즘 뭐 하고 지내?" "〈포트레이츠〉 만들고 있어." "그게 뭐야?"를 수십 번쯤 겪고 나면 무덤덤해질 수밖에 없다.

그렇다면 관악의 몇몇 종자들은 왜 하라는 공부나 연애나 투쟁은 안 하고 그 시간에 잡지를 만들고 있는가. 이 글은 그 이해할 수 없는 의문에 대한 나름대로의 답이다. 엄밀하지도 심오하지도 않을 것을 미리 밝힌다.

2. 잡지를 하면 무엇을 알 수 있는가

잡지를 만들 때 가장 먼저 논의해야 할 것은 '무슨 기획들을 실을 것인지'이다. 물론 그걸 같이 논의할 사람들이 있다는 전제 하에서다. 역사적 경험을 통해 볼 때 세 명 정도면 충분한 것 같다. 지금 〈포트레이츠〉에는 무려 여섯 명의 편집위원이 있다. 편집실이 없어서 여섯 명의 대식구는 매주 문큐 카페와 사회대 라운지와 녹두호프를 전전한다. 여하튼 아무것도 없는 상태에서 1호를 만든 창간 멤버들이야 기조도 정하고 정체성도 규정하고 고민할 것들이 많았겠지만, 이후에 합류한 편집위원들은 기본적인 틀 안에서 밥상 위에 숟가락만 얹으면 된다. 선조들은 '학생사회'와 '서사'와 '실천'이라는 훌륭한● 기조들을 만들어놓았다. 덕분에 우리는 〈포트레이츠〉에 '삼성 인턴 면접 팁

● 훌륭한 동시에 애매한 것이어서 매 호마다 새로 기나긴 기조회의를 해야 한다.

100선'이나 '2011년 F/W 패션 미리보기' 같은 글이 어울리지 않는다는 것 정도는 암묵적으로 인지한 상태에서 기획거리를 찾아나선다. 그런데 숟가락 올리는 일이 생각보다 쉽지 않다. 도대체 어떤 숟가락이 얹을 수 있는 숟가락이고 어떤 숟가락은 얹을 수 없는 숟가락인지 구분할 수가 없는 것이다.

서울 시내 모 대학의 모 자치언론의 모 편집위원을 다시 가정해보자. 편집위원 면접을 볼 때 선배들은 어김없이 "(합격하게 된다면) 어떤 글을 쓰고 싶어요?"라고 묻는다. 평소에 문학을 즐겨 읽고 20대의 서사에 관심이 많던 그녀는 소설을 통한 자기서사에 대한 글을 쓰고 싶다고 대답한다. 합격 이후 그녀가 들고온 기획안에는 근대문학의 종언과 문학의 새로운 가능성과 문학을 읽지 않는 요즘 학생들과 그런 상황을 초래한 2011년 학생사회의 조건까지, 모든 것이 담겨 있다. 기획안에 모든 것이 있다는 것은 결국 아무것도 없다는 말과 같다. 여기에는 명확한 대상도 방법론도 주제도 없다. 싹수가 보이지 않을 때 쳐냈어야 하나 마음 약한 선배들이 차마 그러지 못하고 돌려 돌려 이야기하는 바람에 이 기획은 학내 문학 동아리 르포가 되었다가 신춘문예 도전기가 되었다가 직접 소설 쓰기가 되었다가 결국 소리 소문 없이 사라지고 말았다. 물론, 그 가정된 상황에서 아마 사라졌을 것이라는 뜻이다.

보통 편집위원들이 들고오는 기획안들에는 대상과 방법론만 있거나 대상과 주제만 있거나 대상만 있거나 셋 다 있지만 의미 혹은 재미가 없다. 싸이 다이어리에 쓰는 글 같으면 이런 것들을 고민할 필요가 없다. 하고 싶은 이야기가 있으면 그냥 쓰면 된다. 그럼 친구들이 댓글도 달아주고 스티커도 붙여준다. 그러나 종이에 인쇄되어 배포되는 잡지라면 사정이 다르다. 최소한 안 쓰는 것보다는 나은 글, 나무들 보기에 부끄럽지는 않을 글을 써야 하지 않겠는가. 그러기 위해서는 기획안을 쓰기 전 단계에 이미 수십 가지의 질문을 스스로 던져본 상태여야 한다. 그래서 결국 하고 싶은 이야기가 뭔가? 이 글을 왜 쓰는가? 의미는 있는가? 없으면 재미라도 있는가? 뭘 또 이렇게까지 따지고 들어가나 싶겠지만 한 군데라도 대충 넘어갔다가는 편집장이 회의에서 귀신같이 잡아낸다.

결국 잡지를 만들고 나면 무엇이 쓸 수 있는 것이고 무엇이 쓸 수 없는 것인지 알게 된다. 쓸 수 있는 것은 지금 이곳에서 살아가는 사람들의 삶을 포착하는 것, 2011년 대학생의 시대정신을 통찰하는 것, 이 세계를 잘 설명하는 것, 그러면서 유의미하고 유재미하고 아름다운 것들이다. 그런 것이 구체적으로 무엇인지는 아직도 잘 모르겠다. 최대한 가까이 가려고 노력만 하고 있을 뿐이다. 그리고 이것들이 단순히 144페이지짜리 책 한 권 만드는 것에만 결부된 깨달음은 아니다. 기획으로 쓰지 못하게 된 것들은 나의 삶에서도 의미를 잃는다. 한 권의 잡지든 한 편의 글이든 한 곡의 노래든, 어떤 사람이 만든 어떤 것은 그에게는 하나의 세계다. 최소한의 완결성을 가진 하나의 세계를 만들기 위해서는 끊임없이 의미체계를 세우고 부수고 다시 세워야 한다. 잡지를 만들지 않았으면 생각해보지 못했을 일이다.

3. 잡지를 만들면 무엇을 할 수 있는가

〈포트레이츠〉에는 딱히 수습교육이라고 할 만한 것이 없다. 오리엔테이션을 받고 어느 정도 같이 모이고 이야기하고 공부하고 놀고 하다 때가 되면 열리는 총회에서 정식 편집위원이 되었음을 박수로 인준받는다. 그때 퀘스트 보상 아이템 격으로 각자의 명함과 빨면 물 빠지는 〈포트레이츠〉 티셔츠가 주어진다. 드디어 어디 가서 '〈포트레이츠〉 편집위원 ㅇㅇㅇ입니다.'라고 말을 시작할 수 있게 된 것이다. 물론 대부분의 사람들은 "포…뭐요?" 하고 되묻겠지만, 자신을 서울대학교 자치언론 편집위원으로 소개할 수 있다는 것은 굉장히 유용하다. 학보도 아니고 교지도 아닌 듣보 언론이라는 위치 자체가 힘이 있지는 않으나, 최소한 어디에 가서 헤집고 다녀도 이상하지 않을 자격 정도는 부여하기 때문이다.

2호를 만들던 작년 가을, 사회대에서는 아고라● 폐쇄 사태가 일어났다. 문학 기획의 존폐가 위태위태한지라 다른 기획거리를 열심히 찾고 있는 상황이었다. 〈포트레이츠〉 편집위원들은 다양하게 구성되어 있는데, 개중에는 쓸 수 있는 영역이 명확한 사람들이 있다. 가령 철학과 대학원생인 모 편집위원은 실천의 조건이나 자기서사에 대한 고찰이나 플라톤 대화 패러디 같은 것들을 뚝딱뚝딱(까지는 아니고 상당히 괴로워하며) 써냈다. 부러웠다. 나에게는 그런 영역이 없었다. 나는 여기저기 발을 걸쳐온 탓에 어느 쪽에서 보나 애매한 사람이므로,

● 아고라는 사회대 건물 앞에 있는 작은 광장으로, 사회대 학생자치의 상징이다. 작년 9월 본부에 의해 일방적으로 폐쇄되었고, 투쟁을 통해 지금은 절반만 폐쇄되어 있는 상태다.

이것이 내 분야라고 자신 있게 말할 수 있는 영역이 없었다. 그런 와중에 아고라 폐쇄 사태가 일어나자 나는 사회대 학부생으로서 명확하게 쓸 거리를 찾은 셈이었다. 투쟁의 핵심에 있었던 사람들이 본다면 '아니 이 사리사욕에 눈 먼 놈 같으니.' 하고 분개할 일이다.

그러나 설령 기획으로 만들 수 없더라도 그와 별개로 이 일에 어떻게든 참여하고 싶었다. 나는 입학할 때는 경제학부 지망 신자유주의자였는데 사회대에 들어와 선배들을 통해 많은 것을 보고 듣고 배우고 집회에도 나가고 4·19 행진도 가보며 실천적인 인간이 되고 싶다는 마음을 키우던 와중에 사정상 1년 동안 학교를 떠났다가 돌아와보니 학생사회는 폐허에 가까웠고 친구들은 다 고시를 시작했고 같이 뭐 할 사람도 없어서 투표나 열심히 하고 스누라이프 서울대광장이나 열심히 보던 와중에 〈포트레이츠〉 창간호를 읽게 되었다. 그리고 이제 나도 뭔가 해보고 싶다는 마음으로 여기에 들어왔던 것이다(이하 자세한 내용은 생략한다).

어쨌든 그래서 나는 〈포트레이츠〉 편집위원 자격으로 투쟁에 발가락 정도 담글 수 있게 되었다. 사회대학생회는 〈포트레이츠〉에 투쟁을 도와달라고 요청했고, 우리는 편집위원회의 이름으로 대자보를 써 붙였다. 워낙 같이 하는 사람이 없어 급하게 구성된 비상대책위원회에 어쩌다보니 나도 이름을 올리게 되었는데, 회의에 왔던 한 선배가 (아마도 나를 신자유주의자 새내기로 기억하고 있을 선배가) 언론이 이런 자리 와서 숟가락만 올릴 생각하지 말라고 핀잔을 줬다. '숟가락 올리는 게 얼마나 어려운데요!'라고 외쳤어야 했다는 생각은 아주 나중에 든 것이고, 그때는 내가 있어서는 안 될 자리에 와 있다는 죄책감에 시달렸다. 정말 옛날부터 진지하게 운동해온 사람들이 있는데, 자치언론 처음 하는 편집위원 따위가 이 자리에 낄 자격이 있는 건가? 도움을 주기는 줄 수 있나? 이렇게 끼어들고 다니는 것이 아니라 조용히 옆에서 취재나 열심히 하고 가는 것이 맞지 않나?

그런 생각은 지금도 한다. 왠지 모르겠는데 나이를 먹으면서 내가 할 수 있는 것과 할 수 없는 것 사이의 구분을 스스로 점점 엄격하게 적용하게 되었다. 정신 못 차리고 여기저기 끼어들고 다녔던 새내기 때의 모습을 떠올리기 싫어서일 수도 있고, 스스로가 언표의 주체가 되지 못하는 상황, 내가 하는 말이 듣는 사람들한테 씨알도 안 먹히는 상황에 대한 두려움 때문인 것 같기도 하다. 그렇기 때문에 반 활동 열심히 하다가 더 이상 나오지 않는, 동아리 활동도 열심히 하다가 더 이상 나오지 않는, 고시도 취직 준비도 안 하고 있는 그냥 사회대 고학번 여자애는 할 수 있는 것이 없다고 생각했다. 학년이 올라가면서 생활조건이 완전히 달라진 친구들과는 더 이상 할 수 있는 이야기가 없었고 우리는 자연스럽게 멀어졌다. 집, 강의실, 도서관을 왔다 갔다 하는 일상 속에서 새벽이 되면 좀 많이 우울해졌던 것으로 기억한다. 고시생 남자친구와의 연애도 한몫 했다. 총체적 난국이었다.

유치하게 '그런데 〈포트레이츠〉에 들어와서 제 삶이 달라졌어요!' 따위 말을 하려는 것은 아니다. 시공간을 오그라들게 만들고 싶지는 않다. 그러나 자치언론 편집위원이라는 것이 나 스스로에게는 일종의 '자격'이 되었다는 것, 그것이 내가 할 수 있는 것과 없는 것을 규정하는 조건들에 있어 지각변동을 일으켰다는 것은 확실하다. 아고라 투쟁 사례에서 이야기했던 것처럼 그 자격은 한없이 애매하고 위태롭다. 우리는 기획 하나하나에서 어떻게든 의미를 도출해내려 하지만, 정작 우리에게 무슨 의미가 있는지는 설명하지 못한다. 그러나 자치언론 편집위원이 아니었다면 나는 2010년 9월 아고라 투쟁에 발가락 끝조차도 담그지 못했을 것이라는 사실, 늘 그랬듯이 뭔가 열심히 하고 있는 사람들 앞에서 애써 시선을 외면하며 중앙도서관으로 향했을 것이라는 사실만큼은 확실하다.

4. 그래서 잡지는 무엇인가

그럼에도 글은 글이지 현실이 아니다. 이 글을 쓰고 있는 오늘, 〈포트레이츠〉 회의는 또 취소되었다. 어제가 마감일인데 글이 하나도 나오지 않아 어쩔 수 없었다. 원래 발간 예정일은 5월 18일이었으나 얼마 전 5월 25일로 미뤄졌고, 지금은 방학 전에만 나와도 다행일 것 같다는 생각이다. 이번 호를 만드는 편집위원 중에는 휴학생이 없다. 졸업학기인 사람이 두 명이다. 편집장은 공익근무 중이다. 지금은 시험기간이고 과제폭풍 기간이다. 다들 회의마다 다크서클을 안고 등장한다. 번갈아가며 감기몸살도 옮겨준다.

나 역시 아직 기획을 쓰지 못했다. 어제 중앙도서관 4층 전산실 17번 자리에 앉아서 이 글을 쓰다가 눈물을 뚝뚝 흘렸다. 원래 이걸 잘 써서 주제 에세이로도 써먹고 잡지에도 실어야겠다고 신나게 마음먹고 있었는데 앞의 두 페이지를 읽은 편집장이 너무 길다고 세 장 내외로 줄이라고 했기 때문이다. 수업에는 다섯 장짜리를 내야 한다고 하자 그럼 선생님께 "저는 아직 다섯 장이나 되는 글을 쓸 만한 실력을 갖추지 못했으므로 세 장만 쓰겠습니다."라고 말씀드리라고 한다. 때려주고 싶다. 결국 새로 글을 써야 한다. 새내기 데리고 발표 준비도 해야 하고 다른 기획 때문에 인터뷰도 가야 하고 다른 리포트도 써야 하고 다른 과제도 해야 하는데 할 일이 또 생겼다는 생각에 눈물이 왈칵 나왔다.

그러나 별 수 없었다. 졸업하려면 이번 학기에는 절대 지난번처럼 쉽게 휴학할 수 없고, 잡지 만드는 일을 때려치우고 싶다는 생각은 한 번도 해보지 않았다. 나는 화장실에 들어가서 눈물을 닦고 코를 풀고 녹두에 초밥을 먹으러 갔다. 초밥과 함께 백세주를 몇 잔 마시고 와우를 조금 한 후에 다음날 있을 인터뷰를 위한 질문지를 짰다. 지금은 인터뷰를 무사히 하고 와서 발표 준비도 무사히 한 다음 이 글을 쓴다. 스트레스가 폭발할 때면 그렇게 한 번 울고 다시 할 일을 한다.

그래서 잡지가 뭐냐는 이야기냐면, 나도 잘 모르겠다. 피곤해 죽을 것 같은데 취재원을 만나러 가야 할 때도, 써지지 않는 글을 쥐어짜내며 밤을 꼴딱 새울 때도, 이미 빨간 펜 표시가 가득한 교정지를 눈이 빠져라 들여다보며 오타를 찾아낼 때도, 그렇게 인쇄되어 트럭에 실려 온 책들 가운데 한 권을 처음 집어들 때조차도, 나는 확신이 없었다. 확신은 바깥에서 오지 않는다. 우리가 잡지 한 권 만들었다고 세계가 바뀌지는 않는다. 나의 글 때문에 누군가의 삶이 바뀌지도 않는다. 설령 그렇다 해도 나로서는 알 수 없다. 당장 눈으로 확인할 수 있는 변화가 아니기 때문이다. 그러니까 나는 기획으로 쓸 대상에 끊임없이 의미를 부여하고 다시 부수는 것처럼, 내가 하는 일에도 그렇게 하는 수밖에 없다. 어떤 날에는 내가 대단한 일을 하는 것처럼 느껴지지만 어떤 날에는 내가 하는 일이 아무짝에도 쓸모없는 것 같다. 어차피 알 수 없는 일이라면, 일단 좋은 글을 쓰고 좋은 책을 만들고 봐야 한다. 기자랍시고 학교에서 일어나는 이런저런 일들에 계속 머리를 들이밀고, 망해가는 학점과 불안한 앞날 앞에서도 초연한 마음을 가져야 한다.

그러고 나면 잡지는 최소한 2011년에 대한 하나의 기록은 될 것이다. 아주 운이 좋다면, 지금보다 더 나은 세계를 만드는 데 힘을 보탤 어떤 실천이 될지도 모르겠다.

02 나이와 권력
편리함 속에 감추어진 위험한 진실

사회학과 09학번

1. 서론을 대신하여 – 일상의 위험성

 가장 당연해 보이는 것들이 때론 가장 위험한 법이다. 대개 우리는 일상에 지쳐 피곤한 나머지, 수없이 반복되어 이제는 당연하게 느껴지는 일들에 대해 여간해선 다시 생각하려 하지 않는다. 하지만 삶의 순간순간마다, 당연하게만 인식되던 바로 그 일들이 갑작스레 당연하지 않은 일이 됨으로써 우리의 뒤통수를 친다. 굳게 믿었던 친구에게 배신을 당했다거나, 고등학교 시절 죽도록 미워했던 동창을 몇 년만에 만났는데 '도대체 왜 그가 그렇게 미웠을까' 도무지 기억나지 않는다든가 하는, 그런 순간들 말이다. 그래서 우리 선조들이 편견과 방심에 관해 그렇게 많은 이야기를 남겼는지도 모를 일이다.

 이는 조금 다른 각도에서 보면, 우리가 일상적으로 마주하는 많은 일들이, 실은 거짓이나 착각 혹은 맹목적인 믿음에 지나지 않는 경우가 많다는 이야기일 수도 있다. 그리고 어떤 계기에 의해 '상식'을 가장한 이러한 잘못된 관념이 깨어질 때, 우리는 적잖이 당황한다. 이것을 굳이 '위험'이라고 표현하는 것은, 우리 눈에 잘 보이지 않기 때문이다. 눈에 보인다면, 그것은 이미 위험이 아니며 두려워 할 이유도 별로 없을 것이다. 보이지 않는 진실이 서서히 그 모습을 드러내면서 우리를 압박할 때, 그것이 진정한 위험이고 공포다. 그런 점에서, 우리의 일상 속에는 수많은 위험한 진실이 산재해 있다고 보아야 하리라.

이 글의 근본적인 문제의식은 바로 이 지점에 있으며, 이러한 관점에서 한국 사회의 '나이' 중시 풍토에 대해 이야기하고자 한다. 이 땅에 살아가는 이들에게는 너무도 당연한 이 집단적 습관, 처음 만나면 나이를 서로 물으며 관계를 정리하고, 나이가 더 많은 이들은 더 큰 권력을 갖고 군림하려고만 하는 이 이상한 현상이 어떤 방식으로 나타나고 있는지 살펴보고자 한다. 그리고 이것이 왜 문제인지, 어떻게 해결해야 할지에 대한 고민도 함께 제시할 것이다. 당신은 어쩌면 이 글을 읽으며 마음이 불편해지거나 심지어 불쾌해질지도 모른다. 하지만 이상하게 생각하지도, 화를 내지도 말길 바란다. 당신만 그런 것은 아닐 테니 말이다.

2. 한국=나이 공화국?

한국에서 '나이'란 매우 큰 의미를 갖는다. 우리는 처음 만난 사람에게 자신을 소개하고 인사를 나눌 때 대개 이름 다음으로 나이를 이야기하곤 한다. 그리고 여럿이 있는 자리라면, 이러한 행위는 그 자리에 있는 사람들 간의 위계질서를 빠르게 정리해주는 기능을 한다. 자칫 복잡해질 수 있었던 모든 것들이 하나로 정리된다. 선배, 형, 누나, 오빠, 언니 등 한국어에 유독 나이에 따른 서열을 의미하는 단어가 많은 것은 이 땅에서 오랫동안 지속되어온 이러한 상황의 반영일 것이다.

이것은 분명 한국에서만 볼 수 있는 독특한 현상이다. 서양에서는 비단 숙녀에게뿐 아니라 잘 모르는 사람이라면 누구에게나 나이를 묻는 것이 심각한 결례로 인식되는 경우가 많다. 그것은 불가피한 상황이 아니면 되도록 피해야 할 질문이며, 굳이 물어야 하는 경우 반드시 정중히 양해를 구하는 것이 예의에 맞다. 그렇다면 이와는 대조적으로 한국에서 벌어지고 있는 일들은, 이러한 서양의 풍습과 어떻게 다르며, 또 그것은 어떤 효과(혹은 목적)가 있는 것일까?

내가 학교의 외국인 교환학생들과 교류하는 프로그램인 SNU Buddy에 참여하고 있을 당시의 일이다. 당시 내 버디(1:1로 매칭된 멘토-멘티 혹은 짝의 개념)는 독일에서 온 친구였는데, 나는 그를 비롯한 유럽 친구들과 대화하면서 한 가지 특징을 발견했다. 그들은 자기를 소개할 때 나이를 이야기하는 법이 없었다. 테이블에서도 언제나 나이 이야기를 먼저 꺼내는 것은 한국인 버디(주로 신참)들이었고, 그들은 별스러운 걸 다 묻는다는 듯한 뉘앙스의 제스처를 자주 보였다. 프라이버시를 존중한다는 그네들의 문화 탓이겠거니 생각했지만 퍽 낯선 느낌이 들었던 것으로 기억한다.

당연한 결과인지 모르지만, 그들은 나이를 통해서 관계를 설정하려는 움직임이 전혀 없었다. 나보다 네 살이 많았던 내 버디도 나에게 모르는 것을 물어보거나 의견을 교환하는 데 스스럼이 없었고, 망설임 없이 나를 친구friend로 대해주었다. 나는 한 학기 동안 그와 대화하고 놀면서 그가 나보다 나이가 많다는 사실을 떠올린 적이 거의 없었고, 가끔 페이스북 프로필에서 그의 생년월일과 소속(대학원)을 볼 때마다 새롭게 느껴지곤 했다. 다시 이야기하면, 그들은 나이를 통해 누군가의 위에 군림하거나 누군가에게 굴복해야 한다는 관념이 전혀 없는 것 같았다.

이런 상황 속에서 한국인 버디들 간의 관계도 다른 일반적인 한국인 공동체보다는 상대적으로 나이를 덜 중시하는 분위기를 띨 수밖에 없었다. 때로 이것은 어색한 상황을 빚기도 했다. 선후배 관계가 엄격하고 권위적인 단과대학(특정 과를 언급하지는 않겠다)에서 온 한국인 학생들은 이러한 분위기를 낯설어했고, 적응하는 데 상당한 노력이 필요한 것으로 보였다. 어쩌면 문화충격Culture Shock은 교환학생들이 아닌 우리가 더 크게 받았는지도 모르겠다는 생각이 든다.

이 에피소드에서 우리는 좀더 객관화된 한국의 모습을 살펴볼 수 있다. 우리는 어떠한가? 처음 만났을 때 이름 바로 뒤에 나이가 따라붙는 것이 일반적이지 않은가. 바깥 사회보다 개방적이라는 대학·학생사회에서도 마찬가지다. 학번, 재수 여부 등부터 이야기하는 것이 관례로 인식된다. 심지어 이런 조건들이 상충되는 날에는 미묘한 갈등이 빚어지는 일도 부지기수다.

3. 무엇이 물꼬를 막았을까 – 나이와 폐쇄적 '선후배' 관계

한국에서 나이와 관련하여 특징적으로 나타나는 또 하나의 현상은 바로 '선후배' 관념이다. 학교에서, 직장에서, 사회에서, 한국은 분야를 막론하고 기수를 따져 선후배 관계를 규정해야 직성이 풀리는 나라다. 이런 경향은 상대적으로 자유로운 분위기를 보이는 문화예술계에서조차 마찬가지여서, 연예인을 비롯한 예술가들마저 서로를 선후배로 설정하고 권위적인 시스템을 형성한다. 법조계와 같이 전통적으로 내부 구성원들의 권위적 성격이 강한 분야는 물론이고 일반 기업이나 언론사, 의료계, 학계 등 이러한 소위 '선후배 시스템'으로부터 자유로운 곳은 사실상 거의 없다.

우리는 이것을 너무나 자연스러운 것으로 간주한다. 비록 '선배는 하늘'이라는 식의 폐쇄적인 논리가 통하는 곳은 많이 줄어들었지만, 여전히 선배는 연장자로서, 경험자로서 막강한 권위를 갖는 경우가 많다. 선배에게 조금만 밉보여도 '기어오른다', '버릇이 없다' 등의 평가를 받고 조직 내에서 고립되기 일쑤이며, 선배와 사이가 좋지 않으면 소위 '살아남기' 어려운 경우가 대부분이다. 이런 상황에서 선배의 잘못을 지적하거나 비판적인 입장을 견지하는 것은 매우 어렵다. 다음의 사례를 살펴보자.

> 신입생 MT에 참석했다가 선배에게 폭행당한 대학생이 병원에서 치료를 받던 중 6일만에 숨졌다.
> 19일 부산 부산진경찰에서 따르면 부산 모 대학 1학년 복학 예정자인 A(20)씨가 지난 12일 오전 4시30분께 경북 경주의 한 리조트 앞 마당에서 같은 학과 4학년 박모(25)씨에게 폭행을 당해 쓰러졌다.

A씨는 병원으로 옮겨져 치료를 받았으나 뇌출혈 증세를 보이다 18일 오후 8시35분께 숨졌다. 경찰은 1박2일 일정의 신입생 MT에 참가한 박씨가 후배들 기강을 잡겠다며 얼차려를 하던 중 주먹으로 A씨를 때렸다는 A씨의 친구와 유족들의 진술을 확보하고 박씨를 폭행치사 혐의로 긴급 체포해 조사를 벌이고 있다.

경찰은 정확한 사인을 규명하기 위해 시신을 부검하기로 했다.

| 매일경제, 2011.03.19 |

물론 이러한 문제점은 '나이'로만 설명되는 것은 아닐지도 모른다. 극단적인 사례이긴 하지만, 위의 기사에서와 같이 물리적인 폭력 사건으로까지 치닫고 있는 선후배 간의 권위적인 관계와 같은 문제점들은, 실상 다른 차원의 원인들을 상당 부분 내포하고 있다. 그러나 중요한 것은, 이러한 현상의 근본에는 개인 간의 관계에 있어서 어떻게든 권력관계를 형성하려는 눈물겨운 노력이 깔려 있다는 점이다.

그리고 선후배 관계의 경우, 선배가 어떠한 과정을 먼저 겪은 사람으로서 갖는 자연스러운 권위에 의해 관계가 수립된다기보다는, 일종의 '상관' 개념으로서 원인 모를 절대적 권위를 갖는 경우가 많다. 쉽게 말해 '그가 선先경험자로서 나에게 어떤 조언이나 도움을 직간접적으로 제공할 수 있고, 그렇기 때문에 '내'가 자발적으로 '그'의 의견과 능력을 존중하는 것이 아니라, '그'는 내가 함부로 대해서는 안 되는 '어른'이고, '나'는 그의 말을 따라야 하는 '신참' '풋내기' '어린애'라는 관념이 깔려 있는 것이다. 이러한 관계 속에서 흔히 선배는

'연장자'의 이미지로, 후배는 '연소자'의 이미지로 상정된다.

합리적으로 생각했을 때, 공적인 영역에서 경쟁적인 관계 설정이 필요하다면, 그것은 객관적인 실력의 정도와 능력의 종류에 따라 결정되는 것이 바람직하지 않은가? 그러나 한국에서는 나이와 경력(기간)이 대부분의 경우에 우선시된다. 혹은 공적인 영역에서 선배를 존중한다고 하더라도, 그것은 어디까지나 그 영역에 한정되는 것이지 일상적인 생활에 있어서까지 선배가 후배에게 영향력을 행사하는 것은 납득하기 어렵다. 권력의 남용 혹은 잘못된 설정인 것이다.

확실히, 우리는 잘못된 방식으로 관계를 형성하고 있다. 그리고 그 출발점은 나이부터 따지고 드는 일상생활에 있는지도 모른다. 사회 전체를 아우르는 억압적이고 숨 막히는 이 분위기의 기저에는 나이로 위계질서를 형성하는 우리 모두의 잘못된 모습이 원인으로 작용하고 있다는 것이다. 그리고 이러한 일상 영역의 문제로부터 공적인 영역에서의 폐쇄적인 선후배 관계에 이르기까지, 우리는 올바른 관계를 정립하는 것이 귀찮은 나머지 나이나 경력과 같은 시간적 요소에 손쉽게 의존하는 모습을 보인다. 합리적인 관계를 설정하는 것은 복잡하고 피곤한 과정이기에, 나이나 기수로 위계질서를 형성하는 편리함을 취하는 것이다. 이쯤 되면 가히 범국가적인 음모(?)라 할 만하지 않을까.

4. 나이와 젠더 – 연상연하 커플

한국에만 있는 독특한 표현이 또 있다. 바로 '연상연하'라는 표현이다. 이는 커플 중 여성이 더 나이가 많은 경우를 가리키는 것으로, 최근 그 수가 늘면서 이를 심각한 문제로 생각했던 과거의 시각은 상당 부분 사라지고 있다. 하지만 여전히 '연상연하'라는 표현은 통용되고 있고, 이는 '커플이라면 남자가 여자보다 나이가 많은 것이 정상이고, 그 역은 정상이 아니다'라는 생각이 잔존한다는 것을 뜻한다.

A(남)는 2살 연상의 학교 선배 B(여)와 6개월째 사귀고 있다. 연인으로 지낸 기간이 길어지면서 그는 대부분 동갑이나 연하와 사귀는 주변 친구들의 연애와 자신의 연애가 다르다는 것을 알게 되었다. B와 사귀기 시작한 이후에도, 그녀의 친구들은 A보다 선배였기 때문에 함께 그들을 만날 때면 뭔가 어색하고 '꿀리는' 기분을 느끼기 일쑤였다. 심지어 B가 그녀의 친구들과 이야기를 나눌 때면 함부로 끼어들기 어려운 일종의 소외감마저 느꼈다. A의 친구들은 선배-누나와의 연애가 어떤지 항상 궁금해 했고, 일반적인 그것과 별로 다르지 않다고 대답하면 의아해하거나 이해가 가지 않는 눈치였다. 궁금해하는 내용도 가지각색이었다. 밥값은 누가 내는지, 데이트코스는 누가 주도하는지에서부터 고백은 누가 먼저 했는지, 스킨십은 누가 리드하는가의 문제까지, 참으로 궁금한 것도 다양하고 많았다. A는 B를 아끼고 사랑하지만, 여기에 분명한 '차이'가 있음을 인식할 때 왠지 거리감이 느껴지고 씁쓸해진다. 왜 그들은 우리를 있는 그대로 보아주지 않는 것일까?

왜 남성이 여성보다 나이가 많아야 하는가? 이는 두 가지를 의미한다. 먼저 여기에는 남성이 여성보다 관계에서 더 많은 권력을 가져야 한다는 의미가 있다. 남성은 관계의 주도권을 쥔 존재이며, 여성보다 강하고 유능해야 한다는 의식이 깔려 있는 것이다. 여성이 남성보다 나이가 많거나 경제적으로 더 능력이 있거나 조직 내에서 더 인정을 받을 경우 둘의 관계에 대한 주변의 시선이 곱지 않은 것은 물론, 마침내는 둘의 관계까지 서먹해지는 경우를 우리는 종종 목격한다.

이 글의 문제의식과 관련하여 더욱 중요한 것은, 이러한 남성과 여성의 권력관계의 주요 수단으로 나이가 활용된다는 점이다. 앞서 언급했던 것처럼, 여기서도 나이는 위계질서를 형성하는 편리한 수단으로 이용되고 있는 것이다. 남성은 커플이라는 관계 속에서 언제까지나 '오빠'이고, 여성은 돌봄(혹은 관리, 통제)이 필요한 존재로 규정된다. 물론 여성주의적 시각에서와 같이 이 과정에서 여성이 일방적인 피해자인지는 의문이다. 이러한 관계와 사고 자체를 여성 역시 일정 부분 내재화하여 수용하고 있다는 해석도 가능하기 때문이다. 확실한 것은 이러한 관계 설정 자체가 나이를 매개로 한 필요 이상의 불평등한 관계를 목표로 한다는 점이다.

이처럼 남녀관계에서도 나이는 관계 설정의 중요한 축으로 활용된다. 남성과 여성의 관계 속에서, 성적 불평등이 나타나는 것도 문제이지만, 여기서 지적하고자 했던 것은 그러한 관계의 부조리 자체라기보다는 그 수단으로서 활용되는 나이의 역할이었다. 물론 다른 조건들도 다양하게 작용하는 것 역시 사실이다. 남성이 여성보다 우위에

설 수 있도록 만드는 조건들은 많다. 경제적 부일 수도 있고, 조직 내에서의 권력일 수도 있으며, 교육 수준의 차이(이 부분은 이제 거의 무너졌지만)를 통한 지적 권력일 수도 있다. 하지만 연상연하를 일반적이지 않은 것으로 여기고 따로 규정하는 문화적 관습에서 알 수 있듯이, 보편화된 남성-연장자, 여성-연소자의 이미지가 중요하게 작용한다.

5. 결론 – 동반자적 관계와 평등한 공동체

그렇다면 과연 바람직한 관계란 어떠해야 하는 것일까? 이쯤에서 우리는 친구friend나 동료colleague라는 개념에 대해 생각해볼 필요가 있다. 우리에게 친구는 어떤 개념인가? 대개의 경우 나이가 같은 동기 정도의 범위에 한정된다. 하지만 서양에서는 친구의 개념에 나이는 개입되지 않는다. 어린 꼬마가 죽음을 목전에 둔 노인과 친구가 될 수도 있고, 학년이 다른 아이들이 서로를 친구로 부르는 경우도 많다. 나이가 더 많은 이가 더 어린 이에게 "내가 네 친구냐."라며 언성을 높이는 한국과는 다른 모습이다.

동료 역시 마찬가지다. 보통 우리에게는 같은 기수의 동기 정도를 의미하는 반면, 서양에서는 한 직장에서 일하는 이들은 공식적인 상사boss를 제외하면 모두 동료다. 이는 조직 내에서 보다 수평적인 관계가 설정되고, 보다 자유로운 의사소통이 가능함을 의미한다. 친구와 동료가 모두 동반자적 관계로서의 성격을 내포한다고 본다면, 앞서 지적한 한국의 상황을 고려할 때 이는 공동체 내의 동반자 의식이 훨씬 강하다는 것을 뜻한다고 할 수 있을 것이다. 그리고 지금, 우리에게는 이처럼 보다 수평적인 관계가 절실하게 필요한 것이 아닐까 싶다.

이러한 언급이 혹 '서양 것이 무조건 좋다'라는 식의 서구 사대주의로 읽힐까 걱정이 앞선다. 오해를 막고자 해명을 하자면, 반드시 다른 문화를 모델로 삼고 따라야 한다거나, 절대적인 기준에서 좋고 나쁨이 있다는 뜻은 아니다. 다만 다른 문화와 비교하며 한국을 바라보면 보이지 않던 것들이 보일 수 있기에 생각을 전개시키는 과정에서 서양의 사례를 많이 들었던 것이다. 물론 여기에는 앞서 첫 번째 에피소드에서 소개했던 나의 경험이 계기가 되었던 것 같다.

우리는 함께 살아간다. 개인에 따라 어느 정도 자생 능력을 갖추었을 수는 있지만, 그럼에도 혼자 살아갈 수 있는 것은 아니다. 그렇다면 함께 살아간다는 것은 무엇인가? 경제학에서 말하는 것처럼 단순히 자신의 이익을 위해 움직이는 이들 사이에서 형성되는 수요와 공급의 일치일 뿐일까? 나는 그렇지 않다고 본다. 삶이 그렇게 간단하다면 차라리 더할 나위없이 좋을지도 모르겠지만, 안타깝게도 인간의 삶은 그것보다 복잡하고 미묘하다는 것이 나의 개인적인 생각이다. 그런 관점에서 보자면, '사람'과 '사람' 간의 관계 맺음이 이토록 딱딱하고 지루하다는 것은 안타까운 일이다. 더구나 그것이 한낱 누가 몇 달, 혹은 몇 년 더 일찍 태어났는가 하는 유치한 기준에 의한 것이라면 더 말할 것도 없이 슬픈 일이다.

나는 주변의 친한 선배들도, 때론 학교에서 마주하는 선생님들도 내 친구라고 마음속으로 생각할 때가 있다. 물론 그들이 이 사실을 알면 매우 화를 내거나, 혹은 자신이 나이보다 젊게 인식된다는 생각에 매우 기뻐하거나, 둘 중 하나일 것이다. 중요한 점은, 그것이 내가 그들과 나의 나이 차를 무시하겠다거나 그들을 존중하지 않겠다는 뜻이 아니라는 사실이다. 관계가 유연하고 수평적인 것과 존중하지 않는 것은 다른 문제다. 내가 누군가에게 존댓말을 쓰더라도, 그의 경험과 의견을 존중하더라도, 얼마든지 그러한 관계 속에서 자유로울 수 있다. 물론 존댓말을 쓰지 않고 친구처럼 지낸다면 이러한 자유로움을 보다 쉽게 얻을 수 있겠지만, 이것이 반드시 존댓말이나 호칭으로 제약되는 것은 아니다. 그럴 필요는 전혀 없다.

당연한 일에 대해 너무 많은 생각을 한다고 보는 이들이 있을지도 모르겠다. 그러나 함께 살아갈 수밖에 없는 상황에서, 함께 살아가는 이들이 보다 평화롭고 자유롭기를 바라는 마음이 잘못된 것은 아닐 것이다. 서두에서 밝혔던 것처럼, 이 이야기는 불편한 진실에 대한 불편한 이야기를 표방했다. 성공했는지는 잘 모르겠지만, 적어도 나에게 느껴지는 오늘의 이 불편함이 의미 있는 변화로 이어지길 바란다면, 지나친 욕심일까.

03
CODE NAME 010.065.004.
이상원 선생님의 인문학 글쓰기, 그 비밀을 밝힌다.

사회교육과 06학번

♥경고♥ 이 이야기는 가상의 이야기이고, 만약 실제의 이야기가 살짝 들어있다고 해도 2010년 1학기 인문학 글쓰기를 같이 들은 우리들만이 알 수 있는 비밀 이야기랍니다. 쉿, 그럼 지금부터 비밀 이야기를 들려줄게요. 중요한 부분에는 밑줄을 긋고 별을 두 개 정도 그려넣어도 좋아요~.

하아… 역시 너무 깊이 알려던 잘못일까? 전신에는 힘이 하나도 없다. 오른쪽 팔은 어디에 심하게 묶인 것마냥 저릿저릿 아프다. 관자놀이에서 미간에 이르기까지 머리가 온통 지끈거린다. 정신은 점점 혼미해져만 간다. 더 이상은 고개를 가눌 수조차 없다. 뭔지 모를 끈적끈적한 액체는 계속해서 얼굴을 타고 흘러내린다. 잔인할 정도로 고막을 파고들며 규칙적으로 울려퍼지는 시계 소리만이, 12시가 다가오고 있음을 알려준다. 시계 소리가 나는 곳을 따라 간신히 시선을 옮겨보니 12시까지 앞으로 20여 분 남짓 남은 것이 희미하게 보인다. 바로 그때, 서서히 다가오는 검은 그림자.

'더… 더 이상은… 제발 살려주세요, 제… 제발… 살려줘~~~.'
나의 마지막 혼신의 외침에도 불구하고, 검은 그림자는 영화에서 나 보던 철퇴 혹은 도리깨처럼 생긴 둔기로 세차게 나의 어깨를 내리친다. 이게 과연 인간의 힘이라고 할 수 있을까? 단말마의 고통이 밀려온다.

'퍽! 번쩍!'

이 사건의 시작은 2010년 2월 초, 어느 겨울날이었다. 복학 첫 학기, 나는 설레는 마음을 안고 수강신청 준비에 여념이 없었다. 듣고 싶은 교양과목은 많았지만 이제 슬슬 졸업요건을 맞추기 위해 전공이 수학점을 신경 써야 했다. 울며겨자먹기 혹은 '시험기간 벚꽃 만개한 자하연을 지나 중앙도서관 가기'라는 심정으로 대부분을 전공과목으로 채웠다. 임시시간표를 마주하고 있노라니 마치 세계적인 경제 위기를 초래한 서브프라임 사태를 내 눈앞에서 바라보는 듯한 느낌이다. 억장이 무너져내리고 가슴은 황폐해져만 간다.

'먹이를 찾아 산기슭을 어슬렁거리는 하이에나를 본 일이 있는가? 짐승의 썩은 고기만을 찾아다니는 산기슭의 하이에나. 나는 하이에나가 아니라 표범이고 싶다.'

〈킬리만자로의 표범〉 노래가 머릿속에 울려 퍼진다. 자하연보다도 깊은 심연으로 침잠시키는 이 노래가 말이다. 이럴 수는 없다. 대학생활의 철칙이었던 주4파를 포기하는 한이 있더라도, 내가 듣고 싶은 수업 하나쯤은 들어야 나 자신한테 덜 미안할 것 같았다. 한 학기 동안 내 자신에게 손가락질하고 싶지 않았다. 무엇을 들으면 좋을까? 그런 내게 먼저 복학해 있던 친구들이 학교 수강평가 사이트를 둘러보더니 이상원 선생님의 인문학 글쓰기라는 강좌를 소개시켜주었다.

"야, 이거 엄청나게 인기 강좌인데? 최고의 수업이라고 적혀 있는데?"

"같이 보자. 뭐가 좋다는데?"

"여기 댓글들 봐. 칭찬일색이네. 시험도 없고, '열심히만 하면' 학점도 잘 받을 수 있대."

"수강평가 사이트에 학점 잘 준다고 글 올리는 사람들은 자기가 학점 잘 받은 사람들이야. 아직도 그걸 모르냐? 아무리 요즘 시대에 학점이 중요하다지만 학점에 매달려서 그런 거에 쉽게 혹하면 안 돼. 자기가 좋아하는 과목일수록 열심히 하게 되고, 그래서 학점도 잘 나온다는 건 변함없는 진리야. 마우스 좀 치워봐. 수업 이름이 뭐라고?"

"짜식. 인문학 글쓰기. 이상원 선생님 수업. 재미있고 남는 것도 있다잖아. 다른 강의생들하고 같이 수업 끝나고 피자 같은 것도 시켜먹고, 종강 후에는 MT도 같이 가면서 친하게 지낼 수 있대. 다 같이 듣자."

이 정도로 일거양득의 강좌라는 건 이미 수강을 들었던 학생들의 평가로 충분히 알 수 있었다. 왜 하필 이상원 선생님의 인문학 글쓰기가 유독 인기강좌인 것일까? 호기심 많은 나는 수업을 들으며 그 이유를 꼭 알아보고 싶었다. 그래서 더욱 반드시 들어야겠다는 생각이 들었다. 수강신청 당일. 나는 010.065.004. 이상원 선생님의 금요일 인문학 글쓰기에 홀수 학번에게 열린 제한 정원 중 마지막으로 아슬

아슬하게 골인했다. 전쟁 같은 수강신청. 더군다나 인기 강좌. 치열함은 예상했지만 이 정도일 줄이야. 같이 넣자던 친구 I와 U는 처참한 수강신청 실패 후, 9회 말 동점에서 홈런을 허용한 투수의 기분이라며 투덜댔다. 수업에 대해 아무것도 모른 상태에서 독강이지만 이 악물고 들어야겠다는 오기가 더욱 강해졌다.

'힘들겠지만 포기하지 않아. 모든 걸 걸고 끝까지 가보는 거야. 그리고 이 인기강좌의 비밀을 알아내고야 말겠어!'

하지만 그것은 돌이킬 수 없는 엄청난 선택이었다는 것을 그때의 나는 알지 못했다.

내가 돌아왔다! 고대하던 복학의 3월, 인문학 글쓰기 첫 수업. 10분 전에 맞춰 교실에 도착했음에도 자리는 대부분 꽉 차 있었다. 쓰윽 교실을 한번 둘러보았다. 대학국어 이수자만 들을 수 있는 수업이라 했으니, 최소 09학번 이상일 텐데, 다들 완전 파릇파릇하고 광나는 모양새가 죄다 09학번인 것 같았다. 중간중간 빈자리가 있었지만 다들 바라보는 시선이 곱지 않았다. 마치 몇 년 전 생방송 음악프로그램에서 한 인디밴드의 멤버가 성기를 노출하는 물의를 일으킨 후에 인디 음악을 바라보던 사람들의 시선 같았다. 주눅이 들어 어쩔 수 없이 나는 꼬리 내리고 도망가는 강아지마냥, 조용히 비어 있는 문쪽 맨 뒷자리에 자리를 잡고 앉았다. 그때, 나의 눈을 사로잡는 20대 후반 미모의 고학번 여선배님으로 보이는 분이 등에 가방을 메고 들어오셨다. 그러고는 교실을 한번 둘러보시더니 창가 쪽 맨 앞자리에 앉으셨다.

'휴, 그래도 저 누나 한 분 계시니 최고 학번은 아니라 다행이네. 사람들 이제 얼추 다 온 것 같은데 결국 09학번 아닌 건 누나랑 나 둘 뿐인 건가.'라고 생각하며 선생님이 들어오시기만을 기다렸다. 하지만 9시가 다 돼가도록 오시지 않는 선생님.

'아무리 강의 첫날이라 일찍 끝내주실 생각이라지만, 그래도 첫 수업인데 시간엔 맞춰 오셔야 하는 거 아니야?'

의아해하는 바로 그 순간, 누군가의 핸드폰에서 한 아기가 앙증맞은 소리로 "아옵씨(아홉시)."라고 외친 바로 그 순간, 갑자기 앞에 앉아계시던 미모의 고학번 여 선배님이 벌떡 일어나시더니 획, 하고 몸을 돌리시는 것이 아닌가? 그러더니 영문을 몰라 멍해져 있는 우리를 향해 입을 여신다.

"자, 여러분 반갑습니다. 저는 인문학 글쓰기를 맡게 된 이상원입니다."

'뭐… 뭐야, 이거!!!'

이 수업 일단 시작부터 범상치 않다. 아무리 사람 이름으로 성별을 판단하는 건 선입견이고 편견이라고 배웠다만, 내가 상상했던 '실크 계열의 정장을 맵시 있게 입으신 채로 백묵을 담배처럼 검지와 중지에 끼고 계신, 다른 한 손은 바지주머니에 찔러넣고서 젠틀한 미소를 날리시는' 미중년의 남자 선생님과는 너무도 달랐다.

'수업을 들었다는 그 누구도 이런 매력이 철철 넘치시는, 성격 좋고, 훤칠하신 절세미녀 선생님이라고 말해주진 않았잖아!!!'

그래도 일단 이 수업이 인문학 글쓰기 강좌 중에서도 인기 강좌였던 비밀 한 가지는 풀리게 되었다. 그러나 난 그때부터 이 수업에 대한 비밀을 좀더 파헤쳐보겠다는 열망에 더 강하게 사로잡혔던 것 같다.

개강 후 며칠 뒤 후배들이랑 점심을 먹을 때였다.
"이번에 ㄷㅇ이랑 인문학 글쓰기 수업 들으신다면서요?"
"응, 독강이 될 줄 알았는데 같이 듣더라고. 한 학기 동안 같이 수업 들으면 ㄷㅇ이랑 치… 친해지겠지? 그… 그런 거겠지? 수업도 완전 재미있을 것 같아. 표현할 수 없는 뭔가가 있어."
그리고 나는 첫 수업에서 있었던 이상원 선생님에 대한 에피소드를 말해주었다.
"크크, 저희도 작년에 인문학 글쓰기 수업 들었었는데. 저희도 수업 좋았어요."
"이상원 선생님 수업?"
"아뇨, 저희는 이유선 선생님 수업. 근데 그거 알아요? 이유선 선생님은 남자분이세요."
"진짜?"
"네, 근데 이건 소문이긴 한데… 말해도 되나…?"
"야 말하지 마. 소문인데 그걸 왜 말해."
"뭔데 그래?"
"그… 그게 이유선 선생님 수업은 이유선 선생님이 아니라 다른 분이 들어오신다는 소문이 있어요. 심지어는 이상원 선생님하고 이유선 선생님하고 피치 못할 사정 때문에 이름을 바꿔서 수업하신다는 소문도 있던데요…?"

"하하하. 하여간 쓸데없는 상상력들은 대단하다니까!"

난 당연히 후배들의 농담이겠거니 하고 가볍게 웃어넘겼었다.

그로부터 정확히 이틀 뒤였다. 전공수업을 같이 듣는 동기가 온라인 수강편람에서 확인해볼 것이 있다며 교수명으로 강의를 검색하는 것이었다. 친구가 필요한 내용 확인을 끝마쳤을 무렵, 문득 나도 인문학 글쓰기 글 제출 일정 관련해서 확인해볼 것이 생각났다. 인터넷 창을 닫으려는 친구를 급하게 제지하고, 수강편람 확인을 위해 교수명에 '이상원'을 입력했다. 그런데… 눈앞에 놀라운 일이 벌어졌다. 수강편람에 수많은 '이상원' 선생님의 강의가 등장한다. 인문학 글쓰기, 말하기, 대학원 논문연구, 형법……. 단순히 동명다인? 수상하다. 냄새가 난다. 사회에서도 돈세탁, 대포차 등등 비리에 종종 사용하는 일. 마치 '이상원'은 서울대 측에서 어떤 이유에서인지는 모르겠지만 임의로 특정 가명을 만들어낸 느낌이었다. 분명히 미정이라 하기에는 밝힐 수 없는 사유 때문에 가상의 담당교수 이름을 입력해놓은 것이다. 그것이 바로 '이상원'. 며칠 전 후배들이 했던 말이 귓가에서 맴돌았다.

'이유선 선생님은……. 다른 분… 이상원 선생님… 바꿔서… 다른 분…….'

'의심이 밀려든다. 그렇다면 지금 우리 수업에 들어오는 분은 도대체 누구란 말인가? 생각을 좀 해보자. 가능성은 두 가지로 좁혀진다. 역시 후배들 말처럼 이유선 선생님이셨던가. 그렇다면 지금 이유선 선생님이라고 하는 분이 다른 분이시란 이야기인데……. 아니면 두 번째 가능성으로 지금 수업을 하고 계신 분이 제3의 인물이라는 점도 배제할 수 없다!'

그러던 3월 중순. 교내 온라인 강의사이트 ETL에 하나의 단서가 등장했다. '이현' 조교라는 이름으로 게시글 한 편이 올라온 것이다. 가벼운 마음으로 두 번째 3쪽짜리 감상 에세이를 쓸 준비를 하고 있던 학생들에게 장문의 그 글은 엄청난 충격과 공포일 수밖에 없었다. 마치 우리의 수업과 발표 내용을 다 지켜보고 난 사람이 글쓰기에 대한 너희들의 잘못된 생각은 다 알고 있다고 경고하는 듯 날카로운 분석과 가이드라인을 담은 글이었기 때문이다. 그런데 분명 조교 '이현' 님은 단 한 번도 수업에 얼굴을 보인 적이 없다. 여기서 잠깐, 과연 단 한 번도? 그렇다면 우리 중에 있었을 수도 있다는 얘기? 이것은 마치 추리소설의 여왕, 애거서 크리스티의 대작으로 손꼽히는 《그리고 아무도 없었다》를 뛰어넘는 스릴과 서스펜스다. 우리 중에 정체를 숨긴 채 앉아 있는 진짜 '이현'이 있었을 수도 있었다는 얘기다. 그럼 도대체 누굴까?

'분명 이 안에 있을 거야!!!'

주위를 둘러본다. 몇 가지 의심 가는 인물들. 첫 번째 인물, 디자인과의 ㅈㅇㅅ 형. 최고 학번이시자 친절하게도 '정말로 바쁘셨을 때를 제외하고' 수업에 필요한 자료를 올려주신다. 조교만큼의 수업에 대한 애정을 갖지 않고서는 불가능한 일이다. 하지만 그러기엔 같은 과 후배라고 하는 ㅁㅅㅎ 형과 마치 '예술과 디자인'처럼 떨어질 수 없는 사이다. 두 번째 인물, 전기공학부 ㅈㄱ 형. 뒤에 앉아계신 선생님이 보이지 않는 손으로 특정 인물에 대한 질문의 편중을 조절하신다면, ㅈㄱ 형은 수업 때 다양한 사례를 제시하고, ETL상에도 필요한 자료를 척척 게시한다. 하지만 의심하기에는 자신을 너무 많이 공개했다. 우리는 이미 사진으로 그의 방까지 구경한 적이 있지 않은가? 세 번째 인물은 의류학과 ㅎㅌ. 일단 이름에 '현'자가 들어가고, 그리고… 그냥 수상하게 생겼다. 왠지 용의선상에 올려두어야 할 것 같다. 하지만 그러기엔 그를 아는 오케스트라 동아리 스누포SNUPO의 사람들이 많다. 만일 이들 중 아무도 아니라면……. 분명 조교 이현님은 우리를 꿰뚫어보고 있었다. 하지만 수업엔 첫 과제인 한 장짜리 자기소개서를 통해 일단은 자신을 드러낸 사람들밖에 없었다! 자… 잠깐, 다시 원점으로 돌아가보자. 딱 한 명, 자기소개서를 안 쓴 사람이 있다. 그것은 바로, 지금 선생님으로 알고 있는 분. 즉 이상원 선생님이 아닌 제 2의 인물=조교 이현님?!!!

나는 이 의심에 대한 갈증을 멈출 수 없었다. 그리하여 인문학 글쓰기에서 마지막이자 세 번째로 5쪽짜리 주제 에세이를 어떻게 작성할 것인지 계획을 발표하는 시간. 나는 이처럼 수상한 '이상원 선생님'에 대한 비밀을 밝혀보겠다는 의사를 선생님 앞에서 당당하게 표출했다. 물론 반응을 떠보기 위함이었다. 역시 예상대로 얼굴이 붉어지면서 당황하시는 모습이 역력했다. 그리고 그날, 다른 날과 달리 쉬는 시간 복도에서 이상원 선생님이 어딘가로 부산히 전화를 거시는 모습을 볼 수 있었다. 그리고… 그날 이후 나에게는 이해할 수 없는 일들이 계속해서 벌어졌다. 다른 과목들의 시험 문제는 내가 공부하지 않은 부분에서만 나왔고, 총학생회 선거 투표 좀 하라며, 첫날 투표를 했음에도 불구하고 곳곳에서 수많은 사람들이 나를 붙잡고 감시하는 표정으로 앉아 있었다. 심지어 과방에 책을 가지러 잠시 들렀더니 후배 녀석들이 말은 미팅 때문에 차려입었다지만, 전에는 단 한 번도 보지도 못한 검은 정장을 차려입은 채 누군가와 통화를 하고 있었다. 나를 힐끔힐끔 쳐다보며 '넌 이제 끝났어.'라는 듯한 비열한 웃음을 흘리면서…….

그리고 문제의 그날. 사범대 매점에서 친구와 주스를 사서 나오는 길이었다. 다음 순서를 기다리는 줄에 내가 의심하고 있는 이상원 선생님이 등산복을 입으신 채, 어떤 미중년의 남성분과 함께 서 계시는 것이 보였다. 아무리 의심스럽다지만 너무도 반가운 선생님이시기에 "이상원 선생니이이이임~~~." 하며 애교를 담뿍 담아 인사를 드렸다. 내가 알고 있던 선생님은 "아… 네!" 하고 당황하시는 반면, 옆에 계신 미중년의 남성분은 한 치의 흔들림 없이 온화한 미소로 웃으시며 고개를 끄덕여주시는 것이었다. 그때 나는 동물적인 직감을 느꼈다. 주스를 든 나의 손이 심하게 떨리기 시작했다. 바로… 저… 저분이 이상원 선생님? 하나 하나 실마리가 풀려나가는 느낌이었다. 이것은!!! 역시 수업에 들어오는 것은 조교 이현님이었다. 선생님이라고 하기에는 지나치게 젊어보였단 말이다. 어디 가서 스무 살 후반이라고 해도 통할 외모였단 말이다. 아… 안 된다. 여기서 눈동자가 흔들리면 안 돼. 옆에 계신 분이 선생님이라는 사실을 내가 알아차렸다는 걸 들키면 안 돼. 역시 이상원 선생님은 빅브라더 같은 바로 저분이셨다는걸! 나는 선생님을 뒤로 하고 도망치듯 자리를 떴다. 그리고 나는 한시라도 빨리 이 사실을 ETL에 올려 다른 수강생들에게 알리고자 다섯 장 분량의 기록을 남기려고 했다. 하지만 이미 방해공작은 사전 물밑작업까지 되어 있다. ETL 게시판을 확인한 순간 눈앞이 깜깜해져 온다. 다른 과목에서 엄청난 과제를 부여함으로써 글을 쓸 수 있는 여유조차 주질 않는다. 하지만 나는 눈물을 머금고 써야만 했다. 내가 알고 있는 이 비밀들을 우리 수강생들에게 알려주기 위해서. 지금 필요한 건 노력과 마인드 컨트롤뿐이다. 그리고 사력을 다해 이 긴 글을 마무리지었다. 이제 올리기만 하면 된다. 그리고 잠시 목을 축이기 위해 책상 위에 놓여 있던 자판기에서 뽑아온 음료수를 들이킨 순간, 수면제를 먹은 듯 어지럽다? 파친코의 쇠구슬이 내 머릿속에서 돌아가고 있는 것만 같다. 뭔가 이상한데 이거. 어? 어? 어?

그리고 지금 나는 '말하기'부의 14-210호실이라 불리는 곳으로 끌려와 있다. 나는 계속해서 고문을 당하고 있다. 그것은 $2n-1$장으로 늘어나는 분량의 글을 전에 쓴 것과는 다른 내용으로 자정 전까지 써야만 하는 것이다. 7장, 9장, 11장, 13장… 지금까지는 잘 버텼다. 하지만 이번엔 101장 분량의 연애편지를 12시 전까지 작성해야만 한다……………!!!

그렇지 않으면 어떤 일이 벌어질지 알 수 없다.

'아… 역시 너무 깊이 알려던 잘못인 걸까? 전신에 힘이 하나도 없다……. 12시가 다가오고… 서서히 다가오는 검은 그림자. 살려주세

요. 제… 제발… 살려줘~~~.'

'퍽! 번쩍!'
"오빠! 이게 웬일이람? 수업시간에 고개까지 푹 숙이고, 땀은 범벅에다가 침까지 질질 흘리면서 졸고 계시게? 일어나요. 11시 35분이에요. 이제 수업 다 끝나가요!!!"

옆자리에 앉아 있던 후배 ㄷㅇ이의 매서운 손바닥이 내 어깨를 내려친다. 책상 모서리에 눌려 있던 오른팔은 피가 안 통해서 쥐가 났는지 저릿하다. 쇄골뼈는 이미 어딘가 부숴진 듯하다. 고개를 한바탕 흔들어 정신 차려보니, 의류학과 ㅎㅌ가 질문에 대해서 열심히 답변을 하고 있다. 아… 어제 조별발표 준비로 밤을 새운 탓에 깜빡 잠이 들었던 모양이다. 성진이 양소유가 되고, 장자는 나비가 되었듯. 역시 따스한 봄날의 일장춘몽. 서서히 정신이 들면서 오가는 이야기와 모습들이 점점 더 선명하게 다가온다. ㅎㅌ가 답변을 끝내자 이번엔 ㅈㅁ이가 고개를 45도 기울인 채 손가락으로 머리를 꼬며 ㅂㅈ이의 글과 관련해서 날카로운 질문을 던진다. 세상에 그 어떤 천재라 할지라도 모르는 분야가 있는 법. ㅂㅈ이가 어쩔 줄 몰라 하며 손사래를 치자, 오늘은 인형 캐릭터가 들어간 티에 분홍색 바지를 입고 온 ㅈㅎ이가 ㅂㅈ이를 대신해서 자신이 알고 있는 내용을 대답한다. ㅈㅎ이의 답변이 끝나자 이번엔 ㄷㅁ이가 다이어트 열풍에 대해서 쓴 ㄱㅇ이의 글에 비판을 해보겠다고 한다. 또 어떤 질문이 나올까 불안해하며 몸을 웅크린 ㄱㅇ이가 무안하게 ㄷㅁ이는 5분 동안 자신의 과거 경험과 노하우만을 주구장창 늘어놓는다. 연신 고개를 끄덕이며 다른 사람들의 이야기에 동의를 해주는 ㄱㅂ이마저 어이가 없어졌는지 얼굴을 점점 찌푸린다. 하지만 ㅅㅎ는 놀라운 사실들을 새로 알았다는 듯 두 눈을 동그랗게 뜬 채 ㄷㅁ이의 말을 경청하며, 오늘도 여자친구 생각으로 기분이 좋은 ㅎㅁ는 연신 너털웃음을 지으며 수업 분위기를 끝까지 밝게 유지해준다. 그랬다. 이 모습이었다. 이상원 선생님의 인문학 글쓰기가 인기 강좌가 될 수밖에 없는 진정한 이유는, 이상원 선생님의 인문학 글쓰기가 숨기고 있던 진짜 비밀은… 이상원 선생님이 누구이시냐가 절대 중요하지 않다는 것에 있었다. 선생님을 포함한 우리 모두가 수업을 만드는 주체였다. 이토록 행복하게 글을 쓰고, 그 글을 통해 자신을 보여주고, 다른 경험들을 공유하며, 수많은 '나'와 '너'를 만나고, 즐겁게 이야기 나누는 수업. 우리의 글이 교재이자 동시에 이야기가 되고 하나의 세계가 되는, 그 속에서 우리는 학생이자 동시에 조교이며 교수가 되는, 이렇게 서로 소통하며 우리가 만들어 나가는 훈훈한 수업이지 않은가? 이것이 바로 이상원 선생님의 인문학 글쓰기가 인기강좌가 될 수밖에 없는 핵심 비밀이었던 것이다.

인문학 글쓰기에 오는 나의 발걸음은 언제나 가볍고 기쁘다. 오늘은 또 어떤 글과 이야기와 사람들과 마주하게 될까? 지친 한 주 동안의 나에게 새로운 기운을 불어넣어주는 수업. 나는 이 수업을 사랑한다. 왠지 모를 가슴 벅참을 느끼며 교실을 돌아본다. 이 수업의 주인공이자 소중한 한 명 한 명의 사람들, 그리고….

오늘도 교실 맨 뒤 창가 쪽에 앉아계신 이현 조교님, 아니 이상원 교수님이 우리를 바라보며 팔짱을 끼신 채, 의미심장한 웃음을 짓고 계시다.

'퍽! 번쩍!'
"야, 너 아까 이번 학기 종강하기 전에 마지막으로 글 써야 하는 것 있다며? 여기서 졸지 말고 얼른 들어가서 마무리해라."
전공시험과 과제로 인해 며칠 동안 잠을 제대로 못 잔 상태에서 끝났다는 해방감에 연거푸 들이킨 맥주에 취기가 잔뜩 올랐었나보다. 친구들에게 인사를 하고 나와 버스에 올라탔다. 정신을 차리기 위해 살짝 열어놓은 버스 창문 틈 사이로 불어 들어오는 바람. 그리고 바람에 숨어 몰래 따라 들어온 비의 냄새. 기분이 묘하다. 라디오에서는 김윤아의 〈봄날은 간다〉라는 노래가 흘러나온다. 옛날에는 이 노래가 참 슬펐는데 점점 담담하게, 그리고 초연하게 느끼고 있는 내 자신을 발견한다. 창문에 머리를 기대고 살짝 감상에 젖는다.
'그나저나 마지막으로 써야 하는 글이 뭐였더라? 이번 학기에는 다 전공과목에다 체육으로 테니스 수업만 하나 추가로 들었고…, 이 과목의 과제는 옛날에 끝냈는데, 이 과목은 글 써야 할 일은 없고… 오늘 경제학 리포트 제출한 것이 분명 마지막이었던 것 같은데?'

도무지 생각이 안 난다. 술집에서 꿨던 꿈이 너무나 생생해서 마치 '인문학 글쓰기'라던 그 과목의 과제가 실제로 있을 것만 같은 기분이다. 이름에도 글쓰기가 들어가니. 그 꿈에서 나는 분명 '인문학 글쓰기'라는 강좌를 한 학기 동안 들었다. 그리고 열심히 한 학기를 사람들과 같이 보냈고, 그 수업은 많은 것으로부터 지쳐가던 내게 휴식이자 행복이 되어주었다. 정말로 그것은 꿈이었을 뿐이던가? 잘 모르겠다. 아니, 정확하게 말하면 꿈이었는지 아니었는지는 중요하지 않다. 언젠가부터 난 그런 생각을 했다. 어차피 모든 것은 언젠가 한여름 밤의 꿈처럼 떠나가고 마는 거라고. 정말로 중요한 것은 현실이든 꿈이든 내가 그 순간에 얼마나 충실했으며 그로 인해 내가 정말로 행복했었느냐 하는 것이 아니겠냐고. 그래서 두려워하지 말고, 후회하지 않도록 그리고 좀더 행복해질 수 있도록 매순간 충실하고 진심으로 사랑할 것을 늘 다짐해본다. 그것이 비록 일장춘몽의 반복이라 할지라도 말이다.

아! 드디어 생각이 났다. 오늘 내가 해야 했던 이번 학기의 마지막 글쓰기는 한 학기 동안 같이 강의를 들었던 모든 사람들에게 전하고 싶은 짧은 글을 적어보는 것이었다. 밤이 깊은데다가 부담 없는 글쓰기이므로 간단하게 유치환 시인의 〈행복〉이란 시 맨 끝 부분을 옮겨 적는 것으로 대신하고자 한다.

> 그리운 이(들)여,
> 그러면 안녕!
> 설령 이것이 마지막 인사가 될지라도
> 사랑하였으므로 나는 진정 행복하였네라.

04 가족 이야기

태양, 금성, 그리고 화성과 명왕성

국어교육과 07학번

아버지가 돌아가신 그날, 나는 딱히 슬픈 기분이 아니었다. 그저 멍하니 아버지의 영정 사진을 바라보며 '사진 찍을 일도 없었을 텐데, 어찌 알고 미리 준비했을까.'라는 바보 같은 생각을 할 뿐이었다. 그리고 옆에서 형은 묵묵하게 오는 조문객들을 맞이하며 담담하게 인사를 나누었다. 상을 치르며, 나는 그리 많지도 적지도 않은 수의 친구들에게 일을 알렸고 친구들은 멀리 서울에서부터 오기도 하며, 가까이에서 당장 달려오기도 하며 나를 위로해주었다. 나는 아무 말도 하지 않았다. 하관식을 위해 아버지를 관 속에 누일 때 나는 처음으로 울었다, 하염없이 울었다. 아무 생각이 들지 않았지만 그저 울기만 했다. 옆에서 쓰라린 눈빛으로 아버지의 시신을 바라보는 형과는 대조적으로 나는 주변 사람들에게 보일 체면 따위 신경 쓰지 않고 온몸으로 울었다. 이 와중에도 하관식을 기독교식으로 하되, 어떤 것을 더 강조할지 논의하고 있는 주변 사람들에게 살의 이상의 분노를 느끼며 평생 흘릴 수 있는 눈물을 다 쏟아내었다. 아버지의 고향으로 돌아가 하관식을 할 때 이상하리만치 나는 침착해졌다. 관 안에 있는 아버지의 모습을 볼 수 없어서였는지도 모르겠다. 이때는 반대로 형이 울었다. 평소에 울기 좋아하질 않는 형이 무언가에 홀린 듯이 울었다. 우린 정말 바보다. 이럴 때만이라도 같이 울고 같이 기분을 나눌 수 있다면 좋을 텐데, 같이 이야기를 하면 좋을 텐데. 우린 왜 이다지도 달라서 아버지가 돌아가신 그날에도 이렇게 바보같이 행동할 수밖에 없었을까.

1. 태양계는 각각의 행성이 있고 각각이 하나의 그림을 이룰 때 아름다운 것이다. 화성의 아이는 그 사실을 알지 못한 채 자신의 행성만이 태양계의 전부인 줄 알았다.

이야기를 들으며 어렴풋이 알 수 있을 뿐이라 가족에 대한 이전의 기억은 꽤나 단편적이다. 뚜렷이 형상화된 가족의 모습으로서 내 기억에 박혀 있는 최초의 모습은 '한창 행복할 때의 화목한 가정'의 시기가 이미 다 지나버린 때였다. 어머니 말씀으로는 한때 우리도 잘살았더란다. 정말로 잘살았는지 아니면 무리를 한 것이었는지는 모르겠지만 확실히 어렸을 때 무언가 부족해서 힘이 들었던 적은 없었다. 아니, 확실히 '차고 넘치게' 부모님으로부터 혜택을 받으며 살았다. 하지만 물질적인 풍요가 가정의 화목을 보장해주지는 않는다. 가족에 대한 기억의 시발점으로 돌아가 그때의 모습을 떠올리자면 허구한 날 싸워대는 부모님과 그것을 따라 하기라도 하듯이 독기를 품고 싸워대는 형과 나의 모습이다. 가족 넷 다 정말 '한 성질'하는 사람들이라 절대로 양보, 물러남이 없다. 어떤 경우, 어떤 상황에서도 자기 할 말은 다 한다. 성향을 얘기하자면 극과 극인데 가족이 네 명인만큼 우리는 네 방향의 극을 담당하는 독특한 가족이었다.

들은 얘기를 정리해서 내 나름대로의 기억과 접붙여보니, 본격적으로 불화가 시작된 것은 사람이라면 무조건 좋아라 하는 아버지가 대뜸 보증을 서주고 사업을 말아먹게 되면서 운영하던 자그만 회사가 도산하고 나서부터랄까. 믿었던 사람으로부터의 배신과 갑자기 나락으로 떨어진 충격으로 인해서인지 아버지는 그날부터 주구장창 술을 드시기 시작했고, 술을 드시고 나면 어김없이 집에 돌아와서는 집을 거나하게 한번 휘저었다. 상황이 상황인지라 어머니도 처음에는 어느 정도 이해를 하셨지만 1년이 지나도, 2년이 지나도 늘 같은 양상인지라 어머니는 어머니대로 참을 수가 없었고 매일 밤 9시 뉴스를 보는 듯한 기분으로 나는 부모님의 싸움을 봐야만 했다. 그렇다고 해서 싸움을 마냥 구경했다는 의미는 아니다. 싸움의 처음과 끝을 제대로 본 적은 단 한 번도 없다. 어릴 때는 10시가 되기 전에 무조건 잠에 들곤 했는데 어느 순간엔가 무슨 소리에 잠이 깨면 어김없이 부모님은 안방에서 고래고래 소리를 높여가며 싸우고 계셨다. 그렇게 한 번 잠이 깨면 모든 걸 잊고 잠들기 위해서 베개로 귀를 막아가면서 최대한 몸을 웅크리고 발악을 했다. 보기 싫었다. 왜 싸우는지 따위는 전혀 알고 싶지 않았다.

'왜 우리 집안은 이 따위야, 왜 우리 가족은 이 따위야. 이런 집안 정말 꼴도 보기 싫어.'

그렇게 속으로 수도 없이 되뇌며 잠에 빠지길 간절히 기도했다. 두 번째 잠에서 깨고 나면 초토화된 집안의 분위기를 느낄 수 있었고, 안방에 가면 어머니는 붉게 충혈 된 눈으로 (가끔은 우시면서) 어딘가 나갈 준비를 하고 차가운 말투로 "밥은 해놨으니 제때 알아서 챙겨먹어라."라고 하실 뿐이었다. 빌어먹을 집안이다, 진짜. 책에서 볼 수 있는 평범하고 화목한 가족이라는 것은 다 개소리라며 나는 안에서부터 철저히 삐뚤어지기 시작했다.

중학교 3학년이 되기 전까지 나는 하루하루를 최대한 즐겁게 '놀기 위해서' 끊임없이 노력했다. 어린 꼬마아이가, 그것도 남자아이가 생각 없이 최소한의 비용으로 최대한 즐겁게 놀기 위해서 선택할 수 있는 것은 그리 많지 않았다. 한 가지에 빠지면 미친 듯이 몰두하는 나의 성향 덕분에 그 무엇인가를 찾기 위해 어릴 때부터 노는 것에 관해서 이것저것 알아보았다. 그중에서 친구도 필요 없이 혼자서 놀기에 최고인 것은 역시 게임뿐이더라. 아주 어렸을 때부터 오락실에 가서 오락을 즐기며 열심히 하고 있노라면, 어머니가 나를 잡으러 와서 열심히 도망갔던 기억이 난다. 그렇게 나는 컴퓨터와 오락실 게임 두 가지로 하루하루를 아무 생각 없이 즐겁게만 살기 위해서 노력했다. 중학교 때 심한 수준의 집단 따돌림을 당한 것, 소위 말하는 왕따가 된 것은 친구를 두지 않고서 혼자서 생활하는 나의 생활방식 탓일지도 모르겠다(아니 분명히 그것 때문이다). 왕따를 당하면서 쌓인 울분을 다시 게임을 하며 풀었다. 나는 겉으로는 별다른 일탈을 보이지 않았지만 속에서는 그 누구도 제어할 수 없을 만큼 삐뚤어졌고, 나만의 세계에 아무도 침범하지 않길 바랄 뿐이었다. 생각해보면 중학교 때 정말 아이들에게 지독히도 당했다. 가끔 대구로 돌아가서 동네를 걷다보면 중학교 동창들을 만날 수 있다. 신기하게도, 그 녀석들도 나도 옛날 일은 까맣게 잊고서 그냥 즐겁게 인사하고 웃는다. 아무런 악감정이 생기지 않는 것은 따돌림의 근본 원인이 나에게 있었다는 것을 잘 알기 때문인지도 모르겠다.

중학교 3학년이 되기 얼마 전의 일이다. 어느 날, 어머니는 심각한 목소리로 방 안에서 게임에 열중하고 있는 나를 부르셨다. 무시하고 게임을 하려고 했지만 어머니의 목소리가 여느 때와는 달리 심각하기도 했고, 그 심각함이 단순히 가정의 불화와 같은 슬픈 연유에서 나온 것만은 아니라는 사실을 직감했기에 별 말없이 컴퓨터를 끄고 마루에 앉았다. 어머니는 담담하면서도 호소력 짙은, 그리고 쓸쓸한 눈빛으로 나를 바라보며 말씀하셨다.

"○○아, 캐나다에 잠시 다녀오지 않을래?"

… 노망이 나셨나, 아니다. 그런 건 분명 아니다. 다만 그 말을 들을 당시의 나로서는 캐나다에 다녀오라는 말이 뜬금이 없을 뿐더러 어머니가 무슨 생각으로 나에게 그런 말을 한지도 모르겠고, 이 말의 배경에 숨겨져 있는 사실이 무척 궁금할 따름이었다. 매우 짧은 시간 동안 이런 생각을 하고 있는 나를 알아보셨는지 어머니는 이내 말을 이으셨다.

"아빠 위로 큰 고모 계신 건 알지? 왜, 효진이랑 효주 맡고 계신 분 있잖아. 고모가 도와주신다니 한번 가보렴."

이 말로 어떤 바람이 불어서 가라는 건지는 알 수 있었다. 집안에 생각 없이 놀고만 있는 애들이 두 명 있으니 부모님은 얼마나 골치 아프랴. 안 그래도 콩가루 집안인데 자식마저도 별 다른 꿈과 목표 없이 하루하루를 소비하고 있을 뿐이니 어머니의 심정을 알 만했다. 그렇지만, 캐나다를 간다고 뭐가 달라지려나. 당장엔 이 콩가루 집안 분위기부터 어떻게 해야 하는 거 아닌가. 이런 생각을 하고 있을 때쯤 어머니가 다시 말씀을 하셨다.

"○○아, 너 나중에 커서 뭐가 되고 싶니? 아니, 엄만 널 다그치고 싶은 게 아니다. 그렇다고 널 욕하는 것도 아니야. 엄마가 하고 싶은 말을 잠시만 들어주었으면 한다. 우리 집안 형편이 어떤 줄은 네가 어리다고는 해도 대강 알지? 엄마는 너무 미안하단다. 네가 나중에 커서 무엇이 되고, 무엇을 할 건지는 모르겠다. 하지만 네가 크고 내가 죽게 되어도 우린… 아니, 엄만 너에게 줄 것이 아무것도 없어. 유산이 뭔 줄은 알지? 엄마가 부자였다면 너에게 많은 재산이라도 줬을 텐데 그럴 수가 없는 상태야. 오히려 유산 상속을 하게 되면 이 어마어마한 빚만 너에게 떠넘길 뿐이고. 엄마가 하고 싶은 말은 네가 나중에 커서 집안에 있다고 하더라도 엄마가 너에게 해줄 수 있는 것이 아무것도 없다는 말이야. 그 점에 대해서는 참으로 미안하게 생각하지만 ○○이 네가 크고 나면 네 인생은 네가 알아서 살 수밖에 없어. 무엇을 할지 모르겠다는 말은 네가 나중에 어떤 일을 하고, 어떤 직업을 가지게 될 건지를 모르겠다는 말이야. 돈을 벌면 네 힘으로, 네 손으로 직접 벌어야 하는데 엄마가 주는 것 하나 없이 너 스스로 돈을 벌려면 쉽지가 않겠지? 네 인생은 결국 네가 책임을 지는 거야. 그 인생을 책임지기 위해서 네가 무얼 하게 될지 엄마는 모른다. 아무것도 주는 것 없이 이런 말 하는 엄마가 야속하겠지만 나는 ○○이 네가 공부를 했으면 좋겠다. 누가 뭐래도 이 세상은 공부로 성공하기가 쉬운 세상이다. 어떤 한 분야의 전문가가 되어서 그 분야에서 최고로 칭송받는다면 무얼 해도 상관없겠지만 정말로 무언가 한 분야에서 최고가 되는 것은 결코 쉬운 일이 아냐. ○○아, 세상은 네가 생각도 못할 만큼 무서운 곳이야. 그런 곳에서 네가 살아남기 위해서, 그리고 더 나은 삶을 만들기 위해서 일을 가지려면 공부를 해서 성공하는 수밖에 없다고 생각해. 적어도 엄마는 그렇단다. 엄마 말… 무슨 뜻인지 알겠니? 엄마는 너에게 강요하고 싶은 생각은 전혀 없어. 하지만 네가 공부를 했으면 좋겠다. 이제는 정신을 차리고 무언가를 했으면 좋겠다. 그 무언가가 공부였으면 제일 좋겠다. 응? ○○아… 가자, 캐나다로. 엄마는 네가 거기서 대단한 무언가를 해내기를 바라는 게 아니야. 그곳에 가서 네가 시야를 넓혔으면 좋겠다."

어머니가 처음으로 나에게 정말로 진지하게 이러한 부탁을 했을 때, 나는 거절할 수 없었다. 거부할 수 없었다. 의무감 때문이 아니다. 어머니의 말에는 나를 캐나다로 가도록 만들기에 충분한 설득력이 있었다. 그 설득력은 단순한 논리성의 측면에서 설명할 수 있는 것이 아니었다. 어머니의 그 말은 내가 캐나다에 갈 수밖에 없다는 판단을 하게 만들었고, 가지 않으면 안 될 듯한 감정과 기분을 만들어내었다. 그때의 그 감정을, 그때의 그 기분을 무슨 말로 표현할 수 있을까. 나는 무던히도 그때의 감정을 사람들에게 설명하려고 애를 쓰지만 결국 언어화해내지는 못한다.

　딸랑 나 하나만 생각 없이 보낼 어머니가 아니었다. 사실 그보다는 내가 어머니 없이는 아무것도 할 수 없는 철부지 어린애였기에 어머니와 같이 캐나다로 향했고 어머니는 그곳에서 어머니의 자존심을 끝없이 버려가며 살아야 했다. 고모가 불러주었다는 말은 새빨간 거짓말이었다. 어머니와 나는 고모 댁에서 살게 되었는데 알고보니 어머니가 사정사정 해서 이곳에 올 수 있었던 것이다. 어머니는 그곳에서 집안 하녀만도 못한 취급을 당하며 일을 해야 했고 멍청하게도 아직도 정신을 못 차린 나는 어머니의 모습을 보고서도 별 다른 생각 없이 그저 하루하루를 보내고 있을 뿐이었다. 하루는 밤 늦은 시간까지 동네를 산책하고서 내 방으로 들어왔다. 어머니가 자고 계실 것이기에 최대한 살금살금 들어와서 문을 닫았는데 어머니가 방에 불을 꺼두고서는 침대에 앉아 하염없이 울고 계셨다. 무슨 일이냐고 묻기도 전에 어머니는 후다닥 이불을 덮고 주무시는 척을 하셨고, 나는 그날 책상에 앉아 밤을 새우면서 많은 생각을 했다.

　그 하루의 기억이다. 그 하루의 순간이다. 그 순간은 쓸모가 없는, 멍청한 꼬마 한 명을 충분히 제정신을 차릴 수 있도록 만들어주었고 나는 어머니의 그 모습을 보면서 밤새 '이젠 정말 피할 수도 없구나. 한번 해봐야겠다.'는 생각을 하게 되었다. 그날부터 열심히 공부를 시작했고, 중학교 때까지 공부를 하는 둥 마는 둥 한 것에 비해서 나름 빠른 속도로 진도를 나갔다. 독학만 하면서 향학열을 불태우고 있을 때 드디어 한 학교에 입학을 할 수 있게 되었다. 동시에 어머니는 한국으로 돌아가신다고 했다. 사정인 즉슨 형도 이곳에 와야 하는데 그러기 위해서는 어머니가 한국에서 일이라도 해야 한다는 것이다. 빌어먹을 가정환경이라는 것은 그때도 어쩔 수 없었나보다. '돈을 벌 수 없는 잉여인간일 뿐인 나로서는' 그때의 어머니 뒷모습을 잊을 수 없다.

지금은 아니지만 나는 한때 열렬한 기독교 신자였고, 캐나다에서 정말 신실한 하나의 신앙체로서 거듭날 수 있었다. 정기적으로 한인교회에 나가 사람들과 교류를 했고 나는 그곳에서 멋진 유학생 누나, 형들을 보면서 어머니가 말한 '시야'를 키웠다. 구체적인 목표나 꿈이 생긴 것은 아니었으나 그 사람들을 보며 나는 '저 사람들처럼 멋지게 되고 싶다'는 희망을 품었고 공부를 열심히 해야겠다는 각오를 다질 수 있었다.

짧은, 유학 아닌 유학생활을 마치고 한국으로 돌아와 나는 중학교 학력을 따내기 위해서 검정고시를 봐야 했다. 돌아와서 바로 검정고시를 보고 학교에 입학을 했다면 동갑인 아이들과 같은 학년이 될 수 있었겠지만, 검정고시라는 게 내가 보고 싶을 때 볼 수 있는 것이 아니었고 그런 의미에서 나는 적절하지 않은 타이밍에 한국으로 왔기에 고등학교에 진학을 하기 위해서는 1년을 기다려야 했다. 그때의 나는 열심히 놀았다. 다만 캐나다에 가기 전과는 달리 '고등학교 때는 공부를 열심히 해야지'라는 생각으로, 이후에 정말 열심히 공부하기 위해서 지금 충분히 놀아야겠다는 결심을 했다. 물론 우선시되어야 할 검정고시도 있었기에 공부도 하면서 적당히 놀 수도 있는, 어찌 보면 그 시기가 내 생에서 가장 '편하게 지낼 수 있는' 시기였는지도 모르겠다. 1년을 검정고시 준비를 하면서, 생각없이 놀면서 시간을 보냈고 따로 묻진 않았지만 어찌어찌 해서 그때의 가정상황을 알 수 있었다.

두 분은 이혼을 하셨더란다. 뭐, 하등 놀랄 것 없다. 오히려 '전혀 남남'으로 살고 있는 상황에서 법적으로 혼인이 유지된 상태라는 게 더 이상하니까. 나와 어머니가 캐나다에 있는 동안 아버지가 정말로 정신을 차리고 일을 하려고 했더라나? 그렇지만 사람 습성이라는 것이 쉽게 변하는 게 아닌지라 이내 하던 일을 말아먹고 예전만도 못한 상황이 되어버렸다. 내가 어머니와 캐나다에 있는 동안 형이 집안을 이끌고 있었다는 놀라운 사실도 알았다. 아버지가 하던 일이라는 게 동네에서 조그만 오락실을 운영하는 것이었다. 형은 고등학생이었고 학교에서 서로 얼굴을 아는 사람이 많았던지라 열심히 아이들에게 홍보를 하고 다녔고 동네에 변변찮은 오락실이 없던 관계로 처음 얼마간은 꾸준히 벌이가 잘 되었다.

아버지가 술을 끊고 정말로 거기에 매진을 하셨다면 흥했을지도 모르지만 다시 그놈의 습성이 나오기 시작해 어디론가 떠나버리셨다. 아버지가 그렇게 떠나버리신 것과는 반대로 형은 그 시기에 정말 10대의 청춘을 부질 없이, 망할 콩가루 집안을 일으키기 위해 다 써버렸다. 술 취해 돌아온 아버지와 육탄전을 벌이며(라고는 해도 때리려는 아버지를 말리고 뭔가를 때려 부수려는 아버지를 잡아 움직이지 못하도록 끌어안는 정도였으니 아버지를 때리는 패륜적인 행위를 생각하지 않았으면 한다) 때로는 그러한 아버지를 재우기 위해 밤을 새워가며 오락실을 '형이 직접' 꾸려나갔다. 오락실 한 구석을 개조해 조그만 방을 만들고 그곳에서 먹고 자며 학교를 다녔다.

　아버지가 팽개쳐버리고 간 그곳을 형은 묵묵히 이끌어갔다. 조그만 변두리 지역이었기에 별다른 문제 없이 운영할 수 있었던 것 같다. 생각해보라. 미성년자 아이, 그것도 고등학교에 재학 중인 학생 한 명이 한 오락실의 주인으로서 그곳을 담당한다는 것을. 가타부타 부연 설명을 하면서 오락실 운영이 어떤 것인지를 이야기하진 않겠지만 '세상에 뭐 하나 쉬운 일은 없다'는 문구를 떠올려보면서 '성인 한 명'이 해야 할 일을 고등학교를 다니는 한 학생이 해냈다는 점을 나는 독자들이 높이 사주었으면 한다.

　형의 그러한 모습을 더는 두고 볼 수 없어 어머니는 부랴부랴 한국행을 결정하셨고 형이 캐나다로 가게 되었던 것이라니, 나는 쓴웃음을 지을 수밖에 없었다. 나와 형이 캐나다에 있는 동안 동분서주 어머니는 열심히 일을 하러 다니셨고, 그러면서도 아버지의 뒤치다꺼리를 해내야 했다. 또한 그런 와중에도 아버지는 계속해서 노름과 술을 찾아 떠돌아다니셨다. 나는 결코 어머니가 매정하다고 생각하지 않는다. 그때 이혼을 하지 않았다면 아마 어머니는 우릴 먹여살릴 수가 없었을 테니 말이다. 다만 16살의 어린 나로서는 그 상황 자체를 원망할 뿐이었다.

　지금 와서 생각해보면 가족 중 그 누구보다도 나는 행복하고 귀하게 컸다. 그런데도 늘 가정환경 탓만을 하는 철부지 어린아이로 오랜 시간을 지냈다. 그러한 사실을 성인이 되고서야, 그것도 스물한 살의 중반에 이르러서야 깨달을 수 있었는데 너무 늦어버린 것이 문제였다. 나는 아버지가 돌아가시기 전까지 집안 호랑이였으며, 자기중심적이고 가족의 소중함을 입으로만 말하며 행동으로는 보이지 않았다. 조기교육의 중요성은 이런 것이다. 내가 나 같은 동생이 있었다면 정말 최선을 다해 두드려 패서라도 정신을 차리게 만들었을 텐데. 가족의 그 누구도 그러지 않았고 빌어먹을 나를 가족은 '가족 구성원'으로서 받아주었다. 정신을 차리지 못하고 멍청하게 사는 것은 아버지가 돌아가시기 전까지 계속될 수밖에 없었다.

2. 태양이 없으면 태양계는 의미가 없다. 지구에서 바라보는 태양은 늘 강렬한 빛을 내뿜기에 마냥 밝게만 보여 우리로 하여금 무언가 긍정적인 이미지를 떠올리게 만든다. 하지만 사실 태양을 가까이에서 보면 끊임없이 폭발하고 있다. 폭발, 그것이 태양의 키워드.

우리 어머니는 독특하시다. 독특하다는 것의 의미와 기준은 사람마다 다르겠지만 적어도 우리 어머니를 알고 있는 내 친구들은 우리 어머니 얘기가 나올 때 마다 늘 배꼽을 잡고 웃어대며 '정말 특이하다'고 말을 한다.

"하하하 너 네 어머니 진짜 짱이다. 정말로 어머니가 그러신단 말이야?"

고등학교 때 친한 친구들로부터 수도 없이 들은 얘기다. 우리 어머니가 대체 어떤 사람이기에? 차차 말해보도록 하자.

우리 어머니의 고향은 '이방'이라는 외딴 시골이다. 지금도 외할아버지와 외할머니께서 그곳에서 사시는데 어머니 집안은 '굉장히 잘

사는 집안이었다고 한다. 그 굉장하다는 것이 어디의 회장님, 사장님에 비할 바는 아니지만 적어도 그 시골 동네 내에서 알아주는, 먹어주는 집안이었단다. 외할아버지는 자그마한 슈퍼를 운영하고 있었는데 슈퍼가 동네에 그곳 하나뿐이어서 그 동네의 모든 주민은 생필품 및 먹을 것을 사기 위해 어머니네 슈퍼에 올 수밖에 없었다. 그렇다보니 자연히 돈을 어느 정도 벌 수 있었고 어머니는 부족한 것 없이 비교적 풍요롭게 어린시절을 보냈다고 한다(그래서인지 형과 나에게 어렸을 적부터 무던히도 모자란 것이 없게 자꾸 뭘 해주려고 하신 것 같다).

어머니는 집안에서 장녀다. 어머니 대에서 항렬도 제일 위이며 밑으로 남동생(나에겐 외삼촌)이 세 명이나 있다. 지금도 몸이 약하신 어머니를 생각하자면 어렸을 때의 모습을 어렵지 않게 짐작할 수 있다. 몸이 약해 병원에 자주 가야만 했고 학교를 자주 결석해야만 했다. 집에서 몇날 며칠을 앓아눕기도 했고 어려운 고비도 몇 차례 넘겼다더라. 그래서인지 어머니는 지금도 몸이 무척 약하시다. 걱정은 되지만 이게 단순히 몸이 '약한 것'이라서 별 다른 해결책이 없다. 병이 있다거나 장애가 있는 것이 아니라 다행이지만 몸이 지독히도 약하시다. 살짝만 잘못 건드려도 몸에 멍이 들질 않나, 조금만 움직여도 다음날 근육통으로 쓰러져버린다. 이런 어머니이니 아들 된 입장으로서는 늘 걱정이 될 수밖에 없다. 하지만 어머니는 그러한 신체적인 나약함을 정신적인 강인함으로 극복하며 살아왔고, 앞으로도 그러할 것이다.

어머니는 외할머니를 쏙 빼다박은 것처럼 닮았다. 모녀지간이니 당연한 것 아니겠냐만은 외할머니를 보면서 나는 '어머니가 늙으면 꼭 저렇게 늙으시겠지' 하면서 활짝 웃는다. 외할머니는 늘 웃고 계신데 그러한 외할머니의 인상이 참으로 푸근하고 좋다. 시간이 지나 어머니가 곱게 늙는다면 꼭 외할머니처럼만 늙길 바랄 뿐이다. 또한 어머니와 외할머니는 무척이나 사이가 정답다. 대구, 그것도 촌구석이랄 수 있는 이방 태생의 두 분이라 그런지 두 분의 대화는 언제나 날 즐겁게 만든다. 두 사람의 대화 사이에는 대구 토박이인 나도 알아먹기 힘든 고유어(?)들이 난무하고 억양이나 어휘가 무척이나 걸쭉하다. 때문에 나는 늘 두 분의 대화를 집중해서 들으려고 한다.

  지금 두 분 사이가 정다운 것과는 반대로 어렸을 때 어머니는 외할머니를 무척 싫어하셨단다. 인간적으로 싫었던 것이 아니라 어린 마음에 외할머니가 일을 너무 시켜서 싫었다나? 보통 자식이 몸이 약해 빌빌대면 손에 물 한 방울 안 묻히게 할 것 같지만, 몸이 자주 아팠던 그 시기는 그리 길지 않았고 중학교에 진학하고서는 외할머니가 집안일을 자주 시켰다고 한다. 어머니가 특히 싫어했던 일이 슈퍼 앞에 있는 대청 마루를 닦는 일이었다고 하는데 이유인 즉슨 닦고 돌아서면 또 더러워져서 열심히 닦아봐야 소용이 없기 때문이란다. 또 너무나 커서 닦기가 어려웠다는데, 커봐야 얼마나 크다고 그거 닦는 게 그리 싫었는지는 모르겠지만 어머니는 그 일을 죽기보다 더 싫어했다. 그래서 어머니는 입버릇처럼 "망할 할매, 나는 나중에 대청마루 손바닥만한 집에 시집가야지."라고 했다. 지금은 그 이야길 웃으면서 하시지만 나는 그 이야길 처음에 들었을 때 무척이나 슬펐다.

  그도 그럴 것이 말이 씨가 된다는 얘기처럼 어머니는 정말로 '대청

마루가 손바닥만한 재산을 가진' 아버지와 결혼을 해버렸기 때문이다. 어머니가 스무 살 때 아버지와 결혼을 했는데 두 분의 나이차가 열두 살이니 내가 봐도 아버지가 도둑놈같이 여겨진다. 주변의 반대가 정말 심했다고 한다. 당연하다. 내가 외할아버지의 입장이라도 목숨을 걸고 말렸을 것이다. 하지만 스무 살의 어린 나이에 사랑이면 다 밥 먹여줄 줄 알았던 어머니는 하늘이 두 쪽이 나도 결혼을 해야 한다고 말씀하셨고 외할아버지는 결국 하늘이 두 쪽이 나는 꼴을 봐야만 했다. 원래 자식 이기는 부모 없다고 하질 않는가.

여기서부터는 얘길 꺼내려 생각하면 슬퍼진다. 어린 나이에 시집을 와서 아무것도 몰랐던 어머니는 그때부터 가사를 배워나갔고 스물두 살 때 형을, 스물네 살 때 나를 낳고 가사와 육아에만 전념을 했다. 어머니는 지금도 그때의 일을 말씀하시곤 한다. 가끔 어머니께 전화를 해서 서울 벚꽃이 예쁘다며 '한창 청춘을 즐길 나이에 공부해야 하는 난 뭐냐'고 장난으로라도 투덜거리면 어머니는 정색을 하시면서 "나는 네 나이 때 너 낳고 키우느라 내 청춘 다 보냈다. 아이고, 내 청춘아!"라며 말씀하신다. 상상이 안 간다. 고작 스물넷에 한 집안의 어머니이자 누군가의 아내라니.

가사와 육아를 병행했던 것이 슬프다는 말이 아니다. 아버지를 만나고서 지독히도 고생을 하셨기에 슬프다는 것이다. 언급했듯이 집안은 콩가루가 되어버렸고 어머니는 그 와중에도 아버지를 대신해 형과 나를 책임져가며 이날까지 우릴 키워왔다. 아무것도 모를 때의 나는 화목한 가정을 운운하며 어머니에게 "그냥 다시 한 번 합쳐볼 생각은 왜 안했어요?"라고 따졌지만 지금은 죽어도 그런 소리 하지 못한다. 아버지 뒤치다꺼리만 10년 넘게 하시다가 '이대로 가다가는 가족 모두가 죽겠구나' 싶어 형과 나를 살리기 위해서 어쩔 수 없이 하셨던 선택에 대해 무슨 말을 할 수 있겠는가.

어머니는 가끔씩 외할머니 얘기를 하면서 그런 말씀을 하신다.

"옛날 어머니상이라는 게 딱 네 외할머니 얘기다. 네 외할머니가 우리 엄마지만서도 대단하다고 생각한다. 네 외할머니는 정말로 우리에게 헌신적이었거든. 옛날 어머니상 떠올리면 다 고두심, 김혜자 아줌마 떠올리지? 그건 새발의 피야. 난 네 외할머니가 정말로 자식에게 모든 걸 다 주고 모든 걸 희생해가면서까지 해주려고 하는 모습을 보며 부끄러워진단다. ○○아, 말해두지만 난 너희들에게 그런 엄마 아니다. 별로 기대하면 안 된다. 외할머니처럼 너한테 잘해줄 자신이 없다."

이 말을 듣고 나면 나는 어머니께 송구한 마음에 백 번이라도, 천 번이라도, 아니 만 번이라도 절을 하고 싶어진다. 무슨 그런 말씀을. 어머니 인생에서 '자식을 위한 희생과 고통의 나날인 삶'을 빼면 무엇이 남는다고. 그럴 정도로 어머니는 고생을 많이 했고, 우릴 위해 엄청난 희생을 했다. 고생 안 한 부모님이 어디 있으며 그 정도는 우리 어머니도 다 했다며 반문할 사람이 있을지도 모르지만 내가 여기에 적는 것들은 조족지혈鳥足之血 중에서도 혈액 세포 하나만도 못한 부분에 불과하다. 어머니 고생사를 다 적자면 '나라면 죽고 말았지.'라고 할 이야기들 천지다. 그리고 그러한 어머니로부터 위와 같은 찬사를 들은 외할머니의 대단함에 나도 모르게 고개를 숙일 뿐이고.

우리 집안은 어머니의 역사다. 모든 것은 남자들로부터 시작되지만 끝은 꼭 어머니가 처리한다. 집안을 이끌어온 것도, 우릴 먹여살린 것도 다 어머니이다. 어머니는 나에게 있어서 인생의 모든 것이다. 각자 비생산적인 일만을 하고 있을 때도 어머니는 생산적인 일을 하면서 우리를 이끌어왔다. 태양이 괜히 태양이 아니다.

단순히 이런 가정사의 측면에서만 태양이라 비유할 수 있는 것이 아니라 어머니의 성격 및 기타 성향과도 잘 맞아떨어진다. 어머니는 굉장히 기가 세다. 그리고 직설적이며 절대로 속에 쌓아두지 않는다. 가식이라고는 개미허리만큼도 부릴 줄 모르며 무엇이든지 느낌 가는 대로 다 말을 한다. 무척 밝고 쾌활하다고도 할 수 있으나 그것은 좋게만 평가했을 때의 이야기이고, 가끔은 이런 어머니가 무섭기도 하다. 나는 귀신은 속일 자신이 있으나 어머니만은 속일 자신이 없다. 언급한 성격과 더불어 우리 어머니는 정말 감이 좋고 눈치가 빠르다. 또한 많이 배운 것은 아니지만 순발력도 뛰어나고 임기응변에 능하다. 가끔 어머니가 작정하고 거짓말을 할 때가 있는데 이럴 때면 팥으로 메주를 쑨다고 해도 믿게 될 지경이니 이러한 어머니를 어찌 감당해야 할지 걱정이 앞선다.

어머니의 성격을 알 수 있는 재미있는 사례를 얘기하고자 한다. '고슴도치도 자기 자식은 함함하다'고 한다는 말을 독자들은 모두 알 것이라고 생각한다. 그건 일반 어머니들 얘기고 우리 어머니는 좀 다르다. 우리 어머니는 날 보며 대놓고 "너는 내가 낳았지만 참~~ 못생겼다. 네 형 봐라. 쟤는 내가 저리 잘 낳아놨는데 넌 누굴 닮아서 그 모양이냐? 아빠지? 에라이~."라고 한다. 이게 웃자고 하는 소리가 아니다. 정말로 진심으로 저리 말씀을 하신다. 이런 말을 듣고 가만 있을 내가 아니라서 정색하며 내가 "누가 날 이렇게 낳아달래요? 엄마가 이렇게 낳았잖아요!"라고 따지기라도 하면 큰일난다. 더 큰 목소리로 "야 임마! 누가 그 따위로 나오래? 엄마는 안 그랬다. 엄마는 잘 낳으려고 했는데 네가 닮길 그 모양으로 닮아놓고 누구더러 큰 소리야!!"라면서 나무라시는데 당해낼 재간이 없다.

밝고 긍정적이며 늘 당당하신 우리 어머니, 어머니는 우리 집의 태양 그 자체이다. 속은 누구보다도 썩어 문드러져 있으면서도 절대 우리에게 내색하지 않는다. 그것은 어머니가 어머니이기 때문이겠다. 밝고 밝은 태양의 겉모습과는 달리 속은 늘 폭발하고 있다는 것은 우리 어머니의, 고생의 연속인 삶과도 맞닿아 있는 것이 아닐까?

3. 금성과 화성 : 금성과 화성의 환경 차이를 남녀의 차이점에 비유하는 것보다 우리 형제의 관계를 이야기 할 때 쓰는 것이 더 적절하다는 것은 나만의 생각. 많이 다르긴 하지만, 금성과 화성은 가까이 붙어 있다.

콩가루 집안이라는 게 꼭 어른들만의 이야기는 아니었다. 어렸을 때 나와 형과의 관계에 대한 기억은 '유난히도 싸웠음'이라는 말에서부터 출발한다. 보통 부모님 세대에서 문제가 생겨 가정의 불화가 찾아오면 자식들은 좀 올바르고 조숙한 경향이 있기 마련인데 그런 건 우리 형제와는 아무 상관이 없었나보다.

정말 지독히도 싸웠다. 싸웠다는 것이 서로 치고받는 것은 아니었다. 울보에 소심한 나로서는 덩치 큰 형에게 늘 얻어맞기 일쑤였고, 그 와중에도 끊임없이 입을 놀려댔기에 매를 곱절로 벌었다. 보통 폭력으로 사람을 위협하면 입을 다물게 되기 마련인데 나는 물에 빠져도 입은 둥둥 떠오를 인간처럼 끊임없이 나쁜 말을 해댔다. 어찌 보면 그 상황에서 형이 화를 내지 않는 게 이상한 일이다. 싸운 사실 자체가 부끄럽진 않다. 형도 나도 부끄러워하는 것은 '싸움의 원인'이다.

아주 어렸을 때야 어머니가 육아를 담당하고 가사를 전담하느라 형과 나를 조율할 수 있었지만 어머니도 직장을 다녀야 했던 시점부터는 필연적으로 문제가 발생할 수밖에 없었다. 어머니가 바쁘다보니 우리에게 제때 밥을 해줄 수가 없었고 형과 나는 자주 배달음식을 시켜먹었다. 그때쯤에 보통 사람이 평생을 살면서 섭취할 수 있는 돈까스를 다 먹었을 정도로 맨날 돈까스를 사먹었다. 이 돈까스가 문제다. 형도 나도 심각한 먹보였다. 다만 당시를 기준으로 나는 천천히 먹는 편이었고 형은 '엄청나게 빨리 먹는 편'이었다. 그렇다 보니 형은 내가 반을 먹기도 전에 식사가 끝났고, 먹보였던지라 그것으로는 성이 차질 않아서 호시탐탐 나의 식사를 노렸다. 난 그렇게 치졸한 놈이 아니다. 한두 조각 정도는 꼭 형에게 양보를 했다. '자기중심적일 수밖에 없는 어린 나이에 그것만으로도 충분히 대단하지 않냐'며 변명 아닌 변명을 해보지만 내 수준도 사실 그게 한계였다. 한두 조각으로 성에 찰리가 없는 형으로서는 더 달라고 떼를 썼고, 나는 더 이상 뺏기지 않기 위해서 노력을 해야만 했다.

타협과 양보가 없는 논쟁은 결국 싸움으로 번질 수밖에 없었다. '먹는 것'으로 시작한 형제의 다툼은 늘 심각한 사태로 번졌고 그럴 때면 힘이 없는 나로서는 꼭 "엄마에게 이를 거야."로 항변을 했다. 싸움의 원인을 하나밖에 들지 않았다만 나머지는 더 얘기하기 싫을 정도로 치졸하고 부끄러운 것들에 불과하다. 지금 생각하면 정말로 유치하고 별 것 아닌 걸로 무던히도 싸워댔다. 심심하면 싸웠고 할 게 없으면 싸웠다. 형과 나의 관계는 싸움과 투쟁의 역사로 설명이 된다. 사실 정말로 이게 다라서 충분한 설명이 된다는 사실이 슬플 따름이다. '옛날 일이니 괜찮지 않냐'고 위로한다면, 부끄럽기만 하다. 사실 아직도 형과 있으면 주기적으로 싸우게 된다. 오히려 둘 다 성인이 되고 나서의 싸움이니 '더 심각하게' 싸워서 무섭기까지 한데 다행히 어렸을 때부터 '유치한 것'으로 싸우는 게 버릇이 된 만큼 아직도 '유치한 것'으로만 싸운다. 서로 평생 등 놀려서 살 일은 없다. 지금껏 유치한 것 이외의 이유로 싸운 적은 단 한 번도 없으니 말이다.

이러한 싸움과 반목의 이유를 나는 누가 뭐라 해도 '형과 나는 원래 다른, 그것도 극과 극의 인간이기 때문'이라고 말한다. 머리부터 발끝까지 형과 나는 다르다. 성격이며, 취향이며, 관심사며, 생각하는 바이며, 사상이며, 가치관이며, 세계관이며, 좋아하는 것과 싫어하는 것의 기호며, 외향적인 부분들까지 뭐 하나 닮은 구석이라고는 '월리를 찾아라'의 월리를 찾는 것만큼이나 찾기가 어렵다. 형은 샤프하다. 뭔가 날렵한 이미지이다. 외모적인 특성은 죄다 어머니에게 물려받았다. 크진 않지만 결코 나만큼 작지는 않는 눈에 오똑한 코, 적당히 매력적인 입술에 살아 있는 얼굴의 선, 뭐 하나 바르지 않아도 엘라스틴 샴푸로 머리 뒷처리를 한 것만큼 윤기 있는 머리칼이며(거기에 빳빳한 직모) 등등. 닮은 연예인은 따로 없지만 곱상하면서도 굉장히 '잘생긴 이미지'이다.

반면에 반곱슬에 넓대대하고 둥근 얼굴, 둥그스름한 코에 작은 눈, 큰 머리인 나로서는 형과 대조적일 수밖에 없다. 어머니는 내가 외향적으로 아버질 닮아 있다고 하는데 나는 그러한 현실이 슬프다. 뭔가 섬세한 느낌의 이미지를 가진 형과 거칠고 우락부락한 이미지를 가진 나는, 우리를 알고 있는 사람이 아니고는 결코 형제로 생각하지 않는다. 거기에 나보다 키가 작고 동안인 형과 형보다 키가 크고 노안인 나는 친척 어른들을 만나러 갈 때면 형 동생 구분을 반대로 하시는 어른들을 보며 서로 기분 나빠했다. 노안인 것으로 스트레스인 나로서는 형의 그러한 기분을 잘 이해는 못하겠지만, 편의점에 술을 사러 갔을 때 학생증을 제시해달라고 말하는 점원에게 엄청난 분노를 느꼈다며 열변을 토하는 형을 보면서 확실히 형은 형대로 동안인 것이 스트레스인가 싶었다.

나는 외로움을 잘 타서 혼자인 상태를 지독히도 싫어한다. 무섭기까지 하다. 중학교 때까지는 게임에 몰두하면서 혼자인 상태로 버틸 수 있었지만 고등학교 진학을 하고 나서부터는 '친구들'이 없으면 살 수가 없는 지경에 이르렀다. 반면에 형은 혼자인 것을 무척이나 좋아하고 그러한 스스로의 상태를 즐긴다. 물론 형도 사람인지라 '외딴 세상에서 혼자만 사는 것'을 즐기지는 않지만 친구를 굳이 만들려 하지 않는다. 사람에 목숨을 걸어대는 나를 보며 무척이나 의아하게 생각한다. 사교성의 문제가 아니라 본인이 친구를 필요로 하지 않는다는 점에서 나는 무척 신기할 따름이다. 형이 사람으로서의 매력이 없어서 친구가 없는 것이 아니다. '정말로 친한' 친구가 한 명은 있기 때문이다. 형은 '개 하나면 굳이 더 이상 친구가 없어도 충분하다'고 말한다. 물론 나에게도 정말 친한 친구들과 그냥 친한 친구들은 다소 차이가 있지만 나는 '많으면 많을수록 좋다'고 생각을 하기 때문에 이러한 점에서도 형과 나는 다르다고 말할 수밖에.

현상을 바라보는 시각조차도 다르다. 형은 지나칠 정도로 매사를 최악의 상황만을 염두에 두고 부정적으로 보는 반면 나는 모든 것에서 현실성을 떠나 좋게 보려고 노력한다. 드라마에 빠져서 낄낄대는 나를 보며 '저게 현실성이 있냐'는 식으로 얘기하는 형을 보면서 나는 정말 형과 극과 극일 수밖에 없다는 생각을 하게 된다. 최근에는 이러저러한 일로 나도 부정적인 시각을 많이 가지게 되었는데 형이랑 비교하면 이것은 진정한 조족지혈이므로 여전히 형과 나는 극과 극에 놓여 있다.

하지만 '극과 극은 통하는 법'이라는 게 괜한 말은 아니다. 정말로 형과 내가 극과 극이기에 서로를 '싫어한다면' 우린 애초에 등을 돌리고 돌아서야만 했다. 싸우긴 해도 형과 내가 아직도 서로를 형제로 인식하고 있다는 것은 극과 극이 통함을 증명해주는 좋은 사례라고 생각한다. 나는 형을 존경하고, 형은 나를 대견하게 여긴다. 언제나 묵묵하고 장남다운 모습을 보여주며 어머니에게 성심성의껏 효도를 하는 형을 보면서 '형 따라가려면 정말 평생이 걸려도 안 되겠어'라고 생각한다. 형은 형대로 나를 좋게 생각한다.

한번은 형이 "내가 공부를 안 해서 네가 그 몫을 맡게 된 것 같다. 그 점에 대해서는 너한테 할 말이 없다."(나는 전혀 그렇게 생각을 하지 않지만)라고 말을 한 적이 있다. 나는 제발 그 점에 대해서 신경 쓰지 말아달라고 하지만 형은 그게 자기 나름대로 속에 걸리는 일인가보다. 우리는 늘 서로에게 미안해하고 서로를 생각한다. 다만 옆에 붙어 있으면 표현이 서툴러서 '형제간의 싸움'으로 나타나는 것이라고 나는 믿고 있다.

형 생각을 하면 늘 미안한 마음밖에 없다. 맞고 자랐다지만 사실 가볍게 두드려맞는 수준에 불과했던 것이며, 어렸을 때지만 난 형 알기를 우습게 알고 정말 죽일 듯이 덤벼들었기 때문에 미안할 따름이다. 동생에게 형다운 대접을 받지 못했음에도 나를 생각해주는 형에게는 늘 고맙고 미안한데 왜 꼭 이게 형 앞에서는 '분노'로 표출이 되는 것인지 나는 아직도 알 수가 없어서 고민이다.

우리 형제는 정말 재미있는 관계이다. 떨어져 있으면 서로를 극진히 생각하고 그리워하지만 막상 같이 있으면 끊임없이 반목하고 싸운다. 앞서 얘기를 했지만 이것은 '표현'이 서툴기 때문일 것이다. 싸우고 나면 서로 '미안하다'는 생각을 하지만 누구도 먼저 사과하지 않는다. (사실 요즘 들어 형은 사과를 하는 편이지만) 나는 아직도 형에게, 크게는 가족에게 '미안하다'고 말하는 것이 어색하다. 어머니 속을 썩이고 형에게 미안한 짓을 하고 나면 나는 진심으로 왜 그랬을까 하고 후회를 하지만 그것을 표현할 줄 모른다. 아니, 못한다. '안에서 새는 바가지, 밖에서 안 새냐'는 것과는 다르게 나는 안에서는 구멍이 정말 크지만 밖에서는 구멍을 없앤 듯이, 그 누구에게나 잘 대하기 위해서 노력한다. 어머니와 형은 이를 '가식'이라고 타박하지만 나는 "남이니까 잘못해서 한 번 틀어지면 끝이지만 형과 어머니는 가족이잖아."라고 응수한다. 표현이 서툴 뿐이지 나는 정말로 형을 사랑하고 존경한다. 제발 형이 이 사실을 알아줬으면 좋겠다.

4. 명왕성은 너무 멀어서 어둡다. 그리고 춥다. 그곳에서 어떻게 사람이 사느냐고 말을 하지만 우리 아버지는 그곳에서 살아야만 했다.
 아버지에 대한 나의 객관적인 생각은(어불성설이지만 최대한 감정을 빼고 얘기를 하려고 노력한다) '사람이 좋다'는 말로 대변할 수 있다. 아버지는 그 누구보다도 자상하고 섬세한 성격의 소유자였다. 그리고 그 누구보다도 사람을 좋아했다. 내가 아버지를 닮은 것은 외향적인 성격뿐만 아니라 이런 섬세함과 자상함도 포함된다고 생각한다. '사람'을 그 누구보다도 사랑했고 외로움을 잘 타는 사람이었다. 나는 우리 집의 비극과 아버지의 비극이 아버지의 이러한 성향에서 비롯되었다고 생각한다.
 내가 어렸을 때 아버지는 작은 사업을 하셨다. 사업이라 적어서 위에서는 '도산'이라는 표현을 썼지만 어렴풋이 알기로는 '그릇 도매상' 일을 하셨던 것 같다. 컨테이너 하나를 개조해서 어느 부지에 갖다놓고 그릇 도매상을 하셨던 것 같은데 예전에 어머니는 '진짜 남이

부러워할 정도로 잘 팔렸다'고 말씀하셨다. 보증을 서고서 이내 사업을 말아먹고는 아버지는 늘 술독에 빠져 사셨다. 어렸을 때는 그게 너무 싫었다. 어머니가 아버지와 헤어지기로 결심을 한 것은 아버지가 사업에 실패해서가 아니었다. '다시 일어서려는 노력을 하지 않는 것'이 문제였기에 헤어졌다고 한다. 물론 그것 외에도 좀더 복합적이고 심층적인 이유가 있겠지만 아버지는 확실히 '재기'에 대한 노력이 미비했다. 나는 그 이유가 아버지의 성향에 있다고 본다.

섬세하고 자상했던 만큼 누구보다도 여리고 약한 분이셨다. 지금 생각해보면 아마 아버지는 자신의 실수로 사업이 망하고 가족들이 힘들게 살아야만 했던 것에 대한 자책감을 이기지 못했던 것이 아닐까. 그러한 자신이 너무 싫어서 현실을 도외시하고 도망가고 싶었던 것이 아닐까 추측을 해본다. 나에겐 이 추측에 대한 어느 정도의 확신이 있다. 그만큼 아버지는 여린 분이었고 그 누구보다도 가족을 사랑한 사람이었다. 아직도 아쉬운 것은 '왜 노력을 하지 않았을까'라는 것이다. 물론 아버지가 정말로 모든 것을 놓아버린 것은 아니었다. 다만 그 의지가 절실하지 않기에 무언가를 시도하고서는 이내 관두기 일쑤인 게 문제였다. 이는 아마 지난날의, 첫 사업에 대한 영광을 계속해서 잊지 못했기 때문이라고 말하고 싶다.

아무튼 아버지는 술에 빠져 몸을 망가뜨렸고 갖은 성인병과 합병증에 시달려야만 했다. 가세가 기울기 시작하면서는 손을 쓸 수 없는 지경에 이르렀다. 아버지는 술도 모자라 노름에까지 손을 댔는데 어머니가 이 과정에서 정말로 죽고 싶었다고 진술을 하실 정도니 그 실상이

어떠했을지 섣불리 상상이 되지 않는다. 확실한 것은 아버지는 현실에서 도망치고 싶어했고 그 마음이 정말 간절했을 것이라는 정도다. 어렸을 때 나는 그런 아버지의 자상함이 좋아 어머니보다는 아버지를 더 좋아했다. 형은 날 때부터 지금에 이르기까지 아버지보다는 어머니가 더 좋다고 계속해서 주장하니 닮은 사람끼리 끌리는 모양이다. 아주 잠깐 가정이 화목했을 때 아버지가 술에 취해 들어온 날이면 어머니가 아버지에게 타박을 주곤 하셨다는데 그럴 때면 나는 아버지를 감싸안으며 "아버지 혼내지 말아요."라고 어머니에게 따졌다나 뭐라나.

지독할 정도로 몸이 망가진 상태라서 내가 고등학교 진학을 한 이후에는 고모가 "아버지 언제 돌아가셔도 안 이상한 상태니까 그리 알아 둬."라고 말씀을 하셨는데 딱히 놀랍지는 않았다. 더 이상 몸을 스스로 망가뜨리지만 않았으면 좋겠다고 생각을 했다. 고등학교 진학 후에는 어머니와 형은 다른 집에서 따로 살고, 나는 아버지와 힘께 고모댁에 살았다. 앞서 말했지만 부모님은 이혼을 한 상태였고, 아버지는 다른 일을 하기에는 몸이 너무 안 좋아 고모에게 손을 벌릴 수밖에 없었다. 고모는 작지 않은 독서실을 운영하고 계셨기에 나와 아버질 받아주셨고 아버지는 독서실에서 일을 하게 되었다.

나는 고등학교에 진학을 하고서 이전과는 달리 열심히 공부를 했다. 어느 정도는 아버지도 나를 보면서 열심히 일을 해야겠다고 생각하셨겠지만 이미 한 가지 일에 정진을 하기에는 술에 심하게 중독된 상태였다. 물론 안 마시려고 노력도 많이 하셨지만 노름을 하면서 만난 인간들에게 그렇게 당하고도 또 '사기'를 당해 울분이 터져 다시 종종 마시러 다니게 되었고 그런 아버지를 보며 고모도 많이 힘들어했다. 그때의 나는 여전히 철이 들지 않은 상태였던지라 그런 아버지가 너무나도 싫고 미웠다. 하루는 아버지에게 "누가 아빠더러 이것저것 해달래요? 딴 거 말고 그냥 독서실에서 얌전히 좀 있어요. 그것 말고는 아무것도 안 해도 되니까 제발 다른 데 가서 술 마시고 오지 말고 여기에 좀 있어요!"라며 크게 따졌는데 아버지는 그저 쓴웃음을 지으실 뿐이었다.

아직도 기억이 난다. 독서실 방 한 칸을 개조해서 아버지와 내가 쓰게끔 만들고서 아버지는 그 작은 방에서 나의 모든 것을 챙겨주셨다. 고등학교 때 아버지는 어머니를 대신해 나를 키우셨다. 아침에 날 잔소리로 깨우고 꼭 밥을 먹게 했다. 가끔 먹고 싶은 것이 있다고 얘기하면 아버지는 무척이나 신나 하며 내가 먹고 싶다는 것을 꼭 해주셨다. 그때만 해도 아버지가 '언제 돌아가셔도 이상하지 않은 상태'라는 것에 대한 자각이 없었다. 이성적으로는 알고 있었지만 나는 아버지가 언제까지고 내 곁에 있을 줄만 알았다.

고등학교 3학년이 되어서는 아버지와 함께 고등학교 근처의 월세방에서 살게 되었다. 독서실 운영이 어려워져 고모가 독서실을 포기하자고 하셨기에 나와 아버지는 그곳을 나올 수밖에 없었다. 고3이라는 민감한 시기를 나는 참 역동적으로 보냈던 것 같다. 독서실에서 나왔으니 뭐라도 더 열심히 해야 한다며 아버지는 의욕을 냈지만 나는 그리 오래 가지 않을 것이라는 사실을 잘 알고 있었다. 학교에서 자율학습이 끝나고 집에 가는 것이 두려웠다. 역시나 어느 순간부터 아버지가 밤에, 집에 계시지 않게 되었고 몇날 며칠을 연락 한 번 하지 않다가 어쩌다 들어오면 술에 만취해 있는 상태였다. 사우나에서 쓰러져 있다는 아버지를 데리러 가기 위해 몇 번을 새벽에 일어나야 했고, 거지 소굴보다도 더 심각한 집에서 펑펑 울었다. 주말에 금쪽같은 시간을 쪼개 청소를 해놓아도 며칠이 지나면 집이 다시 만신창이가 되어 있었다. '술을 마셔도 곱게 마시지 왜 집안을 이렇게 만드는 거냐'며 혼자 부단히도 울어보았지만 그럴 때면 이미 아버지는 집에 계시질 않았다.

대학교 합격이 발표되고 나서 나는 어머니가 계신 곳으로 돌아갔다. 합격 소식을 알리고자 아버지를 찾아가 차갑게 말을 걸었다. 그날도 아버지는 술에 취해 있었고 나는 아버지에게 대학 합격 소식을 알렸다. 아버지는 소식을 듣고 주사를 부리며 "야이 자식아, 그게 다 이 아빠 때문이야, 어? 네가 알아? 어? 아빠가 어? 널 임마, 널 진짜 임마… 널 임마… 널 공부시키려고 임마! 다 이러는 건네 왜… 대체 왜……"라고 흐느끼셨다. 나는 그런 아버지가 보기 싫어서 그 소식만 알리고 어머니가 계신 곳으로 돌아와버렸다.

대학교에 진학을 하고 나서 서울에 살면서 아버지의 소식은 간간히 형을 통해서 들을 수 있었다. 고모 댁에서 살고 계신다고 했다. 내가 떠나버린 뒤 옆에서 챙겨줄 사람이 없는 관계로 고모가 다시 아버지를 거두셨다는 것이다. 그 이후로 아버지의 증상은 더욱 악화되어 혈액 투석을 하게 되었고 많이 힘들어했다고 한다. 가끔씩 아버지에게 전화를 하면 아버지는 기운 없는 목소리로 나를 반겨주곤 하셨는데 여전히 나는 아버지가 돌아가실 것이라고는 생각하지 않았다. 왜인지는 모르겠다. 그렇게 믿고 싶었기 때문인지도 모르겠다. 대학에 와서는 학교생활이 바쁘다는 핑계로 아버지를 자주 찾아가지 않았고 가끔 가게 되어도 약속 핑계를 대며 짧은 시간만을 투자할 뿐이었다. 그 잠깐의 만남이라도 아버지에게는 힘이 되었나보다. 그렇게 기쁠 수가 없었나보다. 아버지는 내가 오면 정말로 기뻐하셨고 나는 그런 아버지를 보면서 예전의 악감정을 모두 떨쳐낼 수 있었다.

군대를 가게 되었을 때 아버지를 뵙지 않았다. 전화로 말씀을 드렸는데 말씀으로는 괜찮다고 해도 내가 찾아가지 않아 서운함을 느끼는 아버지의 기분을 어렴풋이 알 수 있었다. 그렇지만 나는 끝내 찾아가지 않았다. 아버지와 같이 있으면 괴로워질 것 같아서 나는 갈 수가 없었다. 입대하는 날 나는 무척이나 불안했다. 입대에 대한 불안감은 절대 아니었다. 웃으면서 어머니에게 다녀오겠다고 했으니 말이다. 그때의 불안감이란 어쩐지 아버지의 신상과 관련이 되어 있다는 느낌을 받는데 쓸데없는 생각이라고 스스로를 달래며 입대 직전 아버지에게 전화를 드리지 않고 가버렸다.

군대생활은 누구에게나 힘들었겠지만 나는 휴가를 제때 나갈 수가 없을 정도로 힘이 들었다. 상병이 되기 전까지 휴가 일수를 다 합쳐도 열흘이 안 되었으니 그 상황을 알 만하다. 군대에서 아버지에게 간간히 전화를 하면 아버지는 반갑게 내 전화를 받아주셨다. 그때마다 아버지는 언제 면회를 가겠다고 하셨지만 부대 사정을 핑계로 오지 말아달라고 만류했다. 결코 아버지가 보기 싫어서가 아니었다. 무리해서 오시는 고생을 안겨드리고 싶지 않았기 때문이다. 그렇지만 아버지가 지속적으로 오고 싶다고 말씀을 하셨기에 더 이상 거절할 수 없어 상병이 되고 얼마 지나지 않아 일정을 잡았다. 나는 아직도 후회하고 있다. 그 면회 때 아버지와 최대한 긴 시간 함께 있어주지 않은 것을. 그리고 아버지를 조금이라도 더 눈에 담아두지 않았던 것을. 면회를 와서 함께 식사를 하고, 당시에 쓰던 내 안경이 부러진 것을 본 아버지가 나에게 새 안경을 맞춰주셨다. 그때만 해도 이 안경이 아버지의 유품이 될 줄 알았겠는가. 안경을 받고 나는 아버지에게 있어봐야 할 것도 없는데 집으로 돌아가시라고 재촉을 했다. 몇 시간의 여유가 더 있었지만 더 늦어서 집으로 돌아가면 어두워질 것 같아 밤길에 익숙지 않은 아버지를 돌려보내고 싶었다. 아니다, 핑계일지도 모르겠다. 그냥 아버지를 대하기가 어려워서, 그 상황이 어색해서 아버지가 빨리 돌아가기를 바랐는지도 모르겠다. 아버지는 많이 섭섭해했지만 이내 웃으며 나를 부대 안으로 들였고, 집으로 돌아가셨다. 내가 이때를 후회하는 것은 살아 계신 아버지를 만날 수 있었던 마지막 순간이었기 때문이다.

여느 때와 마찬가지로 열심히 업무를 하고 있었다. 말을 잘 듣지 않는 컴퓨터를 상대로 씨름을 해가면서 업무를 하고 있었는데 중대장이 급하게 나를 찾았다.

"무슨 일입니까?"

"…저 …그러니까 ○○아, 그… 놀라지 말고 들어라. 집에서 너희 어머니가 전화를 하셨는데, 그… 너희 아버지 돌아가셨다고 하네."

"…네?"

"아버지 돌아가셨으니 상을 치러야 하잖니. 빨리 군장 싸. 아니다,

군장은 애들 시킬 테니 너 빨리 전투복 갈아입어라. 바로 집에 갈 준비해라."

"…예, 알겠습니다."

그날은 아침이 맛있어서 요즘 군대 짬밥 먹을 만하다며 후임들에게 농담을 건넸고, 저녁에 동기들과 냉동식품으로 조촐한 파티를 하기로 되어 있었다. 그날 하루는 그냥 무난한 날이었는데, 그저 전역을 향해 나아가는 하루에 불과했는데, 뭔가 어긋나버린 느낌이었다. 전투복을 갈아입으면서도 머릿속에서 아무런 생각이 떠오르지 않았다. 그냥 넋이 나간 인간처럼 시키는 대로 할 뿐이었다.

부리나케 북대구역에 도착을 하니 미리 와 있던 어머니와 형의 모습이 보였다. 자세한 상황을 들을 새도 없이 차 안에서 옷을 갈아입으란다. 옷을 갈아입으면서도 제정신이 아니었다. 옷을 갈아입으면서 어머니가 천천히 입을 여셨다.

"안 그래도 이틀 전에 병원에 입원은 했다고 들었는데 늘 있는 일이었잖아. 근데 갑자기 그런 거야."

어머니의 말을 듣고서 얼마 지나지 않아 비로소 아버지가 돌아가셨다는 사실을 체감할 수 있었다. 나는 형에게 따졌다. 왜 돌아가시고서야 전화를 했냐고. 아버지 입원했을 때는 내버려두었다가 왜 돌아가시니까 전화를 하냐고. 상태가 심각했다면서, 이번에는 특별히 아파했다면서 왜 이제야 연락을 줬냐며 나는 형에게 따졌고 형은 아무 말이 없었다.

"형한테 너무 그러지 말아라. 네 형 딴에는 너 신경 써준다고, 괜한 사실 알리고 싶지 않아서 그랬던 거다. 이렇게 가버릴 줄 알았으면 미리 말 안 했겠냐. 네 형도 지금 당황스러워한다. ○○아, 그러지 마라 제발."

어머니의 말씀을 들으면서도 나는 쉽게 수긍할 수 없었다. 병원에 도착해서 식장에 들어서니 초점 없는 아버지의 눈빛을 영정 사진에서 볼 수 있었다. 아아, 진짜로 아버지가 돌아가셨구나. 이제는 내가 보고 싶어도 볼 수가 없구나. 이제 아버지의 목소리를 들을 수가 없구나.

하관식이 끝나고 묘를 다 다듬고서 나와 형은 집으로 돌아왔다. 나는 하염없이 울었다. 울면서 아버지에게 잘 해드리지 못했던 것을, 잘못했던 것을 얼마나 후회했는지 모르겠다. 집에 돌아와서 어머니와 형과 나는 셋 다 울었다. 아버지와 헤어진 후 5년을 가까이 전화 한 번 하지 않았던 어머니도, 두 분이 싸울 때면 꼭 어머니 편만 들던 형도, 아버지에게 불효막심한 일만 서지르던 나도 울었다. 울면서 다짐했다. 이제는 정말로 잘해야겠다고, 이제는 정말로 열심히 해야겠다고. 아버지가 돌아가심으로써 나는 비로소 철이 들 수 있었다. 남은 가족에게만이라도 잘해야겠다고 그 날 몇백 번을 다짐했다.

5. 태양 아래 빛나는 금성과 화성. 화성의 아이가 명왕성을 그리워하며.

아버지가 돌아가신 후로 큰 변화가 있었던 것은 아니다. 겉으로 보기엔 오히려 아무 일 없는 듯이 모두들 살아가고 있다. 여전히 약골이신 어머니는 형과 나의 권유를 받아 체력 단련과 직장생활을 병행하고 계시며, 형은 늘 하기 싫고 힘들다며 울상을 지으면서도 열심히 직장에 다니고 있다. 나는 그후로 부대에 별일 없이 잘 복귀해서 전역을 향해 끊임없이 나아갔다. 그리고 2010년, 지겨웠던 군생활에 마침표를 찍고 드디어 사회로 나왔다. 사실 아직도 적응을 못한 부분이 많다. 느낌은 '제일 어리던+새내기 대접만을 받던 1학년'을 갓 지난 2학년이 된 기분인데 현실은 20대 중반이라는 무게감과 더불어 쏟아지는 과제와 학과 공부에 정신을 못 차리고 있다.

사는 게 힘들다고 징징거릴 수밖에 없는 것이 아버질 닮아 외로움을 잘 타고 사람 좋아하는 내가 이번 학기에 들어서 만나는 사람이 없기 때문이다. 내가 정말로 소중히 생각하는 친구들은 여기저기에 흩어져 있어서 쉽게 만날 수가 없는 상태이고, 학과 생활에 충실하면서 동아리 없이 지내다보니 동기만이 학교에서 만날 수 있는 사람의 전부였는데 그들은 지금 졸업반이라는 타이틀과 군대라는 현실에 역시 뿔뿔이 흩어져 있는 상태다. 외롭고 쓸쓸하다. 사람이 그립다. 정겹게 사람을 만나서 별 생각 없이 신나게 수다를 떨고 이야기를 나누어야 기분이 풀린다. 하지만 그럴 수가 없다는 것을 잘 안다. 마냥 예전처럼 놀 수만은 없으며 무언가를 하지 않으면 안 된다는 강박관념 역시 나를 늘 도서관에 자리잡게 만든다.

적응을 못 했다는 것은 비단 이런 부분만을 이야기하는 것은 아니다. 얼마 전에 생각 없이 편의점에서 우유를 사다가 점원이 가격을 말했는데 다시 얘기를 해달라고 "잘못 들었습니다?"라고 반문했던 내 자신을 떠올리자니 쪽이 팔리다 못해 죽을 지경이다. 후배라고는 구경 한 번 하지 못하다가 느닷없이 세 학번을 내리 후배로 알게 되었으니 어안이 벙벙하다. 그리고 어딜 가도 결코 '2학년'으로 대접받지 못하며 '07학번'의 어떤 선배로만 나를 인식한다. 아무래도 좋다, 이런 건 굴곡 많았던 가정사에 비하면 웃으면서 즐길 수 있을 정도의 소소한 고민에 불과하다.

어머니는 나에게 어머니이자 동시에 제일 좋은 친구다. 어머니가 '나랑 얘기하고 놀 수 있는 딸내미 한 명 있으면 참 좋겠다'고 입버릇처럼 말씀하셔서 그런지 내가 그 딸 역할을 하면서 대화를 나눈다. 기운이 빠지고 마음이 싱숭생숭해지면 나도 모르게 어머니께 전화를 건다. 퉁명스럽게 대답하는 어머니의 목소리를 들으며 나는 오늘 하루도 힘을 낸다.

우리 가족은 열심히 살고 있다. 다소 무심하리만큼 아버지를 생각하지 못하는 것은 분명 미안한 부분이지만, 가끔이라도 아버지를 떠올릴 때면 나는 상념에 잠긴다. 나는 아버지가 그렇게 떠나시면서 우리 가족이 서로를 챙기며 살아갈 수 있는 계기를 마련해주었다고 생각한다. 가족들이 '사랑해야만 하는 이유'를 만들어주었다고나 할까. 집에서 나 하나 잘되기만을 바라고 열심히 뒷바라지를 해주시는 어머니와 형을 생각하자면 위에서 언급한 고민이나 상황 역시 사치일 뿐이다. 이런 소소한 고민 따위 실컷 즐기면서 난 앞으로 나아가려고 한다. 그리고 이런 개인의 가정사를 편하게 얘기할 수 있는 인문학 글쓰기의 학우들이 있으니까 앞으로 더 좋은 인연과 만남을 이어갈 수 있을지도 모른다는 혼자만의 기대를 하며 글을 마친다.

맺음말

글 놀이판, 예외는 없다

우리의 인문학 글쓰기 놀이판에서 글을 쓰지 않는 유일한 사람이 바로 선생인 나다. 나는 마감에 늦지 않게 글을 써서 온라인 강의실에 올리라고, 또 수업 시간마다 함께 읽을 글을 미리 챙겨 읽고 제때 답글을 달아놓으라고 눈을 부라리는 역할을 한다. 그리고 최선을 다해 학생들의 글과 답글을 읽어준다. 선생으로서의 역할은 거기까지라고 나 스스로 정해두었던 것이다.

이 책을 쓰면서 정작 나는 마감을 지키지 못했다. 몇 번이고 마감을 어기고 미루면서 자괴감이 들었다. 그야말로 바담 풍 하는 선생이 바람 풍 가르치는 격이 아닌가.

학기 중에는 수업하느라 바쁘고 방학 때에는 미뤄두었던 더 급한 일 처리하면서 짬짬이 노느라 바쁘다고 핑계를 댔지만 속을 들여다보면 자신감 결여가 아니었나 싶다. 글쓰기 교육이 전공도 아닌데 뭘 안다고 나서나 싶기도 했고 글쓰기 선생이 글을 그것밖에 못 쓰냐고 비판받을 일도 두려웠다. 서울대에서 글쓰기 강좌를 운영하는 만큼 어쩔 수 없이 내 경험과 생각은 서울대에 국한되는데 그래서 더 조심스럽기도 했다. 결국은 학생들이 계획 발표 후 글을 쓰면서 "제가 제대로 알지 못해 쓰기가 어려워요."라고 하소연할 때 대답하던 말, "다 잘 알고 나야 글을 쓸 수 있다고 생각한다면 영원히 쓸 수 없을 겁니다."라는 말로 자신을 몇 번이고 다잡아야 했다.

이제 나도 글을 공개한다. 모두가 자기 글을 공개하는 글 놀이판에서 혼자만 예외를 자처하던 상황에 대한 일종의 빚 갚음이다. 선생이 쓴 나를 소개하는 글, 감상 에세이, 주제 에세이를 읽고 싶어 하던 학생들에게 조금은 무안한 얼굴로 내미는 글이기도 하다. 글은 한 번 쓰는 것으로 끝이 아니라 소통의 출발점이자 너와 나, 세상이 조금 더 나아지는 과정의 일부라는 점을 글 놀이판에서 배웠으니 부족한 글에 대한 근심과 걱정도 일단 내려놓기로 한다.

우리 중 누구도 세상을 사는 동안 글 읽기와 글쓰기를 그만둘 수는 없다. 평생 글을 읽고 쓰면서 학생들이 가끔씩이라도 글 놀이판의 기억을 떠올려준다면, 또한 독자 여러분이 나름의 인문학 글쓰기를 한 번이라도 시도하며 쓰기와 읽기의 즐거움을 경험한다면 그것이 곧 내게는 크나큰 성공이 아닐까 생각한다.

서울대 인문학 글쓰기 강의

첫판 1쇄 펴낸날 2011년 11월 25일
첫판 6쇄 펴낸날 2015년 1월 12일

지은이 | 이상원
펴낸이 | 지평님
본문 조판 | 성인기획 (070)8747-9616
종이 공급 | 화인페이퍼 (02)338-2074
인쇄 | 중앙P&L (031)904-3600
제본 | 서정바인텍 (031)942-6006
후가공 | 이지앤비 (031)932-8755

펴낸곳 | 황소자리 출판사
출판등록 | 2003년 7월 4일 제2003-123호
주소 | 서울시 영등포구 양평로 21길 26 선유도역 1차 IS비즈타워 706호 (150-105)
대표전화 | (02)720-7542 팩시밀리 | (02)723-5467
E-mail | candide1968@hanmail.net

ⓒ 이상원, 2011

ISBN 979-89-91508-85-9 03800

* 잘못된 책은 구입처에서 바꾸어드립니다.